THE MAN WHO QUIT MONEY　Mark Sundeen

マーク・サンディーン

吉田奈緒子＝訳

スエロは洞窟で暮らすことにした

紀伊國屋書店

Mark Sundeen
THE MAN WHO QUIT MONEY

スエロは洞窟で暮らすことにした

大切なことを教えてくれたシーダーに捧ぐ

目次

第一部

＊本文中の傍注（＊1〜18）、および［ ］内の注記は訳注です。
＊本文中の聖書の引用については、「新改訳」と明記した箇所以外は、「新共同訳」を使用しました。

自分の命のことで何を食べようか何を飲もうかと、また自分の体のことで何を着ようかと思い悩むな。命は食べ物よりも大切であり、体は衣服よりも大切ではないか。空の鳥をよく見なさい。種も蒔《ま》かず、刈り入れもせず、倉に納めもしない。だが、あなたがたの天の父は鳥を養ってくださる。（中略）あなたがたのうちだれが、思い悩んだからといって、寿命をわずかでも延ばすことができようか。

──イエス・キリスト

〔聖書　新共同訳「マタイによる福音書」第六章二五〜二七節〕

われらは一物をも所有していない。大いに楽しく生きて行こう。光り輝く神々のように、喜びを食《は》む者となろう。

──ブッダ

〔『ブッダの真理のことば 感興のことば』中村元訳、岩波文庫〕

家とは今いる場所のこと。シティスクエアの空いたベンチで眠るときも。

──マール・ハガード〔アウトロー・カントリーのミュージシャン〕

ブックデザイン　鈴木成一デザイン室

第一部

1　再会

二一世紀の最初の年、アメリカ中央部の幹線道路わきに立っていた男が、ポケットから全財産の三〇ドルを引っぱりだすと、電話ボックスの中に置いて歩み去った。年は三十九。きちんとした家庭に育ち、大学を出ている。精神を病んでいるのでも、麻薬中毒でもない。分別ある大人の自由意志による選択らしい。

それ以来十二年間、うなぎのぼりのダウ平均株価が史上最高を記録したときも、ダニエル・スエロは一ドルのカネもかせがず、受けとらず、使っていない。自分の名前さえ書ければ誰でも住宅ローンが組めた時代に、スエロはローンの申請書も借用書も書かず、物々交換すらしなかった。公債発行総額が八兆から一〇兆、ついには一三兆ドルにまではね上がっても、税金を納めることもなければ、食料配給券《フードスタンプ》や生活保護など、行政からのいかなる給付を受けることもない。

かわりに、ユタ州の峡谷で洞穴を住みかとし、周囲に自生するマルベリーやネギ、車にひかれたアライグマやリス、ゴミ箱から拾った賞味期限切れの食品を食べている。友人や初対面の人にごちそうしてもらうことも多い。「無償で与えられるもの、捨てられたもの、そしてすでに存在し機能しているものだけを使うのが、私の哲学」と彼は書く。われわれが税金の控除やら、変動金利型の住宅ローンやら、私的年金だMMA《マネーマーケットアカウント》［連邦政府の保険つき金融商品］だと大さわぎしているというのに、スエロはＩＤカードさえ手ばなしてしまった。

橋の下で眠り、ゴミ箱をあさるこの男は、しかし、いわゆる浮浪者ではない。物乞いはしないし、しょっちゅう――報酬を受けとらずに――働いてもいる。彼をつき動かしているのは宗教的な信念と渇望であるが、修道士ではないし、特定の教会に属しているわけでもない。洞穴に暮らしていても、世捨て人ではない。彼はつねに社会とのつながりを保っており、友人や家族とつきあいをたやさず、公共図書館で更新している自分のウェブサイトを通じて見知らぬ人とも議論する。西部のあちこちに自転車で行ったし、貨物列車にもぐりこみ、ヒッチハイクで米国のほぼ全州を旅した。ベーリング海のトロール船で底引き網漁の経験があるかと思えば、太平洋に面した浜でムール貝や昆布を拾っていたことも、アラスカの川で鮭をヤスでつかまえていたこともある。ツガの古木の上で三か月の雨風に耐えた武勇談も持つ。

「まったくお金がなくたって生きられますよ」スエロはそう断言する。「しかも豊かに」

たまたま私は、お金を手ばなすはるか以前の彼を知っていた。出会いは、ユタの砂漠の町モアブ。自分さがしの旅人や社会から脱落した者たちの安息の地である。似たものどうしのわれわれは、一緒に料理人をつとめた時期があり、公有地を占有《スクウォット》して住んでいた。何かに抗議して居すわっていたわけではなく、単に家賃を払いたくなかったのだ。立身出世の道に背を向けた理由が、世界のありように怒りを感じながら変革の手だてを持たなかったから、というのも二人の共通点だった。あくどい連中を打倒できないにしても、せめて、やつらのオフィスでデータを入力したり、やつらのショッピングモールでガラクタを買ったり、やつらの高級オフロード車のローンを組んだりするのはよそう。だがそんな私たちも、年月とともに別々の道を歩むようになっていく。地理的にも、それ以外の意味でも。

もういっぺん彼に会おうと思いたつまでの十年以上、われわれは会話ひとつ交わしていなかった。ダニエルがお金を持たずに暮らしているとうわさに聞いてはいたが、きっと頭がいかれちまったんだな、と思っただけ。私のほうは、年収八千ドルで自家用トラックに寝起きする住所不定の川下りガイドから足を洗い、プロの物書きをしている。ときおり、所有する賃貸物件——四千平米の荒れ地つきトレーラーハウス——に出向いては、草とりや配管修理に精を出す。ありがたいことに、この不動産の価値は三年間で三倍に上がった。穴居人《けっきょじん》ダニエルとの唯一の接点は、彼からフェイスブックの友だち申請が来たことくらいだ。

ただ、疎遠になっていたあいだに一度だけ彼と遭遇している。モアブをたずねた際、商店の通路ごしに白髪のめだつボサボサ頭の男が見えた。互いに記憶をたぐるような視線を交わす。よく似てはいるが、白くなったひげ、顔には深いしわ、すり切れたズボンをはいたこの年寄りくさい男が、十年前に厨房《ちゅうぼう》で一緒だった、あのダニエルだろうか。

男は私に笑いかける。開いた口から、黒ずんで曲がり、腐りかけた歯列がのぞいて、背すじが寒くなった。栄華をきわめたアメリカにおいても、みずから貧乏を選ぶ権利があることは認めるが、歯の悪いのだけは勘弁してほしい。そんなみじめな口元など見たくもない。自分が面と向かって非難されているような気がして、恥ずかしくなる。手入れのいきとどいた歯や、好きなように使える収入、人に貸している不動産が。恥ずかしさのあまり頭に血がのぼる。たしかにここは自由の国さ。土ぼこりの中で眠ろうが、投げ縄でイナゴをつかまえようが、スエロのしたいようにすればいい。だけど、私を批判するのはおかどちがいじゃないか。

男が昔なじみであることは、もうまちがいなかった。でも私は、彼の手をとることも、友愛の情を示すことも、健康状態をたずねることもせず、ハローの一言さえかけなかった。口をかたく結んだままうなずき返しただけで、さっさと車に逃げこんでしまった。

ようするに私はお金を好む人間になったのだ。というより、昔からずっと好きだった。子どものころ、ブリキ缶にためた硬貨を何度も数えなおしては、種類別に紙で巻いて銀行へ預けに行ったものだ。通帳の数字が増えていくのをながめて悦に入っていた。お金が象徴する取引やら信用やら貯蓄やらの制度全体もお気に入りだった。成人するにつれて、お金は実際の役にたつようになる。本の執筆など、したいことで収入を得られるようになった。お金で自分の才覚を試すこともできるし、たくわえることも、賭けに出ることも、勝つこともできる。テント住まいのころだって、お金を節約すればするほど自由な暮らしができた。そして今も、中古車を相場以下の値段で入手したり、家のローンを低い金利で借り換えたりしたときには、制度を出しぬいてやった気分になれるのだ。

三十代に突入してもしばらくはピックアップトラックの寝床におさまる範囲の持ち物で生活していたが、やがて、ちまちまと蓄財にはげんだ恩恵にあずかりはじめる。二台目の車と二軒目の家（といっても一軒は質素なトレーラーだが）を手に入れ、個人年金を積みたて、納税申告用紙は五三ページに達した。スキー板も六組持っていた。

そこへ二〇〇八年の到来だ。不良債権化した住宅ローンと投機によって、二〇兆ドルにのぼる世界の資産が灰燼《かいじん》に帰した。不動産バブルがはじけて差しおさえと破産があいつぎ、何百万という人が年金やたくわえや職を失う。私の積みたてたわずかばかりの年金も半分に目減りした。雑誌の仕事をくれていた出版社では、スタッフが解雇されたり、雑誌自体が廃刊になったりした。予算カットの影響で、大学での教職もいずれ失うはめになりそうだ。突如として、月々支払っている安くない住居費が、かしこいお金の使い方だとは思えなくなった。いかようにもペンキを塗りたくることはできる。けれど、ホーム・デポ［米国最大のホームセンター］にいくら足しげく通ったところで、投資した金額にみあう家にはなりやしない。われわれ一九六〇年代、七〇年代生まれは、米国史上はじめて親世代の生活水準を下回るだろう、という悲観的な予測があるが、そのとおりかもしれない。

そのころ、スエロはちょっとした話題の人になっていた。男性誌『ディテールズ』や地方紙『デンバー・ポスト』にとりあげられたのと、BBCでインタビューが放送されたためだ。『うそ？　ホント？　リプリーの大発見！』［世界の驚異を紹介する漫画シリーズ］のネタにまでなり、彼のブログとウェブサイトにはアクセスが殺到した。彼が集めた語録——トマス・ジェファソンからソクラテス、聖アウグスティヌスまで——をすみからすみまで読みながら、彼の選択について、悲惨な歯並びやその他もろもろについて、私も考えはじめる。繁栄のバブルがはじけてはじめて多くの人が熟慮せざるをえなくなったことを、彼はずっと前から言いつづけてきた。お金は幻想である、と。「うんざりしたんだ。世界中に蔓延する〝お金〟という名の信仰。それを本物扱いすることに」砂漠でそう叫ぶ者の声がする。「にせものの人生は、もうたくさんだ」

ダニエルは、私がそれまで追いもとめてきた一切を手ばなし、拒んでいた。それらを拒絶する一方で、受けいれるものもあるのだろうか。私が見のがしている点は何か。考えたあげく、ユタの砂漠へみずから答えを探しに行くことにした。

こうして、またモアブに戻ってきた。滞在先は友人夫婦の家である。スエロとは何度か電子メールでやりとりしたが、たしかな約束はできていなかった。もちろん彼は電話など持っていない。ふらりと立ち寄ってかまわないものかなどという洞窟式エチケットの問題以前に、広大な原野のまっただなかでどうやって彼を探したらよいのか見当もつかない。もう一度メールを送ると、そのうち峡谷から出てきた彼が図書館のコンピューターにログインするのを座して待つことにする。

一日が過ぎた。秋晴れの澄んだ空気が心地よかった。友人宅のポーチに腰かけて、しぼりたてのスイカジュース《ウォーターメロン》をちびちび飲む。女主人のメロニー（冗談ではなく本名なのだ）によると、スイカは、抗酸化物質、電解質、ビタミンが豊富に含まれた奇跡の食べ物らしい。どんな医者にかかっても、どんな薬やアレルギー検査でも治らなかった、五年ごしの病気がよくなったのはスイカのおかげだ、と力説し、この赤いジュースを一日三回飲んでいた。皮も種も全部いっしょくたにしてジューサーにかけるのだ。だが、スイカの旬も過ぎた今、町の店ではのきなみ売り切れ、手持ちの在庫もつきかけている。冬が近づくにつれて、彼女は苦しまぎれの手段——インターネットで注文するとか——を真剣に考えはじめていた。さらに一日が過ぎたが、まだスエロからの連絡はない。

そして、ポーチに座って腕時計をいじっているとき、突然、得体の知れないものが目に飛びこんできた。向こうから自転車がやって来る。乗り物も乗り手も黒っぽい。白髪まじりの頭とひげのあいだから、べっこう縁のメガネがのぞいている。つば広の黒いフェルト帽をかぶり、あごひもをブリキのブローチでしっかりととめていた。まなざしは穏やかに前へ向けられている。もちろん脚はせっせとペダルをこいでいるのだが、上体はまったく静止しているような印象を受ける。こちらへ近づいてくるのをながめるうちに、リンゴとオレンジの入ったプラスチックの箱をうしろの荷台に積んでいることがわかった。ハンドルから手を離して箱の中の果物を取りだし、おてだまを始めたとしても、私は驚かなかっただろう。

通りに走り出て「ダニエル！」と呼びかける。自転車は速度を落として止まると、こちらへ向きなおった。きょとんとして、私が名のるまで誰だかわからなかったようである。

「ああ、きみだったのか」

洞窟暮らしのわりに、服装のセンスは悪くない。一〇センチほど長すぎるズボンをごつい作業靴の上でロールアップしている。ぴっちりした黒いTシャツにチェックのネルシャツをはおっており、革ベルトとのあいだから引きしまった腹がちらりと見える。大恐慌時代の浮浪者《ホーボー》か、フランス人放浪画家のようだ。バスター・キートンとポール・ゴーギャンの出会いといったところか。

次にどうしたらよいのかわからず、ダニエルの体に両腕を回してぎこちなくハグする。木をいぶしたような匂いがした。家の中に招きいれると、メロニーと夫のマシューに紹介する。メロニーは、これが最後のたくわえだと言って、背の高いコップにスイカジュースを注ぎわける。

スエロは生気を取りもどした。右目の上にキズあとがあるせいで、まゆ毛がつりあがり、つねに何かを知りたがっているような顔つきに見える。

「メロン畑のことは知ってる?」

三人とも知らなかった。

「あそこの、川と川にはさまれた土地だけど」通りのほうへあごをしゃくりながらダニエルが言う。「そこにメロンがいくらでもあるんだ。スイカにクレンショー・メロン。カボチャなんかもね。ここ何か月か食べつづけているよ」

「持ち主は?」と私。

「よく知らない男」ダニエルは肩をそびやかす。「オバマが当選したものだから社会がひっくり返ると思って、それまで使っていなかった畑に作付けしたのさ。けれども終末のときはやって来なかった。それで、全部腐るにまかせているというわけ」

案内すると言うので、一同は家から通りに出た。自転車を押すスエロのあとについて行くと、舗装されていない道に出る。その先は、二本の小川にはさまれた帯状の緑地。砂漠の中に開拓時代から残る農地だ。誰かが植えた種々さまざまな樹木やつる性植物が成長していた。エデンの園のごとく、それらの木々は目に美しく、食べるに良かった。桃に西洋ナシにリンゴの木。あとはヘビと裸のイブがいたら完璧だ。

たしかにそこはメロンの宝庫だった。アザミや回転草などの雑草の陰に隠れてまだ青いのもあれば、直射日光を受けて黄色く熟しきったのもある。スエロはちょうどよさそうな一個を赤ん坊のように胸に抱くと、親指で軽くたたいた。

「あまり深い音がするやつは熟《う》れすぎなんだ」

皆で畝《うね》にそって歩きながら、たたいては音を確認する。

「誰かナイフ持ってる?」とメロニー。スエロのは自転車に乗せたままだった。でも、かまいやしない。スエロは直径四〇センチはあろうというスイカを選んで頭の上まで持ちあげると、地面に投げ落とす。スイカは彼の足元で音をたてて割れた。スエロはその横にひざをつき、手で身をすくって味を見る。

そののち、スイカはわれわれにわけ与えられた。空腹をかかえた群衆に、キリストがパンをふやして配ったように。

マシューとメロニーは無言で、果汁をひじまでしたたらせつつ、スイカを口にかき込む。私も負けじとかぶりつき、最後に残った皮に鼻をぶつける。私たちはつぎつぎとスイカを割っていった。腐っているもの、まだ青いもの、おいしいもの。晴れて空気の乾いた涼しい日だった。十月最初の本格的な雨がふったあとで、砂地は湿っていた。畑のまわりにぐるりと植わっているコットンウッド「ポプラの一種」がみごとに黄葉して、無数のポップコーンのように見える。木々の向こうには赤く切りたった崖がつらなり、その上に浮かんだ雲の輪から、雪におおわれた山のいただきが青空に向かって突きだしている。私たちは皆、食べて満腹した。食べた人は――〝パンの奇跡〟の五千人にはおよばず――四人であったが。

「木の葉がこんなに黄色くなったのを見たことがない」スエロはそで口をズボンでふきながら言う。「もったいないなあ、カボチャがみんな腐ってる」

畑の向こうにマシューとメロニーの家が見えた。わずか一〇〇メートルしか離れていない。このエデンの園から、文字どおり、石を投げて届く距離だ。今まで気がつかなかったのがまったく不思議な話で、カネなしスエロが天空から取りだして、砂漠を越えてわれらを導きたもうたかのようだ。メロンの楽園へ、豊饒《ほうじょう》の地へと。

マシューとメロニーと私は、ハリケーンのあとの家電量販店からデジタル機器をごっそり持ちだすみたいに、スイカを腕いっぱいにかかえこんだ。だけど、スエロはたったひとつだけ、小さくて青い実を選ぶと、それを自転車の箱におさめ、静かにこぎ去るのだった。

2　峡谷の暮らし

スエロによれば、「この社会全体が、お金を持たざるをえないしくみにできている」。「誰もがいやおうなく資本主義のシステムに組みこまれてしまう。システムの外で生きようとすると法律違反になるんだ」

たしかに彼の言い分には一理ある。われわれの国民的アイデンティティは私有財産の概念とわかちがたく結びついている。私有財産権については合衆国憲法修正第十四条ではっきり保障されているとおり、生命や自由と同じく、「法の適正な過程によらずに」奪われることはない。ところが、こうして財産の所有者が保護されるということは、裏をかえせば、財産を所有しない者は保護されないということだ。これが特に顕著なのが不動産に関してである。アメリカインディアンは、空気や日光を所有できないのと同じで、土地も人間が所有することなどできないと考えていたが、あとからやってきたヨーロッパ人たちはちがった。足下の大地は取り放題とされ、三世紀にわたって白人がわが物としつづけた結果、一九〇〇年ごろにフロンティアが消滅。以来、米国内のすべての不動産は持ち主が決まっている。私有財産の法的優位性は人間による比較的新しい発明にすぎないが、まるで疑う余地のない物理法則であるかのごとく、米国人の思考回路に植えつけられている。屋根から足を踏みはずせば、重力によって地面に落ちる。家賃を払わなければ、大家によって退去させられる。使う人もなく放置されていた建物を占拠すれば、不法侵入罪となる。

公共の土地においてさえ、お金のない者は歓迎されない。連邦政府の土地で企業が採鉱や油田開発をおこなうことは許されても、市民が小屋を建てることは禁じられている。ホームステッド法[*1]は、一世紀以上前に廃止された。国有林でのキャンプは最長十四日までと決められているし、多くの場合、一晩いくらの料金を支払う必要がある。街の公園や歩道に住みつくことは浮浪行為とみなされ、ほとんどの場所で禁止されている。特に使われておらず維持費もあまりかからない公共の場所――鉄橋の下や川辺など――で眠ると、罰として今度は、税金をつぎこんで建てられた監獄で眠るはめになる。

スエロはこうした法律に公然と逆らってきた。主たる居住地はアーチーズ国立公園近くの峡谷で、砂岩のひだに隠れた洞穴を十か所以上転々としている。カネを手ばなしてから二年たった二〇〇二年の秋には、幅六〇メートル、高さ一五メートルもある、断崖絶壁の上の豪壮な岩屋に移った。入り口は風によって左右対称になめらかに削られている。中に座って眼下の峡谷を見つめると、世界に向けてファンファーレを吹き鳴らすラッパの先端にいるような気分になった。

車道から徒歩二時間の距離にあって、人にさわがれることもないと思われたため、この岩屋に

＊1 西部開拓時代に入植を促進するために定められた法律。一定期間定住・耕作した者に対し、公有地の払い下げが認められる。

居を定める。岩肌をけずって広く平らな寝床を確保し、防水シート《タープ》やマットや寝袋を敷きつめた。これらは、誰かがゴミと一緒に置きざりにしていったものだ。風を防ぐために岩を積みあげ、古いブリキ缶を利用して薪《まき》で調理できるかまどを作った。サボテン、ユッカの種、野生の花、小川に生えるクレソンをとって食べることも覚えた。ゴミ箱から米、豆、小麦粉などの乾物を拾ってきては、プラスチック容器に貯蔵する。わき水を飲み、川で水あび。洗濯物は岩を重しにして川に一晩つけておいたあと、灼《や》けた砂岩の上に広げて乾燥。平らな石板が本棚がわりとなる。堆積《たいせき》した岩塊を彫って、イースター島のモアイ像のようなどっしりした頭像まで制作した。

暖かい季節には、たまにハイカーがやって来ることもあったので、留守にするときは書きおきを残した。「キャンプする方、ご自由にどうぞ。私のものはあなたのもの。好きなものを食べて、好きな本を読んでください。ほしければ持っていってかまいません」。おとずれた人たちは、ご親切に感謝します、と書き残していった。

こうして平和裏に数年が過ぎたある日、土地管理局の管理官《レンジャー》が彼を退去させに来た。十四日の上限はとっくに超過している。

「ハイキングに来た人がこのキャンプを見たら」とレンジャーは言う。「入ってはいけないと感じるでしょう。よその人の敷地だと。しかし、ここは公共の土地なんですよ」

「仕事だからそうおっしゃるのですか。それとも本気でそう思うのですか」

「私個人の見解と職業上の見解はきっちり区別しなければなりません」レンジャーは答える。「とにかく、あなたはここの周辺環境に甚大な負荷を与えている」

「あなたと私と、どちらのほうが地球環境に負荷を与えているでしょうか」とスエロ。

レンジャーは一二〇ドルの違反切符を切った。

「私はお金を持っていないので払えません」

お金を持っていないだけでなく、彼はパスポートも運転免許証も捨ててしまっていた。法律上の姓であるシェラバーガーさえ捨てて、スエロに変えてしまったのだ。スエロとは、スペイン語で「土」を意味する。オレゴンでの伐採反対運動時代に、みずから選んだ名前である。「すべての土は神聖である」というステッカーを目にした瞬間、「スエロ」と決まった。

レンジャーは頭をかかえる。長年、周囲の峡谷をかけずりまわって自然破壊者や盗掘者を追跡してきた。スエロがこの地に害を与えていないことはわかっている。見方によっては、スエロは模範的な管理人だ。そこでレンジャーは、隣の郡まで裁判官の判断をあおぎに行こうと提案した。

あくる日、この奇妙な二人づれ――一文なしの浮浪者と連邦政府の法の執行人――は、ピカピカの公用トラックに乗りこむと、砂漠の道を一目散に飛ばす。道中、スエロはカネを持たない人生哲学をかいつまんで語り、レンジャーは土地管理官になった理由を、人間による自然破壊をやめさせるため、と説明した。「そこへあなたのような人があらわれたもので」とレンジャーは続ける。

「良心の葛藤を覚えているのです」

裁判所に到着する。裁判官は人のよさそうな白髪の男だった。「では、きみはお金を使わずに暮らしている、と」まのびした口調で言う。「それは立派なことですな。しかしわれわれは現代社会に生きとります。それに合わせていろいろと法律があるわけです」

スエロがいつも聞かされるセリフである。今は時代がちがうのだ、いくら高潔な価値観でも、今どき実行する人はいませんよ、と。あるときなど、一夜の宿を乞うた仏教寺院の宿坊でも同じことを言われた。僧は、宿泊料金は五〇ドルから、と応じたのだ。

これでは、ブッダその人でも断られてしまいそうだ。

「ブッダの時代とはちがうので」とのことだった。

だが、スエロは「時代のちがい」に納得しない。今日も二千年前も、公共の場所はみんなのものだ。そこにいるための許可をとる必要はない。そう信じている。ヒッチハイクで街へ出るとき、ゴミ箱からピザを引っぱりだしているとき、何をしているのかと警官に問われたら「アメリカを歩いている」と答える。

「そう言えば警官には通じるよ。たいていは愛国心旺盛な人たちで、退役軍人も多いから、すべての市民にこの国を歩きまわる権利があるってことをよくわかってる」

ふさわしい判決を思案しているユタの裁判官に向かって、スエロは、キャンプは十四日間までとする規制の趣旨に疑問を呈す。「公平性や環境保全と何か関係があるのですか。ないでしょう。私のような人間を存在させないための法律ですよ」。そして、留置場に入るか社会奉仕をしようと申し出た。

「留置場に入れるのが適切だとは思わんが」と裁判官。スエロに接したレンジャーや仏僧や多くの警官たちと同じく、彼を扱いあぐねている。交換手段として通貨を使用するという、われわれの文化のごく基本的な大前提に従おうとしない者に、どう対応したらよいのか。ついにこう言った。「きみ自身はどうすべきだと思うかね」

スエロが提案したのは、虐待を受けた女性と子どもの保護施設《シェルター》での奉仕活動だった。そこで、二〇時間の奉仕という結論に落ちつく。スエロはもともとその施設で定期的にボランティアをしていたので、この刑罰はウサギどんをイバラの茂みに送りかえしてやるようなものである。[*2] そして、かの大邸宅から追いだされて数週間もしないうちに、彼は新しい洞穴を見つけたのだった。今回は、人目につかない小さな割れ目《クレバス》にした。

大自然の中ですごした日々がスエロを環境保護活動家に変えた、と結論したくなるところだ。二〇〇一年に樹上すわりこみ《ツリーシッター》をしたときの彼には、まさにその肩書きがふさわしい。カネを手ばなした一年後、オレゴンのツガの木の上に、ほとんど一人きりで三か月間居すわり続けた。保安官の脅しや伐採業者のチェーンソーのうなりをものともせずに。そうやって彼と仲間の活動家たちは、森林を伐採から守ったのだった。

それに、彼はあきらかにアメリカに住む誰よりも環境負荷の小さい生活を送っている。車を持たず、冷暖房をつける家もないからには、二酸化炭素などほとんど排出しようがない。野生のラズベリーをつんだり鮭をヤスでつかまえたりするのにかかる環境コストはゼロに近い。生産も輸

＊2　南部黒人奴隷の民話に登場するかしこいウサギが、自分を食べようとするキツネをことばたくみにそそのかして逃げおおせた話より。

送も必要ないのだ。ゴミ箱から拾いあつめてくる食料品は、なるほど栽培、加工、輸送されたものにちがいないが、余剰として捨てられている分を救出することで、処分場までの運搬と埋め立て処理についやされるエネルギーの節約になる。スエロの暮らしでは、ビン、缶、包装紙、ビニール袋、外箱などのゴミが一切出ない。海鳥にからまって深刻な被害を与えているプラスチック製梱包材のたぐいは言わずもがなだ。普通の人ならコーラの空きビンをリサイクル用の回収箱に入れて満足しているが、スエロの場合は、回収箱から空きビンを拾ってきて、ひびが入るまで使用してから箱に戻している。平均的米国人の二酸化炭素排出量は年に約二〇トン。スエロの排出量は、おそらくエチオピア人一人分に近い約九〇キロ。これは米国人一人分の約〇・五パーセントにあたる。

「彼は、生態系に与える負荷を最低限におさえようとする一方で、この世界に最大限よい影響をおよぼしたいとも考えています」と語るのは親友のダミアン・ナッシュ。「彼がめざしているのは、できるかぎり少なく取り、できるかぎり多くを与えること。はじめて会った日から変わっていません」

とはいえ、地球を救うのがスエロの第一目的ではない。彼のエネルギー使用量はもともと非常に少なかったので、カネを手ばなすことによってとりたてて減ったわけでもない。また、樹上すわりこみで伐採阻止に成功したあとも、政治運動の意義に対して懐疑的である。「それが事態の改善につながるのかわからない。根っこに肥料をやりながら枝を切りおとしたって、ますます繁茂するだけだろう。本当になんとかしたいのであれば、最初から怪物にエサをやるべきではないんだ。怪物っていうのは貨幣制度のことだよ」

公的福祉サービスや民間のホームレス向け宿泊所《シェルター》を利用すれば、タダで寝泊まりするのはたやすいはずだ。だがスエロは、これらの慈善事業を、みずからの拒む貨幣制度の副産物だとしてしりぞける。公的サービスの財源となる税金は、人びとが自発的にさしだすのではなく、法的義務から支払っているにすぎない。ほとんどのシェルターで働いているのは雇用されたスタッフで、給料がもらえるから〝与え〟ているのだ。

ただしスエロは、無償で与えられる厚意ならばありがたく受けとる。カトリック・ワーカー・ハウス[*3]、ユニテリアン［万人救済を唱える教派］教会、禅センターの扉をたたき、寝場所を提供してもらったことがある。コミューンに滞在した経験もある。住人たちがハンモックを編んで収入を得ているジョージアのコミューンや、野菜を自給しているオレゴンのコミューンなどだ。オレゴン州ポートランドに行くときは、アナーキストの都市スクウォット［空き家を占拠した住居］や、短期滞在者歓迎のシェアハウスに泊まっている。

家族、友人、そしてまったくの他人からも家に招きいれられる。コロラド州グランドジャンクションの両親、デンバー近くにいる兄のダグ・シェラバーガー、モアブの友人ダミアン・ナッシュ

＊3　キリスト教アナーキズムの思想にもとづく困窮者救援所。ドロシー・デイ（第4章参照）らが創立した「カトリック・ワーカー運動」の共鳴者により、全米で約二〇〇のハウスが運営されている。

のほか、国内のあちこちに住む六人ほどからは、いつでも泊まりにくるよう言われている。東オレゴン在住のティム・ヴォイタシクは、朝目を覚まして、何か月も音沙汰のなかった友が裏庭でキャンプしているのに気づいても、別段驚かない。ヒッチハイク中に拾ってくれた人の家で食事をふるまわれたことも数知れず。あるナバホ族の男性は、ベッドをスエロにゆずって自分はソファで寝たうえ、朝食までごちそうしてくれた。

モアブでの二十年間、スエロは頼りになる留守宅管理人《ハウスシッター》としての評判をかちえてきた。何か月も家を空けることの多い季節労働者の町では、ひっぱりだこである。一冬じゅう、次から次へと留守宅に住みこんですごしたこともある。友人宅の裏庭のツリーハウスに招かれて滞在したときだけは、隣人から苦情が出た。

これだけ屋根の提供があっても、屋外ですごす夜のほうが断然多い。赤い岩山で知られるアリゾナ州セドナの荒野でキャンプしたこともあれば、ニューメキシコ州ヒラでは、数週間かけて、ある隠者からサバイバル技術を習った。友人たちと連れだってポートランドからワイオミング州まで自転車で旅したときは、道路ぞいで野営した。列車に飛び乗って国じゅういたるところを旅した。ある夏、スエロはポートランドの中央を流れるウィラメット川に浮かぶ小島に入植した。川を流されてきたプラスチックの桟橋のきれはしを乗っとり、イバラ生い茂る未開の島までこいで行ったのだ。やぶの中ほどを切りひらいて、川岸から見えないような場所をつくる。「土をこねて家を建てるつもりだった」と言うが、それは実現しなかった。サンフランシスコのすぐ北にあるタマルパイス山近くの森で、ひと夏をすごしたこともある。トレイル［ハイキングコース］から一〇メートルと離れていない場所で荷物をとくと、米国屈指の金持ち地区のまんなかで誰にも気づかれずに暮らしおおせた。ゲインズビルのフロリダ大学構内の野鳥棲息《せいそく》区域では、キャンプ生活を一か月間続けた。米国にはタダで眠る場所がいくらでもあるのだ。探し方さえ知っていればいい。

最近では、洞穴のほか、モアブの町でも私有地の茂みに隠れてキャンプを張っている。見た目は典型的なホームレスの寝ぐらである。テントの上にやぶれたビニールシートのおおいがかけてあり、地面には鍋と皿がころがっている。ある朝、煙があがっているのに気づいた地主が、シャベルと毛布を持って駆けつけた。原因が火事ではなくスエロだとわかって胸をなでおろす。スエロなら何年も前から知っている。たき火はやめろと注意しただけで、はっきり滞在許可を与えたわけではないにしても、つまるところ黙認とあいなった。

このタウンキャンプを利用すれば、洞穴まで二時間かけて帰らずにすむので、町で夜遅くなると、ここに泊まる。しかし彼は実際、自分が選んだ場所であればどこだって寝ぐらにしてしまう。「道から一〇メートルほど離れていさえすれば、どこでも野宿できるってわかったんだ」とスエロ。「誰も気づかない。警察署のすぐわきで寝たこともある」

いや、待てよ。スエロは自分で自分をごまかしていないか。実際、教会に泊めてもらうのとホームレス向けシェルターに泊めてもらうのに、何かちがいがあるだろうか。ヒッチハイクでガソリン車に乗ったり、図書館のコンピューターでブログを書いたりしているのは、われわれと同じくお金に依存している証拠ではないのか。紙幣そのものにではないにしろ、商業文明に。自動車もガソリンも図書館もコンピューターも、商業文明ぬきには存在しえないものだ。

スエロはこうした批判も承知している。公共図書館を使うことで税金の恩恵にあずかっている点は認めており、図書館に行くのをやめて、友人の家でだけインターネットにアクセスしようかと考えた時期もある。だけど結局、あまり細かくこだわってもしかたがないと思いなおした。税金でまかなわれているからというだけで、公道を歩くのをやめる気はない。人間の経済活動は複雑にからみ合っていて、どうしたって完全な清廉潔白など実現できないだろう。自分の持っているものを見かえりを期待せず無償で与え、他人から無償で与えられるものを負い目を感ずることなく受けとる。それが彼の基本姿勢だ。

そうは言っても、彼はカネなし生活のルールをたえず見なおし、解釈をあらたにしている。この実験を開始した数か月後、二〇〇〇年に東海岸を友人と二人でヒッチハイクしたとき、別の友人あての電子メールでこうこぼしている。「お金を使わない生活を試みているのに、私たちのかわいらしいピンクのお手々に少なからぬ額をにぎらせてくる人たちがいて、どうするか考えねばならない。そこでルールを決めた。誰かにあげてしまうか、必要ではないけれどささやかなぜいたく（チョコレートバーとか）に使ってしまうかして、日没前に手ばなすこと。日没前と言いながら、そのうち夜明け前になってしまったが」。最後には、そのお金を使うのもやめにして、あげてしまうことに決めた。

しかし、友人の車に乗せてもらえば、使った分のガソリンを誰かしらがお金を払って補給しなければならない。「ここでひたすら待っていたら、誰かがガソリンをくれるかも」と提案したことがある。「でなければ、どこかに落ちているかもしれない」。その友人は自分のお金で給油するほうを選んだ。

二〇〇一年の春に一度、スエロはできごころを起こす。ジョージア州のコミューンに滞在中、友だちの結婚式があるユタにどうやって帰ろうかと思案しているところへ、この上なく魅惑的な郵便が届いたのだ。五〇〇ドルの税還付金である。

「カネなしの実験は一時中断」というメールを友人や家族へ一斉送信し、小切手を現金化すると、乗り捨てのレンタカーを借りた。真新しいダークブルーのコンバーチブル・メルセデスベンツ六〇〇スポーツクーペでアメリカ横断だ。

「一文なしのヒッチハイカーだったのが、ベンツの運転席に座っているなんて、すごいスリルだよ」と書いている。「米国南部の空気をたっぷり吸いながらニューメキシコへ。道中ほとんど屋根をたたんでいたから、風にあおられてモップ人間みたいになった。それから、ベンツが自分の前に止まったときのヒッチハイカーの表情ときたら傑作だ。ベンツでゴミ箱あさりっていうのも最高！　ぜひ一度やってみるといい。ピックアップトラックのうしろに乗せてもらうのと同じくらい楽しいから、もう」

その年の夏、「足かせのように感じられたので」残りのお金は捨ててしまった。それ以来、金銭には手を出していない。

十月の晴れた午後、スイカを満喫した数日後のこと、私はスエロについて峡谷へ向かった。きょうの彼は、格子柄のシャツと、レンジャーの制服のオリーブグリーンのズボンを膝丈に切ったものを身に着けている。ズボンは、国立公園の町ならではのゴミからの掘りだし物である。ただし、同じように拾ってはいていた友人は「パークレンジャーになりすました」として裁判所から呼び出しをくらったが。装いのしあげはボレロ帽だ。平らなつばとあごひもが、ペルーの農民かまじない師を思わせる。「教会が運営するリサイクルショップのゴミ箱で見つけた」とのこと。「子ども用のカウボーイハットだったんだけど、水につけて引っぱってのばしたら、ちょうどいいサイズになった。あのリサイクルショップはおかしいよ。いい物を全部捨てて、クズを店に並べているんだから。ウールの古着に小さい穴がひとつでもあいていたらゴミ箱行き。それなのに、労働搾取工場《スウェットショップ》製のコットンTシャツは全部売り物にしている」

トレイルの起点近くまで来ると、やぶに自転車を隠し、荷箱のリンゴとジャガイモをすり切れたバックパックにおさめた。スエロは、これまでに何台もの自転車を手に入れては捨ててきた。今乗っているのは両親からの贈り物で、自分で古代プエブロの壁画モチーフを描き、プラスチックでできたピンクフラミンゴのフィギュアを飾っている。メンテナンスには、ボランティアが運営する自転車工房にある部品や道具を使い、中古のタイヤやチューブは、小売店の出したゴミから拾ってくる。鍵はつけていない。

アスファルトの道が終わると、彼はすぐにサンダルをぬいでバックパックにしまい、砂漠の上をはだしで歩きはじめる。革のように硬い幅広の足で、かかとはひび割れている。岩だらけのトレイルを静かに歩いていく。

めまいのするような峡谷である。左右に金色の断崖がそびえ立ち、ワタリガラスが上昇気流に乗って旋回している。岩にきざみつけられた古代の壁画《ペトログリフ》の下を私たちは歩く。描かれているのは、オオツノヒツジに頭の大きな人間らしき模様。砂にまみれた断崖のすそにそって、ピニョン松、ビャクシン、ヤマヨモギがぽつんぽつんと生えている。灼熱の太陽のせいで幹はふしくれだち、根はわずかな水分を求めて砂岩のひびにもぐりこむ。

一見、人が住める場所とは思えない。峡谷の上に広がる荒地には、「悪魔の庭《デビルズガーデン》」、「燃えさかる炉《ファイアリーファーネス》」、「地獄の復讐《ヘルズリベンジ》」などの名がつけられた石のフィン〔薄い板状の岩〕やアーチ〔穴のあいた岩〕に、干上がった谷。ハリウッド俳優が、ハゲワシにすっかり食われた人骨を発見する――骸骨と化した指にしっかりとにぎられている空っぽの水筒――そういうたぐいの風景である。だが、峡谷の底に目をやれば、なめらかな岩の上を走る冷たい緑の流れが、陶器のバスタブを削りだし、すじ状に藻《も》の生えた滝をすべり落ちて、深く澄みきった遊泳可能な池に達している。葉の茂った柳やコットンウッドが浅瀬にまとわりついては、渦の中に黄色い葉を落とす。ビーバーがやわらかい幹をかじって作った巣やダム湖が、日かげのオアシスにちらちら光る。あたりにただようホソバグミの木の甘い香り。

トレイルが砂地に変わり、靴の中に砂つぶが入ってくるので、スエロにならって私も靴をぬぐ。峡谷の浅い一画で、何百という緑の若芽が砂から顔を出していた。「ワイルドオニオン〔ノビルの仲間」だ」そう言ってスエロは膝をつくと、ひょろひょろした若葉のまわりを掘ってみせる。私も一本掘る。「強く引っぱりすぎないように気をつけて、切れやすいから」。バックパックをさぐって取りだした金属のスプーンで掘りすすめる。私たちはひとつずつ掘りあげると、球根部分の繊維質の皮をむく。「丸ごと食べられるよ」と言いながら彼は、緑の葉を白い鱗茎《りんけい》に巻きつけて口にほうりこむ。私もまねて食べてみる。これはうまい。甘みがあってピリッとくるチャイブだ。

日かげに入り、小川を渡る。頭上で鳴いたワタリガラスの声音を、スエロはたくみに模して返す。一時間ののち、トレイルをはずれて浅い谷をよじ登りだす。砂や草の上を避け、岩を跳びうつって進んでいくスエロ。「足跡を残さないようにしているんだ」

水のつたい落ちた跡が壁に黒く残る、日の当たらないくぼみに入り、崖錐《がいすい》の急斜面を登ると、そこが彼の現在の住みかだった。六メートル四方ほどの広々とした洞穴で、向かいの崖とすばらしく青い空を見わたせる。たき火跡のそばの地面には、空気のぬけた寝袋用マットがしいてあり、寝袋、いくばくかの衣類、ギターが置かれている。それに、スエロの最近の収穫である高価な双眼鏡も。「ゴミ箱で見つけたんだ」うれしそうな顔で言う。「だからバードウォッチャーになることにしたよ」。これまでに観察できたのは、オオアオサギ、タカ、スズメフクロウだ。

スエロは荷物をおろすと、すり傷だらけのペットボトルを持って谷底の水たまりへ降りていく。流砂の沼を跳びこえ、かがみこんでボトルを満たす。次に、周囲に生えている野草、松葉、ビャクシンの小枝、ゼニアオイの葉も集めてきた。

「しょっちゅう人からウィートグラス［小麦若葉。欧米では健康のためジュースにして飲む人が多い］をもらうので、野草でもいいんじゃないかと思って。毎朝のように飲んでいるけれど、すごく調子がいいよ」

そう言うと、マットの上にあぐらをかいてストーブに火をつける。ストーブと言っても、徳用チリソースの黒ずんだ空き缶のふたを切りとり、側面に穴をあけた物だ。その開口部に小枝をくべていくと、中で火が燃えはじめる。そこで、水を入れた鍋をじかに上部に置く。側面の穴が換気口となり、わずか数分でお湯がわいた。スエロが野草類を投入する。

大自然のただなかの煤《すす》におおわれた洞穴に、野草を煮だす白髪の賢人という道具だてがそろうと、スエロ宅訪問が、ヒマラヤのグルをたずねるトレッキングらしくも思われてくる。実際、彼との会話は、すぐに宗教や哲学の話題に流れる。たまたまこのときは、インディアナ州の若者が弟子入りのような形で滞在していた。武術と東洋の宗教について十年学んだという彼は、インターネットでスエロの存在を知り、カネなし生活の達人に学ぶため、長距離バス《グレイハウンド》で西部へやって来たのだった。

だけどスエロは、聖人のごとき印象を与えそうになるや、いそいで打ち消しにかかる。哲学的な話に踏みこめば踏みこむほど自分を笑いとばし、特にさえた意見を述べるときは、博識をひけらかすのはきまりが悪いと言わんばかりに目をそらす。また、しょっちゅう物忘れをして、「インドに行ったのはアラスカの前だっけ、それともあとだっけ」なんて言いつつ、ひたいをこすっている。すでに知っていることを言われても、はじめて聞いたかのように「あっ、そうか！」とか「あぁ！」とか叫ぶくせがあって、相手に警戒心をいだかせない。

私：「ブッダはヒンドゥー教徒として生まれたって、本に書いてあったけれど」
スエロ：「あっ、そうか！　そうだね！」

おまけに、彼のユーモアのセンスはまったく間がぬけている。墓地に隣接した一帯が住宅地として開発されると聞いて、「みんな、死ぬほどあの界隈《かいわい》に引っ越したがっているみたい」などと言う。

カネなし生活から何を学んだかとたずねる私に、二煎《にせん》目のお茶から立ちのぼる煙を手ではらいのけるスエロ。煙幕のうしろから答える様子が、なんだかオズの魔法使いを思わせる。魔術師らしく手をひらひらさせ、それらしい声色で「神秘の扉が開かれたのじゃ！」。そして、自分でジョークをだいなしにする。「我輩はビンの中の魔物である！」

落ちている物と捨てられた物を利用し、建築予算ゼロで、スエロは今住んでいる洞穴をポストコンシューマー・ホーボーの楽園に作りかえてきた。最初にここを見つけたとき、岩だらけの床はでこぼこだったので、バケツに何杯もの砂を運びこんで平らにした。風と視線を避けるため、開口部には大きな石を積みあげる。大小の鍋、碗《わん》、皿、ナイフ、フォーク、スプーン、ヘラは、捨てられていた物を拾ってきた。プラスチック製の密閉容器が、米、小麦粉、麺類、オートミール、穀類のほか、ジャガイモやニンジンなどの根菜の保存庫だ。乾燥して涼しい洞内では数か月も保存がきく。生鮮食料品はコットンの布袋に入れて天井からつるしてある。こうしておけばネズミやアライグマに食われない。

北向きの崖の陰に隠れて日光がさしこまない洞穴は、昼間でも肌寒い。日が暮れるとランプに火をともす。ときどき、こわれていない懐中電灯を拾うが、いずれは電池が切れてしまう。洞穴の壁の小さな岩のでっぱりに設置したオイルランプのほうが、光源としてあてになる。作り方は簡単だ。ガラスビンに植物油を満たし、ワインのコルクに短い綿のひもを挿したものを浮かべるだけ。アルミ箔でつつめばコルクは燃えず、芯だけが何日も燃えつづける。

その夜、私はたき火をはさんでスエロの向かいに荷物をとき、洞穴の外に静かに明るく光る星を見つめつつ、すぐ眠りに落ちた。明け方、目が覚めると、スエロがマットの上にあぐらをかいて座り、寝袋を肩にかけている。微動だにせず、峡谷のはるか向こう側の岸壁から岸壁へと太陽が移っていくのを眺めているようだ。それから彼は、ふたたび横になると、もうしばらく眠る。

朝のお茶のあと、われわれは洞穴から日の当たる岩棚に出た。弟子入り中のフィルから、瞑想を取りいれた中国武術の気功を教わるのだ。木を抱くポーズやボールをキャッチするポーズをくりかえす。あふれ出る陽光とミソサザイの歌声につつまれて、なんともいえぬ恍惚感にひたっていると、スエロがあやしげな空手チョップをくり出してきて、へたくそなブルース・リーの口まねをする。「いざ、死闘だ！」

大義を持って生きているにもかかわらず、スエロは風の吹くままに動いているように見える。双眼鏡を拾えばバードウォッチング、ギターが手に入れば音楽、武術家がたずねてくれば気功を始めるといったぐあい。「なりゆきが私の導師《グル》だからね」とのこと。

峡谷の暮らし自体はのどかなものである。気温が上がれば、小川へ水あびに。町へ行く気が起きないときは、たくわえの食料と周囲でとれる野草類で一週間以上やっていける。日だまりでくつろいでいる私たちに、誰かが作ってくれたという木管フルートでメロディーを吹いてみせた。岩のテラスには、ビャクシンにヨモギ、そしてモルモンティーの灌木《かんぼく》の細長い茎が茂っている。

だが、スエロは過剰な執着を持たない。いつレンジャーがやってきて追いはらわれるかもしれないと覚悟している。この洞穴は彼の所有物ではない。ここに住んでいるのは、あきらかに法律違反なのだ。

「キリスト教の国だと公言しておきながら」と、つかの間の自分の城を見わたして言う。「イエスの教えにそった生き方は、基本的に違法なんだ」

イエスの教えに従うことを人に——ましてや米国政府に——期待するなど、ずいぶんと世間知らずな言いぐさに聞こえるだろう。しかし、スエロはまさにそういう世界観の中で育った。宗教的理想主義者である家族も、彼と同じく、今の時代が預言者や英雄たちの時代とは根本的にちがうということを認めていない。

3 生い立ち

十一歳のある日、外で遊んでいたダニエルが帰宅すると、家はからっぽだった。一九七二年当時、一家はデンバー郊外に住んでおり、父親は市内の自動車ディーラーで働いていた。父母やきょうだいを呼んでも返事がない。兄たちは三人とも部屋におらず、姉の姿も見あたらない。家族の名を呼ぶ声がふるえる。両親の寝室に走っていくと母親の服が靴の上に落ちていた。母さんは服を床にぬぎっぱなしにするような人ではないのに。まるで、着ていた服を残して蒸発したみたいだ。「母さん！」彼は叫んだ。「父さん！」。扇風機が低いうなりをあげている。

頭をフル回転させて、安心できそうな理由を探す。犬の散歩にでかけたのかもしれない。でなければ、どこかへドライブに行ったとか。でも車は家の前にある。残された手がかりからもっと別の答えを見つけようとすればするほど、いったんこうと直感した筋書きが頭から離れない。携《けい》挙《きょ》だ。主なるキリストが再臨し、最後の審判が行われたにちがいない。ぼくの家族も含めて、正しい人たちは天国に引きあげられ、罪人たちは艱難《かんなん》の時代を生きるよう宣告されたのだ。ヨハネの黙示録の預言どおりに。天空から火の雨がふりそそぎ、堕落したバビロンは海に沈むだろう。かわいそうなダニエルは、母の靴をふるえて見つめながら、こう結論するしかなかった。母さんたちはみな天国に行ってしまい、ぼく一人だけが、何か口にするのも恐ろしい罪をおかした罰として、ここにとり残されたのだ！

近所の家から戻ってきた家族らが靴音をたてて玄関の階段を上がると、中でダニエルが泣いていた。くちぐちに彼をなだめ、やさしく笑う。おまえは末っ子だからなあ。いつも心配ばかりして。そんなにくよくよすることはないんだよ。終末のときがくれば、おまえだってキリストの家に帰れるさ。

聖書のことばを字義どおりに信じている一家のうちでも、とりわけダニエルは馬鹿正直に受けとるタイプだった。まだかなり小さかった時分のある夏、おこづかいをためて家族にクリスマスプレゼントを買ったことがある。母さんと父さん、ペニー、リック、ロン、ダグの分も。サンタクロース模様の紙につつんで、暑さまっさかりの八月に手わたした。大艱難時代がくる前の、この地上にいるうちに、みんなに喜んでもらいたかったのだ。

教会の日曜学校に通う子どもたちの中で、まじめな気持ちで参加しているのは自分だけだと感じていた。しかし、きまじめすぎる態度は信仰生活をかえって難しくする。サボったりこっそり手紙を回したりしている子たちは、聖書の記述にいちいち頭を悩ませることなどない。マタイ伝一九章二四節について、ちゃんとした大きさのラクダがどうやったら針の穴を通りぬけられるのか、通りぬけたとしても、金持ちが神の国に入るよりそのほうがたやすいのはなぜか、などと考えて眠れなくなったりしないのである。

原理主義者《ファンダメンタリスト》として育っていなければ、携挙はマンガじみたおとぎ話にしか見えない。だが、過去半世紀のあいだにこの概念は一般社会に浸透してきた。米国で主流派《メインライン》プロテスタント教会の信者の割合が一九六〇年代なかば以降減少の一途をたどり、二五パーセントから一〇パーセントに下がったのに対し、福音派（原理主義）教会の信者の割合は二五パーセント前後を保っている。人口増を考えあわせると、割合が変わらないということは信者数が増えているということだ。この大衆的空想物語の中では、地獄の火あぶりや、三つ又の槍《やり》を持つ悪魔といった子どもらしい悪夢が、ヨハネの黙示録に記された終末の日や、四人の騎士、煮えたぎる硫黄《いおう》の池にすりかえられた。こうした信仰のうちに育った者は、この世界の終わりが近づいていることを事実として受けいれている。いずれ時計は止まり、私たちの考えているような時間は存在しなくなる。

スエロの家庭は、わが国における原理主義化の動きを象徴している。過去半世紀間には、米国人——私の育った家庭もそうだが——の宗教心が薄れ、教育レベルが上がり、都市に住み、経済的に豊かになるという、大きな世俗化傾向が見られた。それに対する反動として生まれたのが原理主義運動である。保守的なクリスチャンの家族は、あえてホームレスになった息子を受けいれがたいのではないかと想像していたが、それは私の思いちがいだった。原理主義者にとって、洞穴でイナゴや野生のはちみつ［洗礼者ヨハネの常食とされる］を食べて暮らすのは、就職に有利なインターンの座を射止めることや大学進学適性試験《SAT》で高得点をとることばかり考えている俗人が感じるほどには、突拍子もない生き方ではないのだ。シェラバーガー家が指針とあおぐ神話は、一生涯勤勉に働けば見かえりとして富が待っているというアメリカンドリームではない。信仰が何物にもまさり、金銭はさほど重要性を持たない、深い理想主義である。のちに何かにつけそむくことになるとはいえ、子ども時代に受けたしつけは、実際、スエロがお金を手ばなす素地をととのえたのだった。

　八十二歳になったディック・シェラバーガー氏は巨体の持ち主である。身の丈一九八センチ、手足ともに大づくりで、クライズデール〔スコットランド原産のたくましい荷馬〕が室内にいるようだ。よくとおる声で、ときどきカウボーイなまりが出る。「おれは言ってやっただ、馬鹿言うなって」。「主はそんなこたぁ気にしなさらねえよ」。「カネがみんなの神なんだな」私への歓迎のしるしに大声をはりあげた。「そのためにゃ何でもやる、殺しも、だましも」

　ディックがダニエルの母ローレルと結婚して六十年以上がたつ。彼らの住むコロラド州フルータは農業の町で、近年、二四キロ東にあるグランドジャンクションに吸収されつつある。末息子の洞穴とは約一六〇キロ離れている。カムストックやマザーロード〔どちらも鉱業にちなんだ地名〕などの名がついた静かな住宅街で見かけるのは、自転車に乗った子どもと乳母車を押す母親の姿ぐらい。家々の二台分の駐車スペースに並ぶ国産車やトラックのバンパーには、「人命を尊重しよう」〔中絶に反対するキリスト教右派のスローガン〕というステッカーが貼ってある。シェラバーガー家はレンガと化粧しっくいと羽目板でできた平屋建てで、芝生には常緑樹が二本。玄関ドアにかけられたプレートには聖句がきざまれていた。「だれでもキリストのうちにあるなら、その人は新しく造られた者です」（聖書　新改訳「コリント人への第二の手紙」第五章一七節）。ディックの兄が所有する、質素ながら清潔な家である。寝室が三つ、バスルームが二つ、どの部屋も同じ明るさのオフホワイトで統一された塗り壁。ガレージには、きちんと整理された工具や延長コード類にかこまれて、ごく普通のセダンがおさまっている。

ディック・シェラバーガーは、五人きょうだいの末っ子として、世界大恐慌前夜の一九二八年に生まれ、コロラドで育つ。父親は機械工や理髪師もした器用な男だったが、仕事を求めてカリフォルニア行きの貨物列車に飛び乗った。トラック運転手としてアラスカ・カナダ間ハイウェイ建設にたずさわったのち、かせいだ金をつぎ込んで、二頭の牧畜用ポニーとデンバー近くの牧場を購入。牧場を売っては別の牧場を買う父親とともに転居をくりかえしつつ、ディックは馬の背で育った。「キャッスルロックではちゃんと高校に行こうと、バスを二、三本乗りついで十年生まで通ったが、結局やめざるをえなかったな」

肝心の牛を買う資金を借りることができず、一家の事業は軌道に乗らなかった。乗馬が売り物の観光牧場と、バー、ジュークボックス、ダンスフロアつきの古ぼけたロッジだけは、かろうじて維持していた。ディックの兄たちは家を出て自動車販売業で成功したが、ディックは父親ゆずりで、あれこれ手を出さずにはいられない。兵役で日本に行ったのち、牧場で近所の馬の調教を請け負って、夏の収入の足しにした。

スエロの放浪癖が父親ディックからの遺伝だとすれば、思索的なところは母親から受けついでいる。ディックより一歳年上のローレルは、品格ある物腰の正統派美人で、かがやくようなひとみと繊細なほお骨の持ち主だ。ローレル・ジニー・ウェゲナーは一九二七年デンバー生まれ。両親はドイツからの移民一世だった。父親のチャールズは行商をしながら大工としても働いたが、大恐慌下の家計は苦しく、日々の食料もつけで買うほどであった。それでもチャールズは前世紀の欧州人らしさを失うことなく、ダークスーツに身をつつみ、フルートをたしなみ、自動車の時代になっても運転を覚えようとせず、列車や路面電車を好んだものである。娘たちにもクラシックピアノを習わせ、聖歌隊で歌わせた。

名目上はクリスチャンの家庭だったが、特に信心ぶかいわけでもなかった。「ルター派教会でキリスト教の教理についてはひととおり習いました」とローレルは話す。自信に満ちあふれた美しい娘に成長するころには、宗教への関心は薄れていた。ある日、遠足に参加するため教会へ歩いて向かった彼女が集合場所にたどり着くと、ちょうどバスが動きだしたところだった。ローレルは手をふり大声をあげてあとを追いかけたが、バスは止まってくれなかった。「もう、すっかり頭にきてしまって」。ローレルはそれきり教会通いをやめてしまう。

両親の欧州的洗練に慣れ親しんでいたせいか、とにかくローレルは戦時下の米国の生活に満足できなかった。学校を出て映画館の案内嬢として働いたあと、コミュニティーカレッジで簿記の資格をとり、会計の仕事につく。その数か月後にはこう自問していた。「いやだわ、人生なんてこんなもの？」

ときは一九四六年。キリスト教原理主義が一大勢力となるにはまだ間があった。〝新生《ボーンアゲイン》〟〝個人的な救い主〟は、米国連邦議会議事堂ドームで耳にするような文句ではなく、信仰復興運動の集会テントの中で叫ばれていたにすぎない。ビリー・グラハムによる福音十字軍運動の開始が一九四八年、ジェリー・ファルエルの教会設立が一九五六年である（目くじらをたてる人もいるだろうが、私は〝原理主義〟と〝福音派〟の二つの語を区別せず、教会組織への帰属より聖書の字義的解釈に重きをおく信仰をさして使っている)。ニューディール政策や第二次世界大戦の時期に政治の世俗化が進み、主流派教会が個人的救済よりも社会正義に力を注ぐようになるにつれ、ノルマンディー上陸作戦、アウシュビッツ、ヒロシマなど、この世の終わりと見まがうできごとに際して、聖書に心のよりどころを求めるクリスチャンが増えていく。

ある夜、両親のラジオをつけたローレルに、カリフォルニアから放送されていた「オールドファッション・リバイバル・アワー」の説教師のぬくもりある声が語りかけてきた。アフリカに派遣された宣教師らが、灼熱の平原で、あるいは密林の奥ふかくで、人びとの魂を救済しているという。これこそが満ちたりた――しかも刺激的な――人生ではないか。そう思ったローレルは、デンバー聖書協会に入会する。初日に教師は、細長い紙を広げてみせた。人類史の七つの時代を天地創造の七日間に対応づけた年表、いわゆるディスペンセーション・チャートである。第一のディスペンセーション(時代)は天地創造、第二はアダムの時代からノアの時代までの一六五六年間、第三はアブラハムまでの四三〇年間、第四は以後イエスの時代までの一九六〇年間をさす。「それ以来」と教師は告げる。「われわれは第五のディスペンセーションを生きています」。これは教会の時代とも呼ばれ、いずれキリストの再臨をもって破局を迎えることになる。そこで第六のディスペンセーション、大艱難《だいかんなん》の時代がおとずれる。この七年だけ続く暴力的時代に、「ヨハネの黙示録」の預言が成就する。すなわち、七つの封印が解かれ、キリストが審判をおこなう。天から火がくだり、悪魔は硫黄の池で焼かれ、すべての悪い人間――バビロン――はひき臼のように海に投げこまれるのだ。灰がとり除かれると、本物の信仰を持つ正しいクリスチャンが楽園に入り、第七のディスペンセーションが始まる。これが千年王国である。バビロンを滅ぼされたキリストは、新しいエルサレムを統治なさる。殉教者や聖徒がよみがえり、イスラエルの子らの十二部族が回復され、獅子《しし》が子羊とともに横たわるであろう。

「私は救われたのです」とローレルは回想する。「その夜、家に帰ってから、キリストに私の個人的な救い主になってくださるようお願いしました」。それからの三年間を聖書学校《バイブル・カレッジ》ですごす。教師には娘のようにかわいがられ、信仰のあかしをするためあちこちの聖書集会にでかけて行った。両親に対しても福音を説き、二人を新生クリスチャンに回心させてしまう。

一九四八年の秋、彼女は休暇をとって旅行する。観光牧場から一〇キロほど離れた場所でバスを降りると、古いスチュードベーカーのピックアップトラックにもたれて二人のカウボーイが待っていた。彼女の目は、年下のほうの男にくぎづけになる。リーバイス、ブーツ、カウボーイハットで固めた強靭な体躯。身長一九八センチ、体重七〇キロ。トラックの座席で二人の男にはさまれて牧場に向かう道すがら、車が大きく揺れるたびに、このノッポのカウボーイにひざがぶつかり、彼女の背すじに電流が走った。

牧場に到着して案内された部屋は、がらんとした板張りの小屋で、簡易ベッドがひとつ置いてある。松の葉と防虫剤のにおいがした。ロッジは休業中だったが、ディック・シェラバーガーはジュークボックスの電源を入れた。「何曲かかけておれたちは踊った」となつかしむ。「二人っきりでな」

次の日にはもう二人は離れがたくなっていた。ディックは自分が担当している小屋を見てみないかとローレルを誘う。冷たい風の中を並んで歩き、中に入って重い木製のドアを閉めた。ディックがマッチをすって灯油ランプに点火する。新しいベッドシーツを出して、一緒にマットレスの上に広げた。それから彼は暖炉の前にひざをついて新聞紙を丸め、たきつけをくべるとマッチをすった。ローレルがピアノを見つけ、イスに座る。彼女のかなでる音楽は、ディックが聞きなれたホンキートンクとは大ちがい、この世のものとは思えないほどロマンチックで神聖なひびきだったという。彼女のうしろにたたずみ、その甘い香りを胸に吸いこみながら、メロディに酔いしれる。腰にあてた両手がいつしかふらふらと前へさまよい出て、おずおずと彼女の顔にふれる。

ローレルは不協和音をたててイスから飛びあがり、ふりむきざまに求愛者のほおに軽くキスすると、星空の下に逃げだした。ディックも彼女を追って走り出る。もう夕食の時間で、母親が用意したフライドチキンのにおいがただよっていた。あわててキッチンに入っていき、帽子をフックに投げかけると、ひとつだけ空いていた席につく。食卓には全員がそろっていた。おっかさん、おとっつぁん、二人の兄貴、いとこ、そしてローレル。気づかわしげに彼女を盗み見たディックは、あらためてまじまじと凝視せずにはいられない。変だな。形のよいほお骨の下のばら色の肌に、黒々としたあざが浮かんでいる。ぼうぜんと、ただ見つめるしかなかった。そこで衆目にさらされていたのは、まぎれもなく自分の軽率なおこないの証拠、煤で汚れた指のあとだったのだ。

あれから六十年がたっても、シェラバーガー夫妻は相思相愛のまま。ディックはいまだに牧童のようなしゃべり方がぬけず、ローレルはそれを矯正しつづけている。

「家ではおとっつぁんのことを元祖鉄道ルンペンと呼んでたもんだ」リビングルームでディックが話を聞かせてくれた。

「お義父《とう》さんはルンペンなんかじゃなかったわ」とローレル。

「もちろん、ふざけて言ってただけよ。おとっつぁんぐらい器用だったらと思ってるさ」

「あなただって器用じゃないの」ローレルが私に向かって言いそえる。「自分の長所を認めようとしないんです」

「じいさまは床屋だった」ディックは続ける。

「理容師ですよ」ローレルが言いなおす。

その夜、私のために用意された寝室に引きあげようとして、二人の書斎の前の廊下で足をとめた。耳をすますと、机に向かったディックが次回の聖書勉強会の講義を口述し、ローレルがそれを書きとめている。クラスにいる耳の聞こえない少女が文字で講義内容を追うことができるように、との配慮である。

「第一九節」ディックがせきばらいをして始めた。「文頭大文字。わたしはあなたと永遠に契《ちぎ》りを結ぶ、ピリオド。正義と公義と、恵みとあわれみをもって、契りを結ぶ、ピリオド」

彼らだってコンピューターソフトやインターネットを使っているのだから、この聖句をコピーして貼りつけることもできたはずだ。だけど、二人はその儀式を楽しんでいた。夫が説教者となり、妻が書記をつとめる。ディックは先を続けた。「第二〇節、文頭大文字。わたしは真実をもってあなたと契りを結ぶ、ピリオド。このとき、あなたは主《LORD》を知ろう、ＬＯＲＤはすべて大文字、

ピリオド」（聖書　新改訳「ホセア書」第二章）

キリストの再臨を待ちのぞむ福音派クリスチャンには、歴史的に二つのグループがある。後千年王国説をとる者と前千年王国説をとる者だ。一七～八世紀にはほとんどの信者が「後」派、つまり千年の平和ののちに救世主が再来すると考えていた。主が早く到来するように、今ここにその調和的世界を創りだそうとし、奴隷制廃止、禁酒、公教育の整備、女性の識字率向上のために奮闘した。

南北戦争と産業化の混沌《こんとん》とした時代をむかえると、多くの福音主義者はそれまで楽観的すぎたのではないかと考えなおす。イエス・キリストは最後の審判の前に到来するにちがいない。したがって、この地上で公正な社会を実現しようとするのは無駄な努力である。重要なのは各自の信仰を完璧にすることだ。こう信じた者たちは、歴史学者のランドール・バーマーが述べるとおり「絶望の神学――ようするに現世を悪魔とその手下に引きわたす考え方――に逃避した」のだった。

この分裂は二〇世紀に入ってさらに深まる。一九二五年のスコープス裁判（通称「モンキー裁判」）[*4]で原理主義者がマスコミによって愚弄されたあと、前千年王国説論者は自分たちだけの世

＊4　テネシー州で進化論を教えた高校教師が有罪とされた裁判。神による天地創造を史実とみなす原理主義は、ダーウィンの唱えた進化論を認めない。裁判には勝利したものの、原理主義者は頑迷で時代遅れとのイメージが一般に定着した。

界に引きこもり、政治や時事問題にかかわろうとしなくなった。バーマーによると、「内側へと意識を向けた彼らは、まぢかにせまったキリストの再来にそなえて、自分たちの信仰心をみがき、人びとをも回心に導こうと努めた」。

出会って数か月もしないうちに、ディック・シェラバーガーはローレルにプロポーズした。すでに彼女の前千年王国派としての信仰はゆるぎないものとなっていて、同じ思想を持つクリスチャンとしか結婚できない、と答える。

「ふた親とも、おれたちが生まれる前からの教会員だぜ」とディック。

「それだけじゃたりないの」

「これ以上何があるんだい」

「それって個人的な信仰かしら」ローレルは問いかける。

さいわい、ディックが歩みよらねばならない神学的な差異はさほど大きくないと判明する。彼の家族が——熱心にとは言えないまでも——所属していた教会は、一八二〇年代にアイルランドで創立されたプリマス・ブレザレンという分派で、創始者のジョン・ダービーその人こそ、ローレルをとりこにしたディスペンセーション・チャートの立案者だったのだ。ディックの祖父は平信徒牧師で、新約聖書を全文そらんじていた。

ディックの魂は救われた。一九四九年に二人は結婚し、プリマス・ブレザレンの一員となる。この分派は聖書のことばを一字一句そのとおりに信じており、それにくらべたら南部バプテスト［保守的な教義で知られる大衆的プロテスタント教派］のほうがまだ融通がきくと感じられるほどである。

ブレザレンの考えによれば、礼拝は職業的牧師のいる教派教会でおこなわれるべきものではない。自分たちの会堂を教会《チャーチ》と呼ばずにチャペルと呼ぶのも、教会とは信者どうしの聖なるきずなをさすのであって、集会用の単なる建物のことではない、という信条のあらわれだ。彼らにしてみれば、地上に強大な組織をつくりあげたカトリックやルター派などは、聖書の教えから逸脱してしまっている。数ある教派のうちのひとつとみなされるのを嫌って、プリマス・ブレザレンという名を公の場で使うことはめったにない。ほとんどのアメリカ人がこの人たちの存在を耳にしたことがないのは、そのせいである。

六十年にわたってディックとローレルは、キリストへの奉仕と家族を育てあげるための物的ニーズとのバランスをとってきた。ブレザレンには有給の牧師がいないので、ディックは平信徒牧師をつとめた。女性は説教することを許されていなかったが、ローレルは聖書研究グループで主導的な役割をになう。しかし、新婚夫婦には現金収入も必要だ。ディックの両親はすでに観光牧場を廃業しており、高校の卒業免状も持たない彼にとって、選択肢はかぎられていた。モンタナ州のある牧場での仕事を、現場も見ずに決めてしまう。一九四九年、自分でオーバーホールした旧式のビュイックに花嫁とわずかな家財道具を乗せると、北へ向かった。めざす牧場にたどり着くや、牧場主の妻が病気で働けないと知らされる。

「メシのしたくはあんたの女房がやってくれるよな」牧場主は言う。

ディックはそこで降伏するかわりに、将来息子にも受けつぐこととなる気質を発揮する。不当な条件での労働を断固拒否したのだ。

「妻を働かせるつもりはない。妊娠してるんだ」

「しかし、そういう約束だっただろう」

「そんな約束はしていない」

「手紙に書いてあったはずだ」

「そいつはこのポケットに入ってる」手紙を引っぱりだして広げるディック。

「とにかく、料理は彼女の仕事だ。これ以上言わせるな」

ディックがなぐりかかるそぶりを見せると、牧場主は背中を見せて逃げだす。シェラバーガー夫妻はまたビュイックに荷物を積みこみ、家へ引きかえした。

ディックは印刷工場で働きはじめるが、ヌードカレンダーを刷るように言われて辞めてしまった。二人は、自分たちが職場の同僚連中とはちがう種類の人間であることを思い知らされる。「夫婦そろって善人ぶっていやがる、と思われたんだ」とディック。「そんなことばかりだった。会議に出張したって、酒もやらなけりゃ女も買わない。そういう女どもはひざの上から追いはらわずにいられなかった」。娘のペニーが生まれたあと、ディックはシカゴのブレザレン・カレッジに通った。長男リックも誕生。ディックがみことばを学ぶ三年のあいだ、一家は狭苦しいアパートに暮らす。「おれはシカゴ南部の街をさまよう田舎者だった。黒人しかいないゲットーでよ」

ディックは、自動車ディーラーや印刷工場の職を数年ごとに転々とし、そのたびに家族は引越を余儀なくされた。そうするうちに、さらに三人の息子に恵まれる。ブレザレンの集会を始めたのは、コロラド州の鉱業の町ジプサムにいたときだった（「私たちは一人の養蜂家をキリストのもとへ導きました」とローレル）。ローレルは家で育児に専念した。夫婦のどちらも定職につくつもりはなかった。二人の天職は神への奉仕だったのである。

末っ子のダニエル・ジェームズ・シェラバーガーは、デンバー郊外のアーヴァダで一九六一年に生まれる。ダニエルの誕生後、ディックは兄の経営するシボレーのディーラーに就職した。翌年にはデンバー・フォルクスワーゲン社に採用され、一九六七年にテキサス州サンアントニオの本社に栄転となる。ダニエルはこの街で小学校にあがった。何年か続くよき時代、ディックは全国の見本市やディーラーをジェット機で飛びまわる。

一家の理想主義は健在であった。サンアントニオ時代の休日には、夫妻はフォルクスワーゲン・ビートルに五人の子どもたち全員を乗せ（ダグとダニエルは後部の荷物スペースに押しこめられた）、メキシコ国境まで走らせる。国境の門が勢いよく開くと、買い物を楽しんだり親戚を訪問したりして一日をすごそうというメキシコ人たちが、リオグランデ橋を渡って押しよせてくるのだ。ディックとローレルと子どもたちは、スペイン語で書かれた福音伝道用パンフレットを腕いっぱいにかかえ、道路わきに立ってこの人波を迎えた。一家のうち誰ひとりとしてスペイン語を話せる者などいなかったが、そんなことは意に介さない。七人はくちぐちに「オラ《こんにちは》」「神のお恵みを」と声をかけながらパンフレットを配っていった。「メキシコ人たちは神のみことばに飢えているのさ」とディック。アフリカへの宣教活動とまではいかなくても、これぞローレルの望んだ人生だった。

ダニエルが受けた福音主義的しつけは、多事多難な六〇〜七〇年代に育った多くの人には時代錯誤と感じられるかもしれない。しかし原理主義者にとってみれば、シェラバーガー家のようなケースはごく普通であった。「この別世界には、あらゆる面の必要にこたえる体制がととのっていたので」と、自身も福音主義的家庭に育ったランドール・バーマーは書く。「二〇世紀中盤には（私も経験したとおり）、広い世界から事実上独立した生活をいとなむことができ、実際、外部の人とはほとんど交際する必要がなかった」。どんな原理主義者もそうだが、プリマス・ブレザレンも、多種多様なキリスト教が存在する中で――ほかの宗教は言うまでもなく――正しいのは自分たちの信仰だけだと主張している。人口の七八パーセントをキリスト教徒が占める米国に住みながら、多くの福音主義者が自分たちを〝包囲された少数派〟とみなすゆえんである。「私たちは、同じ教会外の人間はすべて悪人だと思いこんで育った」とスエロは回想する。「信用してはいけない人たちだ、と」

比較的豊かだったサンアントニオ時代も、長くは続かなかった。会社が合併をくりかえしたすえ、ディックは一九六九年に失職し、家族を連れてデンバーに戻る。ここでダニエルは中学に入学。小柄でまじめな少年だった。ロンとダグは父親の大柄な体格を受けつぎ、リックとダニエルは母親のきゃしゃな体型を受けついでいる。ダニエルは一番ちびで年下であるのを気にしており、ときどき、かかとのぶあつい長靴をはいて兄たちの背丈に並ぼうとした。学校に行くのがいやで気分が悪くなり、休んでいいと言われることも珍しくなかった。友だちをつくる程度の社交性は持ちあわせていたが、引越が多いうえに布教熱心な家庭環境は、彼に深刻な影響をおよぼしたのだ。

「たび重なる引越に、両親の理想主義のせいもあって、友だちづきあいが難しかった」とスエロは語る。「家庭の外、教会の外は悪い人ばかり、と教えこまれるのだから、なおさらだよ。私たちは、からかわれても言いかえすどころか、もう一方のほおを向けたものだった。今なら、子どもがからかうときは相手の気を引きたがっている、言いあいをしたがっているってことがわかる。それも友だちになるひとつの方法なんだ。だけど当時はそれがわからなかった」

周囲から孤立してはいても、温かく仲のよい家庭であった。デンバー近郊でダニエルと同じ学校に通った幼なじみランディ・キンケルの思い出の中のシェラバーガー家は、気さくでもてなし好きだった。それをいろどっていたのが、ローレルのかがやくような笑顔と、ペットの動物たちである。犬や猫、鳥に魚、ワニまでいた。「ダン［ダニエルの愛称］は、あの年ごろのおとなしい子どもにしては、そこそこまわりにとけこんでいましたよ」とキンケルは言う。「信じられないほど愉快なやつでね。口まねや物まねが上手で、絵もうまかった。狂信的だと感じたことなどありませんでした」。ダニエルとランディの好きだった遊びは、にせの新聞づくり。記事の中ではいつも、ローカルテレビ局の子ども番組でおなじみのピエロのブリンキーが酔っぱらって問題を起こす。爆発が起きるとか、人が死ぬとか、たわいもない騒動だの。「小学生にしては、かなり洗練されたユーモアだった」とキンケル。

ダニエルの関心は宗教に戻っていく。教会では聖書が絶対的真実だと言われるのに、ブレザレンの人たちがイエスの教えに従っていないときもある。たとえばハッチ夫妻。デンバーの労働者階級地区にある平凡な石づくりの広場に、日曜学校の新しい建物を寄付した人たちだ。キャデラックに乗って、毛皮のコートを冬の太陽に光らせながら礼拝にやって来る。一九六九年のある日曜のこと、ハッチ氏がピカピカの車のドアを妻のために開けようとしたとき、変わった風体の人物が道を歩いてきた。長髪に色あせたブルージーンズ、メキシコ柄の毛布を肩にかけている。ダニエルの父がヒッピーと呼んでいた人種である。そのヒッピーは、ハッチ夫妻のすぐそばまで来ると、キャデラックと毛皮を軽蔑のまなざしで見やった。

「イエスが教えたのはこれかい」男が口を開く。「あんたたちが仕えているのは神か、それともカネか？」

ぐうの音も出ないハッチ夫妻を尻目に、ヒッピーは悠然と歩み去る。スエロは父親にせかされてしぶしぶチャペルに入るまで、あぜんとしてそのうしろ姿を見つめつづけた。

「異教徒だ。あいつに何がわかる」と父。

だが、男のことばはダニエルの耳について離れなかった。福音書は読んで知っている。イエスはたしかに、この世の持ち物をなげうてと命じたのではなかったか。マタイによる福音書第一九章二一節にこうある。「もし、あなたが完全になりたいなら、帰って、あなたの持ち物を売り払って貧しい人たちに与えなさい」。またパウロは、テモテへの手紙（一）第六章一〇節でこう書いているではないか。「金銭を愛することが、あらゆる悪の根だからです」［聖書　新改訳］

もしも、あの異教徒が正しくて、ブレザレンがまちがっているとしたら？

一九七四年、突然の起業熱にかられたディックは、生命保険を解約した金を手に、またしても家族を連れて引っ越す。今度はアリゾナ州の小さな町サッフォードで、カタログ販売で有名なモンゴメリーワードのフランチャイズ店を開くというのだ。ダニエルが十四歳の誕生日をむかえた直後に事業は破綻。「父は何もかも失った」とスエロはふりかえる。一九七五年、破産状態で意気消沈したディックは、家族をともなってグランドジャンクションに移り、もう一度、兄の所有するシボレー販売店の倉庫で働くことにした。

一家は、やっとこの町で、定住と呼べそうな生活を手にした。シェラバーガー家の子どもたちが高校へ通い、カレッジ生活を始めるようになるのも、ダニエル以外の四人が結婚することになるのも、この地においてである。グランドジャンクションは、ほこりっぽい石油と農業の町で、鉄道とトラック輸送の中心地でもあった。一番の呼び物は、銀行のビルのてっぺんまでのぼれるエレベーター。ロッキー山脈の西側丘陵地帯で最大の都市でありながら、のちに高級リゾート地となるアスペンやテルライドなどの鉱山町のような魅力には欠けていた。ニクソン元大統領のおひざ元で、サイレント・マジョリティの牙城。さまざまな教会が林立し、口ひげをたくわえたトラック野郎たちが闊歩《かっぽ》する。ディックとローレルには似合いの町だった。米国中の原理主義者の例にたがわず、彼らもまた何十年来の政治的無関心から目ざめて、宗教右派と呼ばれる新しい運動に共鳴していた。水ももらさぬ保守主義。中絶の権利、同性愛、および政府による宗教生活へのいかなる介入にも反対の立場である。

一家が借りたのは、鉄道ぞいの荒涼とした界隈に建つ下見板張りの小さな一戸建て。リックは卒業して家にいたが、ロン、ダグ、ダニエルの三人はまだ学校に通っていた。いじめの標的になりやすい転校生というわけだ。ひとつ有利にはたらいたのがシェラバーガーという姓だった。州全域に広がるシボレー販売店網の街頭広告でなじみの名前。グランドジャンクション・ハイスクールの生徒たちは彼らきょうだいを、その富豪一族の係累とみなして一目おいた。

このころスエロは、両親に吹きこまれてきたアメリカ例外主義[*5]に疑問を持ちはじめる。キリスト教団体「アミーゴス・デ・ラス・アメリカス」の青少年向けプログラム——北米のティーンエイジャーが南米の人びとにワクチンを贈る活動——でボリビアに行った際、富、貪欲《どんよく》、寛容というものの本質について考えさせられた。そこで醸成された認識は、今にいたるまで彼に影響をおよぼしている。派遣先はブラジル国境近くの低地。ボリビアが西半球ではハイチについで二番目に貧しい国だった時代のこと、スエロにとってはじめてかいま見る第三世界であった。「おなかのふくらんだ子どもたちを、あのときはじめて見たんだ」

特に感銘を受けたのが、極度の貧困状態に暮らす人びとの底ぬけな気前のよさである。「丸太のイスしか持たない人が、立ちあがって席をゆずってくれるんだ。そして食事がでてくる。家族に食べさせる分も十分にないのに、どこへ行ってもわれわれがちゃんと食べられるように気づかってくれた。まったく驚かされたよ」

グランドジャンクションに帰ってきた数日後、ダニエルが友だちと近所を歩いているときのことだ。すでにシェラバーガー一家は、鉄道ぞいの借家から、高台に位置する中二階のある快適な家に越していた。曲がり角にけばけばしい豪邸が建っており、二人は庭先の芝生を横ぎる。すると、玄関口まで飛びだしてきた男に「うちの芝生に入るな」とどなりつけられた。

ダニエルは考えこんでしまう。もっとも財産の少ない人たちが、もっとも気前よくわかちあっている。「多くを所有する人間ほど与えるのを惜しむ」という生涯持ちつづけるであろう見解が、このとき形づくられた。同様に、物惜しみしない文化では余剰をわかちあうためゴミがあまり出ないが、しみったれた国民はゴミ処理場を残り物でうめつくしている、とも。

時期を同じくして、教会の絶対的正しさに関しても、はじめての疑いがきざす。グランドジャンクションへの転居後、ディックとローレルはプリマス・ブレザレンの聖書研究会を自宅で始め、数年のうちには町はずれにチャペルを建てる資金が集まった。しかし、さらに数年たつと、シェラバーガー夫妻は会衆とそりが合わなくなる。

「どうにも、ただなじめなかったただな」とディックは語る。「あいつらはおれたちのあらさがしを始めた」。教会の男たちは、ローレルの聖書研究会が好評を博しているのが気に入らなかったようだ。彼女は女性たちに教えただけだったのだが（女が男に宗教を教えるのは聖書のことばに反する、とローレルは信じている）。「ブレザレンでは、女は劣ったものとして奴隷のように扱われていた」とディックは説明する。一家は、三十年間属したプリマス・ブレザレンを去り、超教派の福音教会に移った。

そのころにはディックが自動車ディーラーの店長に昇進しており、一家の暮らしむきにもまた

＊5　建国以来の歴史的特異性から米国は他国に対して道徳的優越性を持っており、世界の中で指導的役割を担うべきである、とする考え方。

余裕がうまれた。ペニーは、年上のプリマス・ブレザレン信徒に嫁ぎ、ゆくゆくは八人きょうだいとなるうちの最初の子をもうけていた。リックとダグは、ハイスクール修了後も親の家にとどまり、グランドジャンクションのメサ州立カレッジに入学。ダニエルは、病院で一年働いたあと、兄たちと同じカレッジに入る。軽い精神障碍《しょうがい》のあるロンは、結婚して肉体労働についていた。

ダニエルの探究心が信仰の土台を真にゆるがせはじめるのは、実家を出てからのことだ。医者になろうと決心した彼は、コロラド大学ボルダー校への転入を申請する。家族と教会は反対した。ボルダーをロッキー山脈のゴモラ［創世記に登場する古代都市。享楽をむさぼり堕落したため神に滅ぼされた］と呼び、カルト、リベラル、不品行の温床とみなしていたのである。そんなところへ行ったらダニエルの信仰が損なわれてしまう。しかしダニエルの決意は固かった。どんな試練が待ちうけていようとも、わが信仰はただ鍛えられるのみだ、と。

4　食と健康

考えるためにまず食わねばならない。

――ピエール・テイヤール・ド・シャルダン（『現象としての人間』美田稔訳、みすず書房）

アメリカにおいて、物乞いはもっとも恥ずべき行為であろう。負け組の代名詞とも言える。一生懸命勉強していい成績をとらないと、道ばたで乞食をするはめになるよ、と。昔から、これ以上不面目な世過ぎの手段といったら、売春しかない。それさえも、法律で認可されたエスコートサービスの登場で、いまやコールガールのほうが乞食よりは体裁がよいと思われている。

ところが東洋の宗教においては、物乞いがまったくちがった意味あいを帯びてくる。ヒンドゥー教でサドゥーと呼ばれる聖人は、托鉢碗《たくはつわん》をたずさえて近隣の家々をめぐり歩き、食べ物を入れてもらう。サドゥーのように生きる出家僧はサンニャーシと呼ばれ、これはサンスクリットで〝放棄〟を意味する語に由来する。仏教でこれにあたるのが比丘《びく》で、〝乞食〟〝施しによって生きる者〟という意味を持つ。イスラーム教には〝貧者〟を意味する行者《ファキール》がいる。スーフィー（イスラーム神秘主義）の修道者《ダルヴィーシュ》はペルシャ語の〝ドア〟を語源とする。家々の戸口から戸口へと渡り歩く者だからだ。これらの現世放棄者はいずれも、裸で、あるいは質素な布をまとっただけの姿で地方を行脚《あんぎゃ》している。頭髪を綱のように長くのばしたり、粘土や灰を体に塗りたくったりする者も多い。何ひとつ所有せず、収入を得ず、全面的に他人の喜捨に頼って生きているのだ。

歴史上もっとも尊敬されている乞食といえば、ゴータマ・シッダールタだろうか。のちにブッダとなる彼は、紀元前五六三年に地位の高いヒンドゥーの家を捨てて真理探求の旅に出るが、このときの持ち物は、三枚の衣、かみそり、針、腰帯、水漉《みずこ》し、そして托鉢碗だけ。施しとは慈善ではなく、交換の行為であった。物乞いの目的は、食べ物の入手ではなく、謙虚な気持ちになること。うぬぼれを捨て、他人に依存している事実を認めることである。それと同時に、施しをするありがたい機会を地域社会に提供することになる。施しをした人自身も、聖人が追求する無所有の境地に一歩近づけるのだから。乞う者はパンを受けとるが、施す者も同じく価値あるものを受けとる。すなわち、わかちあう機会だ。ブッダは弟子たちに、施しを受けるとき礼を言わせなかった。今日でも、交換のしるしに「寛大なあなたに平安がおとずれますように」と唱える僧がいる。

サンニャーシたちは、落伍《らくご》者とみなされるどころか尊敬を集める存在である。物欲を絶って精神的賢明さを追いもとめ、自分を支えてくれる地域社会にその知恵をわけ与える者なのだ。サンニャーサ（放擲《ほうてき》）の信奉者として名高いモハンダス・ガンディーは、「肉体と精神との両方を求めて生きることはできなかった」と明言し、貧乏を選んで、セックスや温かい食べ物、塩さえも捨て去った。西洋人は長いあいだ、そうした禁欲主義を感嘆の目で、あるいは少なくとも好奇心をもってながめてきた。ラドヤード・キプリングは『続ジャングルブック』で、家族を育てあげ仕事上でも頂点をきわめたのち、「地位も宮廷も権力もなげうって、サンニャーシ（僧侶）の黄色い衣をまとい、托鉢碗を手にした」六十歳のインド人高級官僚の姿を、共感をこめて描いている。ブリガム・ヤング[*6]らアメリカ人宗教家たちに対して懐疑的であった気むずかし屋のマーク・トウェインでさえ、一八九五年にインドで神秘主義者に出会ったときには、畏敬《いけい》ともいうべき念に打たれたのだった。『赤道に沿って』に次のようなくだりが見られる。

> ここにいる巡礼たちはインド全土から集まっていた。なかには、ひどい暑さと土ぼこりのなかを、疲れ果て、路銀もなく、空腹になっても、揺るぎない信仰と信念に支えられ、辛抱強く何カ月もかけて歩いてきた者もいる。（中略）老若男女を問わず、ためらうことも、不平を言うこともなく、無数の人々をそのような過酷な巡礼の旅におもむかせ、愚痴も言わずに旅の苦難に耐えさせる。そのような信仰の力はすばらしい。その原動力となるのは神への愛なのか、それとも恐れなのか、わたしにはわからない。その動機が何であれ、彼らが信じがたいほど困難な巡礼の旅をしたことは、われわれ西洋人には想像を絶する驚異的なことである。（中略）行者もたくさんいて、体には灰を、長い髪には牛糞を塗っていた。（中略）一日、

＊6　末日聖徒イエス・キリスト教会（モルモン教）大管長。一八四七年に信者をひきいて現ユタ州ソルトレイクシティに植民した。

または一週間単位で、とがったほうを上にした鉄の釘がびっしり並んでいる上に裸で座り、それをまったく苦にしていない聖者がいた。他にも、一日じゅう、しわだらけの両腕を高く上げたまま立っている行者がいて、彼は何年間も腕を上げたままなのだそうだ。こういう人はみな、地面の上に布を置いて、お布施をもらっていた。もっとも貧しい人々でも、わずかなお金を喜捨し、聖者たちの献身が自分たちにもご利益をもたらしてくれますようにと祈っていた。そのとき、裸の行者たちが並んでお祈りを唱えながらやってきたので、わたしはやっとのことで人混みから抜け出した。

（『赤道に沿って』飯塚英一訳、彩流社、一五四〜一五九頁）

それにあたるものが、現代のキリスト教にはついぞ存在しない。イエス自身が「貧しい人々は、幸いである、神の国はあなたがたのものである。しかし、富んでいるあなたがたは、不幸である、あなたがたはもう慰めを受けている」（ルカによる福音書第六章二〇節および二四節）と語った事実にもかかわらず、である。何世紀ものあいだ、現世放棄はキリスト教の中心的教義であった。五世紀シリアの修行者聖シメオンは、三十七年間、塔の上の小部屋にこもり、断食と祈りの日々を送った。中世ヨーロッパの托鉢修道士たちは、キリストにならって神への信仰を表明する手段として、すすんで物乞いを選んだ。しかしながら、この伝統は近現代まで続くことはなく、アメリカ大陸に伝わることもなかった。

たしかに今日でも、フランシスコ会やカルメル会の修道士、修道女たちは、清貧の誓いをたて、献金によって生活している。けれども、こうした献金を路上で集めているわけではない。いまどきのお布施は、修道会のウェブサイトからワンクリックでクレジットカード払いができるのだ。二〇世紀のカトリック教徒にも、トマス・マートン［米国のトラピスト会司祭］や、ドロシー・デイ［米国のジャーナリスト、社会改革家］ひきいるカトリック・ワーカーら、禁欲的清貧を現代社会に持ちこもうと努力した人たちがいる。「無私と自己犠牲が祈りの人生に不可欠であることを、われわれは率直に認めなければならない」とマートンは書いている。だが、このような現世放棄者は、キリスト教世界ではごく少数の例外的存在にすぎない。家の戸口に修道士や司祭があらわれて食べ物を無心するなど、私たちには想像もできない。聖職者への施しは、日曜日の教会の献金どまりである。

スエロは修道士でもなければ、聖人に並び評されようとも望んでいないが、そうした清貧の姿勢からはおおいに影響をうけている。タイで仏僧院に滞在したあと、ほんの一時期はアメリカ人サドゥーと自称していたし、物乞いに対する見方も変わった。彼の信条としてお金の無心はしないが、食べ物を乞うことはいとわない。たまにレストランやパン屋に残り物をもらいに行く。「たいていの店はすごく親切だよ。人に与えることができるのを喜ぶんだ。笑顔で店の裏に行って、皿を山盛りにしてくれる。だけど追いだされることもある。『うせろ、出て行け』ってね」

「そいつは屈辱的だろう?」私はたずねる。

「ときにはね。でも、腹をたてたりせずに立ち去るのも修行のうちだ」

僧衣をまとって施しを乞わないのはなぜかと問えば、宗教者がそれ以外の人より多く受けとるべきだとは思わないから、という答え。「ようするに、誰をも平等に支えるってことだよ。ホームレスに対してだろうと、みぞに落ちた酔っぱらいに対してだろうと、お坊さんにするのと同じように手をさしのべる世の中であってほしい」と語る。「そのせいで私がもらえる食べ物は減るかもしれないけれど、それが信仰というもの。受け身に徹するんだ。真実の道を行こうとするなら、食べ物について思いわずらってはいけないし、食べ物をもらえるように策を弄《ろう》してもいけない」

彼があまり物乞いをしないのは、ロッキー山脈地方の保守的育ちによって、助けを求めようとしない一種のプライドが刷りこまれているからでもある。「そこが、この生き方をするうえで一番やっかいな点なんだ」とスエロ。「いつも、人に与えよと教えられて育ったから。聖書にも『受けるよりは与えるほうが幸い（使徒言行録第二〇章三五節）』とあるだろう。最初の二、三年は、自分が困っていると認めることがなかなかできなかった。今もそのくせがぬけきれない。腹がへってないかと誰かに聞かれたとき、本当は腹ペコでも、『いや、だいじょうぶ』と答えてしまう」

もちろん、物乞いをしなくたって、われわれの社会には、困っている人に食べ物を分配する制度がある。代表的なのは、政府の低所得者向けフードスタンプや、非営利団体による無料給食《スープキッチン》など。スエロがこれらを利用しないのは、ホームレス用シェルターを避けるのと同じ理由による。純粋に自発的な贈与ではないからだ。では、物乞いをせず困窮者向けの給付も受けずして、彼はどうやって食べているのだろうか。

気功のレッスン後、みんなで洞穴の外に座って、向かいの崖の上に浮かんだ太陽をながめていたときのこと。私はかばんから昼食を引っぱりだした。持参したチーズ、クラッカー、チョコレート、アボカドだ。私はスエロがどうするのか見まもる。イエス・キリストや大昔のヒンドゥー教徒について語っていたからには、ライスグラス〔イネ科スパルティナ属の植物〕の種をすり鉢とすりこぎで粉にして、無発酵パンでも焼くのかと思っていた。

彼が取りだしたのは、水色のふたのついた透明なプラスチックの入れもの。スキッピーのピーナッツバターの容器だ。ただし、中身は茶色いペーストではなく、けばけばしい色の宝石みたいな何か。赤、黄、オレンジにグリーン。ガラスだろうか。ふたを開けると、容器をこちらへさしだしてくる。なんと、テディベアの形をしたグミ菓子だった。

スエロのもとに通った二年のあいだ、彼が空腹でつらそうにしていたこともなければ、次の食事をどうしようかと、わずかでも心配しているように見えたこともない。ときたま、私の家で手料理をふるまったり、レストランでおごったりしたが、ほとんどの場合、私のほうが彼にごちそうになっていた。食べ物持参で洞穴をたずねても、彼のもてなしがあまりにいきとどいているものだから、出し忘れることもしばしばだった。彼は、彼独自の豊かさを見いだしていたのだ。

まず、スエロは一般の米国人より食べる量が少ない。かなり長距離を歩いた際にも、彼は厚切りパン一枚とマンダリンオレンジ二個程度を食べただけで、私がむさぼり食っていたチーズやクッキーには手をつけなかった。通常、彼は一日に二度だけ、米、果物、野菜、パン、チーズなどの簡素な食事をとる。肉も食べるが、量は多くない。彼のこうした食生活は、典型的な米国人というより典型的な人類のそれに近い。米国人は一日に平均三八〇〇キロカロリーを摂取しており、一方で全世界平均は約二八〇〇キロカロリー。スエロの場合、一日二二〇〇キロカロリーを摂取するサハラ以南のアフリカ人に近い。

少食の実践は、あらゆる宗教において長い歴史を持つ。モーセ、イエス、ブッダ、ムハンマドは、いずれも清めと謙虚さを得る手段として定期的に断食していたし、ガンディーやマーチン・ルーサー・キング・ジュニアら現代の精神的指導者たちも同様である。カトリック教徒は四旬節、ユダヤ教徒は贖《あがな》いの日、イスラーム教徒はラマダンに、それぞれ断食をする。モルモン教徒には毎月第一日曜日の断食が推奨されている。仏僧は普通、六時に朝食を、正午に昼食をとったら、あとは寝るまで液体しか摂取しない［上座部仏教の場合］。断食にはいろいろな意味があるが、一般に、肉体的要求より精神的領域に意識を集中させることを目的としている。スエロはこの考え方を日常生活に取りいれた。「きょうゴミ箱で食べ物が見つからなかったら、と心配になることもあるよ」と彼。「だけど、そういうときは、見つからなくてもまったく問題ないじゃないかと思いなおす。二、三日断食したって平気なんだ、ってね。実際、健康のためにはそのほうがいいんだから」

スエロが何を食べるにしても、自分で調達しなければならない。第一の方法は採集。ワイルドオニオン、イラクサ、クレソン、野生の花々などを探す。松葉は煮出してお茶にする。町で街路樹のクワの実を集めてきて干す。耕作放棄された果樹園のリンゴや桃でピューレを作り、板状にして乾燥保存する。もっと食べ物が豊富な土地もある。カリフォルニア沿岸地方では、ブラックベリー、ウイキョウ、昆布などの海藻、ムール貝を食べて一か月をすごした。ムール貝はたき火にくべてしばらく待つと、ピスタチオのようにはぜて口を開ける。

カネを手ばなす前にも後にも、野生動物の捕獲に何度か挑戦したが、うまくいく場合もあれば失敗する場合もあった。アラスカではヤスによる突き漁を覚え、数か月間ほとんど鮭ばかり食べつづけた。だが、狩りは得意ではない。猟銃も弓矢も持っていないし、ワナ猟もやらない。アリゾナの砂漠で野生のイノシシを素手で追いかけたが、逃げられた。ただ、たまに哺乳動物の死体を拾うことがある。ほとんどは車にはねられた獣だ。「川ぞいの道で、ひかれて間もないリスを見つけた」とブログに記している。「発見したとき、歯のあいだにドングリが一個はさまっていた。それから左右のほお袋にも一四個ほど！」。このときの調理方法は、皮をはいで内臓をとり、火にかけたなべでボイル。『ジョイ・オブ・クッキング（*Joy of Cooking*）』〔ロングセラーの料理本〕のすすめる手順と大差ない。友だちにふるまい、ちんまりした肉片をかじる一同の写真をオンライン上に掲載した。「みんなの満足げな表情がすべてを語っているさ！」

齧歯類《げっしるい》はともかく、ユタの砂漠地帯では地産地消を可能にするほどの食べ物はとれない。また、いずれにしてもスエロは、動植物をあらたに収穫するよりも、他人のあまり物を食べるほうを好む。「ゴミ箱に十分な食べ物があるのにわざわざ峡谷で狩りをするのは、なんだかしのびない」とのこと。

そういうわけで、スエロの主な食料源は、他人が捨てたものとなる。米国人が埋め立て地送りにしている食べ物は年間二千九百万トン。生産された食料の四〇パーセントにあたる。その多くは、茶色くなったバナナ、カビのはえたベリー、いたんだリンゴ、しおれたレタスなど、食べごろを過ぎた農産物だ。しかし、それ以上に多いのは、まったく問題なく食べられるのに、ただ賞味期限が切れただけの品。プラスチック包装されたままのものも含まれる。スエロが拾ってくるクッキーの箱、トウモロコシの缶詰、パック入りのベーコンは、何時間か前には正価で販売されていたものだ。米、小麦粉、豆など、保存のきく食品も捨てられている。食料品店わきのゴミ箱以外に、レストランの裏にあるゴミ箱もねらい目だ。パン屋は閉店時間になると丸のままのパンをいくつも捨てているし、ピザショップは大量のピザを廃棄する。

ある日、スエロの食料あつめに同行した。米国において一般に下劣であわれな行為とみなされ、乞う者の弱みを人目にさらさざるをえない物乞いとはちがって、ゴミ箱あさりはやや反社会的で、窃盗に近く、自分自身の才覚で生きのびる手段である。ただし、首尾よくやってのけるのは、思ったほど簡単ではない。一部のファストフード店チェーンは、ゴミあさり防止のため、廃棄する食べ物すべてに皿洗いに使った水をかけろと従業員に指導している。また、不法侵入の問題もある。ゴミは誰の所有物なのか。店のオーナーか。ゴミ収集の請負業者か。それとも公共物なのか。路上のゴミ箱は法的解釈に余地があるが、多くの食料品店はゴミを鍵のかかる場所に保管するか、密閉して荷解き場に置いている。これから私たちが襲うスーパーのゴミ収集容器《ダンプスター》も、そんな洞窟のような部屋の中にある。あきらかに私有地内だ。だがスエロは、営業時間中はシャッターがあけっぱなしになっているのを経験から知っている。「オドオドせず平然と入っていくこと」というのが彼のアドバイスである。「仕事をしているんだ、という顔でね。そうすれば誰も見とがめやしない」

もうひとつ覚えておかねばならないのが、ゴミ箱は満杯でないとアクセスが難しいということ。今回の標的は、高さ一・五メートル、奥行一・五メートル、幅二・五メートルある。互いの体を押しあげたり引っぱったりしあってよじのぼり、ふちに腰かけてから、頭を中につっこんで食料をのぞきこむ。足を宙でバタバタさせて、あやういバランスをとりながら。微妙な体勢だ。通りがかった誰かにひざの裏をちょいと押されただけで、コンテナの中にころがり落ちてしまう。そのうえ、頭を下に向けてぶらさがった姿勢で六〇秒もたつと、血がのぼって耳やこめかみがズキズキしてくる。野菜やパンを肩ごしに放りあげつつ、ゴミの山を掘りすすむ。すっぱいのと甘いのがまじりあったにおいがただよっている。終わったら、足ではずみをつけてゴミためから上体を起こし、うしろ向きにすべりおりて着地する。人によっては、ゴミ箱の中まで入っていく。そうすれば外から見えないうえ、無理のない姿勢で作業できる。けれども、ゴミ箱内の作業には、また別の心配がつきまとう。ゴミを選びだすというより、ゴミにうもれた状態になるわけだ。脱出はさらに困難になる。閉所恐怖症ぎみの人なら、誰かがふたを閉めにくるのではないかと、気が気でないだろう。

収穫はバラエティ豊かで量も多い。この日、スエロと私が掘りだした食料は以下のとおり。

ペパリッジファーム印のパン六斤
ベーグル二袋
ジャガイモ一袋

赤ジャガイモ四袋
有機栽培イチゴ一箱
ラズベリー二パック
ブラックベリー二パック
グレープフルーツ一個
マッシュルーム（スライス）七パック
タマネギ一個
カボチャ一個
トウモロコシ二十七本

戦利品の質は、土地柄に左右される場合が多い。スエロの過去最高のゴミあさり経験は、カリフォルニア州のおしゃれな町ミルバレーでのこと。友だちと行ったオーガニックレストランや高級食料品店の裏のゴミ箱で金脈を掘りあて、レモン汁をふりかけたホムス［ひよこ豆のペースト］やローストペッパーのパニーニに舌つづみを打ったのだった。「あのころはぜいたくざんまいだった。マリン郡は美食の地だね」

スエロの食事の多くは、人から与えられるものだ。おおぜいの人が彼を食事に招き、また、家の留守番を頼むかわりに冷蔵庫の中身をご自由にどうぞと言う。持ちよりパーティーによばれれば、スエロはいくつものパンや、見ばえも悪くない果物や野菜を持参する。お金を手ばなしたばかりのころ、よくボランティアで働いたが、食べ物を交換条件にはしていなかった。ところが、ふらふらになって立ちあがれないことが何度かあったすえ、労働と引きかえに食べ物がほしいと頼むようになった。彼の場合、これがバーター取引にもっとも近い部分だ。

このほかに、喜んでスエロに食事を提供してくれるグループもいくつかある。「モアブ・ユース・ガーデン・プロジェクト」という非営利の農場が月一回もよおす「除草とごちそう《ウィード・アンド・フィード》」では、アザミやヒルガオなどの雑草をぬく数時間の作業に参加したボランティアたちに、農場の産物を使ったディナーがふるまわれる。スエロは、「ソル・フード・ファーム」でもクワをふるう。この個人農場は給料で人を雇うことをせず、何人かのボランティアが、荒れた果樹園や休閑地にトマトや青菜やキュウリを植えている。その労働と引きかえに収穫の一部を受けとるのだ。これは、スエロの嫌うバーターではないのだろうか。見かえりを期待せずに与えるという原則に反してはいまいか。農場主のクリス・コンラッドに、スエロに対する報酬はどうしているのかとたずねてみた。

「好きなだけ取るように言ってあるさ」コンラッドは肩をすくめる。「でも正直言って、ちゃんと取っているかどうかも知らないんだ。そんなこと、いちいち確かめないし」

近年、スエロの一番確実な栄養源となっていたのが、モアブの町の公園で一年三百六十五日おこなわれていた、ボランティアによる炊き出しの昼食だ。毎日、当番のスタッフがレストランや学校給食の残り物を集めてまわり、来た人全員に温かい食事を提供する。三年間、政府や教会の資金援助も、保健所の許可さえも受けずに、この「フリーミール」は何千食ものランチを提供しつづけた。スエロは毎日のように通い、ときどきあとに残って皿洗いをした。ちょっとしたお祭りのようなイベントだった。ホームレスのシェルターで見かけるような頭の白くなった路上生活者もいれば、ロッククライミングに来た若者やバックパッカー、昼休みにふらりと立ち寄った会社員——フードバンクとは縁のなさそうな人たち——もいる。主催団体のねらいは、空腹をかかえた人への食事の提供だけではない。食べ物が埋め立て地に捨てられるのを防ぐこと、また、その過程で、食べ物をタダでもらうことに対する抵抗感を取り去ることも目的としていた。

「フリーミールは、従来のスープキッチンや福祉プログラムとちがって、階級差別的でないし、上から下へといった一方的なところがない」とスエロは書く。「横方向のつながりなんだ。階級も困っている度合いもさまざまな人たち、そして困っていない人までもがつどい、さもなければ捨てられてしまうものを一緒に食べる」

スエロにとって無料の食べ物はもちろんありがたいが、何度も通ってしまう本当の理由は、そこにコミュニティーがあるからだった。「私たちはコミュニティーや友情を切実に欲していながら、自分だけの物も持ちたがっている」と彼は言う。「そう望んでいるわけではないのに、孤立への執着を断ち切れない。われわれの文化に内在する臆病さのせいだ。これを克服しなければならない。南米には共有地の伝統がある。地域をあげて収穫にでかけ、みんなで働き、祝い、楽しむ。この国の人だって、本当はそうしたいんだよ」

夜の冷えこみを予感させる夕ぐれどき、スエロとその弟子にして気功インストラクターのフィルが、バナナを求めて出発した。黒のフードつきパーカーを着たスエロはバックパックを背負い、帽子を首からさげている。モアブの町の反対側に住む友人が、あるゴミ箱で三〇キロのバナナを発見し、いたまぬうちに取りにこいと言ってよこしたのだ。

空気は澄んでいるが月は出ていない。消え残るピンク色の空に映える黒い岩かげ。ゴミ箱の前を通過するたびに、スエロが解説をそえる。「あれには、たいてい空き箱と古紙しか入ってない。月に一度ぐらいはチェックするけれど」。町のゴミあさり屋たちの悩みの種は、一番大きなスーパーマーケットがゴミ置き場に鍵をかけていることだ。ただし、駐車場にひとつだけゴミ箱が置かれていて、たまに客が高価な品を捨てていく。「あそこでキャンプ用マットと双眼鏡を見つけた」とスエロ。

モアブは小さい町だが、無計画に発展したため、車にはよくても歩行者に適したつくりではない。高校の誰もいない運動場を横ぎって、幹線道路ぞいにつらなるネオンをめざす。スエロとフィルは、モーテルや自動車ディーラーやファストフード店のあいだの人気《ひとけ》のない歩道を、無言で歩いていく。〝六十か月ローン優遇金利三・九パーセント〟〝モアブ随一のお買い得〟〝簡易キッチン、ケーブルテレビ、コインランドリー完備〟〝氷四・五キロで九九セント〟大型貨物トレーラーがガラガラと音をたててナバホ・ネイション[*7]へと走り去る。

*7 アリゾナ、ユタ、ニューメキシコの三州にまたがるアメリカ先住民族の準自治領。

ピートの家の近くで、閉店直後の食料品店の前を通る。しのび足で路地裏に折れると荷解き場があり、アスファルトの地面を電灯が照らしている。大きな機械が金属的なうなりをあげている。敷地内にただよう、ねばつくような強い異臭。スエロとフィルはふたを開けて中をのぞきこむ。ゴミ箱は黒いゴミ袋でいっぱいになっていて、二人は一つひとつ口を開けてみる。スエロが平たい白い紙箱を引っぱりだして隣のゴミ箱のふたの上に置く。コカコーラの赤白の柄をちらちらさせたトラックが薄暗がりを通りすぎていく。

「ピザほしい人いる?」

彼はもう一枚チーズピザをぬき出す。暗い中で効率的に作業を進めるスエロ。今度は、ディップの容器をいくつかと、プラスチック皿に入った弁当を二つ選びだし、目を細めてラベルを読む。「スパゲッティのたぐいだ」。つぎつぎと積みあがっていく食料品を確認しながら「入れ物にする箱か何かある?」と聞く。ベーグル一袋。ビニールパックされたフライドチキン八ピース。

五分とたたないうちにいっぱいになった大きなダンボール箱二個を、男たちは大事そうにかかえてその場をあとにした。隣接するレンタル倉庫は、使える品をしょっちゅう拾える穴場だが、今夜は車のフロントガラスしかない。住宅街の奥へさらに歩を進める。

「ピートの家はノックが必要ないんだ」とスエロが言う。車庫に入ると、リサイクルボックスの横に食料品の山ができている。ゴミ箱あさり《ダンプスター・ダイビング》をする者たちのネットワークがあって、戦利品の余剰を置いていくのだ。友人間で必要なものを選ぶための倉庫として機能している。「ダンプストアさ」スエロはうれしそうに言う。各種の葉物野菜、マフィンの箱、エンゼルケーキには目もくれない。彼の目的はバナナだ。一本むいてうまそうに食べると、もう一本と手をのばす。家の中をのぞくと、白髪の女性が皿を洗っており、ふさふさした毛なみの犬があいさつに出てくる。机の上で食物乾燥機《ディハイドレーター》が低いうなりをあげ、あたりにバナナのにおいをまきちらしていた。まもなくピート本人が自転車用ヘルメットをかぶってあらわれる。一輪車で近所をひとめぐりして帰ってきたところだ。われわれは車庫に引きかえし、食料をとりかこむ。天気予報で霜がおりると言っていたし、バナナが黒くなってしまわないか心配だ。ダニエルはバナナ一ふさとフライドチキンをバックパックに詰める。それから、箱からもう一本バナナをとると、皮をむいてかぶりつく。

「兄さんにはバナニエルと呼ばれていたっけ」

暗くて寒い夜の中を一時間歩いて、トレイルの起点にたどり着く。スエロが自転車置き場にしている茂みから缶ビールを三本取りだした。「誰かが自転車のかごに入れてってくれた」とスエロ。ここから私たちは漆黒の闇を峡谷へと向かう。

顔の前に自分の手をかざしても見えない、というのは言いすぎだが、腕をのばした距離にトゲだらけの枝があったって見えやしない。何度か顔をまともにぶつけたあとは、ボクサーのようにこぶしをかざして頭を守ることにした。下が岩なのか土なのか、はたまた潅木か水かもわからないので、足をおろすとき、いやがうえにも慎重になる。スエロはごつごつした地表を大またでさっさと歩いていく。靴をぬいで小川を渡ること三たび。

つづく三か所は向こう岸までの距離が小さい。「靴をぬいでもいいし、運を信じて跳びうつっていい」そう言いながらスエロは岸辺ににじり寄ると、闇に向かってジャンプする。無事、着地成功だ。この方式で私も途中まではうまくこなしたが、最後に目測をあやまり、冷たい水にすねまでつかってしまった。靴をはいた一同は、アシとイバラのもつれあう暗闇を、スエロの先導で進んでいく。彼はこれまで、同じような闇夜を何百回歩いたことか。

十一時半に洞穴に帰着。バナナの館を出てから二時間半たっていた。気温は零度近くまで下がっていたが、歩いたので体はポカポカしている。みんな腹がへっていた。ダニエルはバナナをかじりながらオイルランプに火をつけ、チキンの袋をやぶる。冷えきっているがうまい。総菜屋《デリ》で買うチキンのように脂がのっていて、塩がきき、かみごたえもあった。三人は岩に腰をおろしてムネやモモにむしゃぶりつく。フィルが缶ビールを開ける音。

「今カビみたいな味がした」と言って、スエロが袋をランプに近づけ、メガネをはずして読む。「二十六日製造と書いてあるぞ」

私たちはこの驚愕の事実について協議する。が結局、チキンの製造日がわかったところで意味がないと気づく。だって、三人とも今日の日付を知らないのだから。ひとつだけたしかなのは、誰ひとりとして食べるのをやめるつもりはない、ということだ。少なくとも私はまだ、カビくさい部分にあたっていない。

「きょうはせいぜい二十七日じゃないかな」とフィル。

「そうだね」スエロはそう答えて、石の背板に寄りかからせたマットにもたれた。足からブーツをふり落とすと、二つ目のチキンに手をのばす。「もちろん大丈夫に決まってるさ」

二〇〇六年のある夕方、洞穴前の岩棚に座って沈んでいく太陽をながめていたスエロは、タマサボテンを食べてみようと思いたつ。ウチワサボテンならここ何年も常食しているし、小型のタマサボテンも同じようなものにちがいないと考えたのだ。それに、毒を持つサボテンが存在するという話も、北米では聞いたことがなかった。第一、進化の理にかなわない。サボテンには捕食者から身を守るトゲがすでにあるのだから、生物学上、毒性は必要ないではないか。

スエロはサボテンの上にかがみこみ、ポケットナイフで株元を切りはなした。トゲが残らないよう気をつけて皮をむき、汁をすすりあげるようにして平らげる。列車のタダ乗りで砂漠を横断したときは、水分補給のためにキウイフルーツをそうやって食べたものだ。

夜のとばりがおりはじめる。スエロは暖かな夕方の空気を楽しんでいた。

そのとき、心臓がドクンドクンと音をたてだした。どんどん早くなる。皮膚がカーッと熱くなり、煮え湯の中に沈められていくような感覚を覚える。焼けつく感じはふくらはぎからももへ、腰や腹へ、そして首へと広がっていき、やがて頭全体が火につつまれた。心臓が早鐘のごとく打っている。これではとてももたない。

「心臓発作を起こしてしまう」

もよりの病院までは徒歩二時間。上体を起こしているのもやっとの状態である。這いつくばって洞穴の中へ入り、横になった。

大自然の中での生活に不慣れな、まるっきりのシロウトというわけではない。この峡谷ですでに十年生きのびてきたのだ。今自分の身に起きていることが信じられなかった。つね日ごろから、一般的な話として、そのときが来たら大地にただ横たわりコヨーテのように死にたい、そして現世の肉体を食物連鎖の手にゆだねたい、と語ってきた。けれども実際のところ、今すぐには、まだ死にたくない。感傷的なタイプでもないのに、頭に浮かぶのは、一六〇キロ離れたコロラドにいる両親だった。親の信条にことごとく逆らった自分を、それでも愛してくれた二人。すでに一人、息子を亡くしている――脳腫瘍《しゅよう》をわずらって四十一歳で逝ったリックを。辞世のことばをなぐり書きしたのは二人のためでもあった。彼の記憶によれば、このような文句だ。

人生は楽しく、豊かで、充実していました。死ぬときも幸せでした。私のことは心配しないで。誰でもいつかは死ぬのです。毒サボテンを食べてしまったようです。大好きなみんなへ。

遺体が発見されるまで、どのくらいかかるだろう。友だちは町におおぜいいても、ここにたずねてきたことはない。町へ行きたいときに行き、帰りたいときに帰る、それがダニエルのやり方だった。彼の居場所を正確に知る者はいない。最近見かけないなと気づかれるのはいつごろだろうか。第一発見者になるのは？　おそらくワタリガラスが最初で、次がコヨーテかな。いや、アライグマかもしれない。アライグマは肉が大好物だから。

だとすると、やはりこの世は公正にできているのだ。金銭を手ばなしてこのかた、一部の人からはたかり屋《フリーローダー》だの寄生者《パラサイト》だのと呼ばれてきた（たとえば「他人のスネをしゃ《マ》ぶって《マ》るって自覚あんの？」というインターネット上のコメントなど）。そういう人たちは「おまえはお返しに何をしているのか言ってみろ」とせまる。それに対してスエロはこう問いかえす。何かを返す必要があるなんて誰が言ったのか、と。カラスは何を返すだろうか。フジツボは？　そしてコヨーテは？あらゆる生き物は、ただ存在するだけで十分に与えている、というのが彼の考えだ。しかし、厳密に物質的な見方をするならば、彼への批判はみごとに的を射ている。カラスは何も貢献していないように見えて、実は、みずからの亡骸《なきがら》をほかの生き物にエサとして与える。今度はスエロが死ぬ番で、みずからの肉体をカラス、コヨーテ、アライグマ、ネズミ、アリに提供することになるのだ。

一晩中、彼はもだえ苦しみ、生つばを吐き、死を覚悟した。時間はいつしか過ぎていったが、どれほど経過したかの感覚すらなかった。意識にあったのは、自分がまだ――今のところは――死んでいないことだけ。そして、朝の灰色の空に峡谷のシルエットが浮かびあがるころ、胃のあたりにこみあげてくるものを感じる。エクアドルで赤痢にかかって七転八倒して以降、この二十年間は嘔吐したことがない。かの地では、でこぼこの山道を終日バスに乗るような生活で、自然と体じゅうの穴という穴をふさいでおくよう鍛えられてしまった。だが今こそは、手さぐりで洞穴から這いだすと、眼下の礫岩《れきがん》めがけて緑色の毒液を勢いよく噴射する。野獣は退散した。

目に涙があふれるとともに、スエロのほおがゆるみ、やがて高笑いへと変わる。体内の焼けつくような感じは、至福の冷たい波によって洗いながされた。これで死なずにすむのだ。生きてるぞ！

サボテンで死にかけた経験を語りながら、スエロはまた笑う。それにしても、彼の健康問題についてはどうなっているのか。ましてや、彼ももう若くはない。つい最近、五〇歳を迎えた。お金を使っているわれわれにとってさえ、医療は高価で、気軽に受けられるものではない。それにくらべたら、食料や住居のほうがまだ手に入れやすい。

「あいつの生き方はあぶなっかしい」と父親は言う。「年をとったとき、おれたちはもういない。生活は厳しくなる。支えが何もねえからな」

米国人全体の四分の一がそうだが、スエロも無保険者だ。メディケア［高齢者向け公的医療保険制度］の対象にもならない。かかりつけの医者も歯医者もいない。にもかかわらず、彼はどこから見ても健康そのもので、同年代のほとんどの人よりはるかに元気だ。引きしまった筋肉質の体は、脂肪のたるみなどとは無縁である。彼と再会したとき、何年も病気をしていないと言っていた。一日に二〇キロ以上歩いても疲れを知らない。食料を峡谷に持ちかえったり川の水をバケツで運んだりといった日常の作業には、筋力が必要とされ、それによって鍛えられる。

とはいえ、スエロは運動らしい運動は一切していない。スポーツジムに通うこともなければ、ジョギングもしない。世界的なアウトドアスポーツのメッカに住んでいながら、マウンテンバイクもロッククライミングもカヤックもスキーもしない。スイカ食らいのメロニー・ジャイルズと知りあってから、スエロは彼女の教える無料ヨガクラスに通いはじめた（ロールアップしたジーンズとドレスシャツを着て行くが、さすがに帽子はぬいでポーズをとる)。

健康の理由のひとつは、そこそこ栄養価の高い食事だ。お金を手ばなす前は、菜食に徹した時期もあったし、ローフード〔高温加熱しない食物〕、オーガニックフードをとるようにしていたこともあるが、最近では手に入るものならたいてい何でも食べている。フライドチキンやグミ菓子はジャンクフードだが、米や穀類、果物、野菜も十分に摂取している。ゴミあさりをしている以上、今どきの食生活にありがちな問題とも無縁ではいられない。小麦と乳製品の軽いアレルギーを自覚しており、ドーナツやピザを楽しんだあとは眠気を覚え、集中力が落ちるという。

スエロは薬も飲まなければ、お楽しみのドラッグもやらない。アルコールもほとんど飲まない。そのかわり、自家製の民間治療薬を何種類か服用している。彼が親しくしている自然療法医マイケル・フリードマン博士によると、川の水を飲んでいるスエロは、水中に生息する寄生虫ジアルディアに感染しているはずだと言う。北米では珍しくない、下痢や胃痛の原因となる寄生虫だ。スエロは自然療法の原則に従って、なるべく自然由来で体へのダメージが小さく副作用の少ない治療を選んでいる。胃腸の具合が悪いときには松の樹液を少量飲むとよいことを経験から学んだ。

フリードマン博士が彼と峡谷でキャンプしたとき、蜂毒の薬効についての話になった。ヒドロコルチゾン〔副腎皮質ホルモンの一種〕の百倍も強力な抗炎症物質が含まれていると言われており、関節炎や多発性硬化症に効果があると主張する人もいる。当時スエロは関節の痛みに悩まされていた。二人はどうやって実験したらよいかあれこれ考えたが、結局、単純な方法が一番だという結論になる。二人は勇んで近くの巣に刺されに行った。スエロははれあがった刺し傷に敬意を表して「もうよくなりはじめた」と言う。関節の痛みはいくらかやわらいだとのことだが、この治療法を二度と試そうとはしなかった。

メガネに関しては、ウェブサイトの「よくある質問」コーナーで次のように書きしるしている。

以前かけていたメガネは、こわれるたびに自分で直していた。溶かしたプラスチックであまりに何度も修理をかさねたせいで、かなり馬鹿げた見かけになってしまったが。二年前、ついに修理不能なほどバラバラに。かえって気分がせいせいし、もうメガネは必要ないと思うことにした。モネの絵の中にいるようなものだろう、と。実際そんなふうに感じられたし、一年ほどは特に問題もなかった。でも、だんだん困ることがでてくる。うんと近づかないと友だちの顔すら認識できないため、気どっていると誤解されてしまったのだ。もう一度よく見えるようにしなくてはと友だちに話したら、そばで聞いていた別の友だちのホリーが、メガネなら山ほどあると教えてくれた。彼女は地域のリサイクルショップで働いていて、寄付された古いメガネがいっぱいあるから、度が合うのがあればタダで持っていけと言う。そこで、いくつか試しにかけてみたところ、一番かっこいいと思ったやつ（バディ・ホリー風だ）がたまたま私の目にぴったりだった。以来、それを使っている。

だが、スエロのカネなし生活の悩みの種は歯である。「過去十年間、虫歯を二つかかえてきた。甘いものの食べすぎだ」と書いている。「正直に白状すると、歯と蚊の二点に関してだけは、自然界の完全性を疑ってしまう」

治療はどうしているかって？　松ヤニ、すなわち腹痛をやわらげるのと同じ、ピニョン松の驚異の樹液である。スエロは、予防と殺菌消毒の両方に効果があると言って、歯に直接詰めている。

「夏に漁船で働いたとき、最初の臼歯《きゅうし》の虫歯に詰め物をするのをおろそかにしていたものだから、だんだん痛くなって、ついに我慢できないほどの痛みに丸一日耐えるはめになった。ピニョンのヤニを探して詰めなおしたら、痛みが消えたんだ。だけど、すでにかなり深いところまで虫歯が進行していたから、そのうちその歯の半分が（痛みもなく）とれてしまった。あとの半分は今でも残っている。最近もう一本虫歯ができたので、やはり松ヤニを詰めている。今のところ痛むことはない」

カネなし生活のせいでスエロは歯を悪くしたものと思いこんでいたが、そうではないことを、私はあとになって知った。さらには、悪いといっても本当に腐っていたわけではなかった。実際、前歯二本を折ったのは、まだ職も家もあったころ、ゴーカートの事故による。それを治療できなかった理由は、ほかの多くの米国人と同様、歯科治療の保険がなかったためだ。ついに二〇一〇年、長年悩まされてきた歯の治療を受けた。両親の友人かつ同じ教会員で、第三世界へボランティア治療に行っていた歯科医が、詰め物をする治療を申し出たのである。「医療サービスに反対しているわけじゃない。医者が自発的に提供してくれるのであればね」とスエロ。「その場合は私も喜んで受ける。組織化された善行の押しつけは、まず好きになれない。ようするに、自発的に与えられるものを受けとること。自発的に与える人は、お金がもらえるからやっているんじゃないんだ」

　実は一度だけ、無償で与えられたのではない医療を受けいれたことがある。二〇〇四年に兄ダグの家で棚を作るのを手伝ったとき、ネジを入れていたビンの割れた破片で、骨が見えるほど深く親指を切ってしまった。スエロには自分で縫いあわせる自信があったが、義姉が救急病院に連れて行くと言ってきかない。医者は傷を消毒して縫合《ほうごう》し、帰宅させた。しめて千ドルなり。

　請求を黙って無視することはできない。スエロがお金を手ばなしたのも、元はと言えば、負債をかかえたくないからだ。そこで彼はモアブに戻り、ボランティアで働いていた女性のためのシェルターにかけあった。従業員として働いたつもりの時間給換算で、直接病院あての小切手を切ってはもらえないだろうか。約四〇〇ドル分働いて返したあと、病院に手紙を書く。七針に対して千ドル請求するのは倫理的だとお考えでしょうか、と。それっきり請求書は来なくなった。


　食べ物や家などを物理的に手ばなすにしろ、車の運転や飛行機の使用をあきらめるにしろ、それなりの覚悟がいると思うが、スエロはどこまでそれをつらぬく気なのだろう。妥協するよりは病気になって死にたいのだろうか。

　一緒にすごしているあいだに、彼がひどい風邪をひいて数日間寝こんだときがあったが、薬も飲まずに回復した。それでもやはり、年をとってきたことは明らかである。ある夜、ゲーム盤で遊んでいると、近視の目のすぐそばまでパーツを持ちあげて確認しては、眠くて「もう見えやしない」とこぼしはじめ、ついに自転車でキャンプに戻って早々に寝てしまった。今後さらに年をかされれば、たとえピューマに襲われなかったとしても、老化によって体のあちこちに故障が出てくる。

私たちの部屋と呼んでいたモアブ町立図書館の会議室で、テーブルに向かいあって座ったスエロにたずねてみる。五ドルの予防接種を受けるよりも、あるいは病院に行って一〇〇ドルで命が助かるよりも、あえて死ぬほうを選ぶのか、と。

「そうだね、そうなったら死を受けいれるだろう」という答え。「荒野で足を折ったとしても、それは自然淘汰だと思う。われわれはみな、遅かれ早かれ死ぬ。死に方の優劣を決めるのは何か。峡谷で足を折って死ぬのが、本当にそんなに悪いんだろうか。数年長く生きて、病院で腕にチューブを何本もつながれながら死ぬよりも。あるいは、延命のために――」

私はさえぎって言う。「峡谷で崖から落ちてカラスに食われるなら、それはそれでロマンチックな理想の形かもしれない。だけど、足を折っても死なず、松葉杖をついてよたよた動きまわっているうちに壊疽《えそ》になったとしたら？　死に方にもいろいろあって、現代の技術をもってすれば簡単に助かる場合も多いんだぜ。死に方っていうのは、病院のベッドで五年間か、崖の下で首を折って即死か、の二者択一とはかぎらないのだし」

スエロはしばらく黙って考えていた。

「たぶんそこに、迷信的だとか宗教的だとか言われる領域がかかわってくるんじゃないかな」と口を開く。「私の信奉する考え方では、万一こうなったらああなったらと思いわずらうことのほうが、むしろ、万一起きること自体よりも悪いんだ。それに、思いわずらうと何かとバランスをくずしやすくなる。ようするに、現在に向きあって生きていれば、将来のことは将来が面倒を見てくれる、ってこと。将来どうするつもりかなんて、実際、自分でもわからないし、それについてはあまり考えないようにしている。無責任だと言う人もいるだろうけれどね。でも、それが私の選んだ道だから」

5　青年時代

ロナルド・レーガンが大統領に就任した一九八一年の秋、ダニエル・シェラバーガーは、国じゅうを席巻しつつある保守派の巻きかえしをみごとに体現していた。きちんとそったひげに、短く刈りあげた頭。白のTシャツやえりつきのポロシャツを、ぱりっと清潔なジーンズにたくし込んでいる。コロラド大学ボルダー校に到着した彼は、すぐさま原理主義サークル「キャンパス・クルセード・フォー・クライスト」に入会する。最初の選挙ではレーガンに票を投じた。ソ連のブレジネフ書記長の著書を読んで、全米各地の大学から議会両院まで、あらゆる公的機関に共産党の手先がぞくぞくともぐりこんでいるのは知っていた。それに関する意見文を大学新聞に寄せたこともある。「背後に注意せよ」という警告だ。「やつらはいたるところに潜んでいる」

しかし、科学と禁欲の荒波を渡りゆかんとする若き原理主義者にとって、コロラド州ボルダーほど、神秘主義にのめりこむのにうってつけの場所はない。この町は旅人をひきつけてやまず、無数のオルタナティブな思想潮流が集まっていた。ロッキーマウンテン・スピリチュアル・エマージェンス・ネットワークから、チベット仏教ナロパ学院のジャック・ケルアック・スクールまで、さらには、ありとあらゆる種類の前世回帰、クリスタルヒーリング、ホロスコープ解読、心霊再プログラミング、エネルギー調節、惑星的次元上昇など。『ニューヨーク・タイムズ』紙が「ニューエイジの都《アテネ》」と呼んだこの地においては、「何らかのニューエイジ関連講座の受講歴を持つ」住民の割合が四分の一にのぼるという。まさに何でもありの土地柄。一九七八年にオーク星から飛来した卵形の宇宙船が大学のフットボール場に着陸した際、乗っていた宇宙人がボルダー住民らしく変装するのに必要としたのは、ぶっとんだ虹色のサスペンダーだけだった。ロビン・ウィリアムズの出世作となり、〝shazbot《シャズボット》〟［オーク人の使う罵倒語］が辞書に収録されるほど人気を博したABCテレビのコメディー番組『モーク&ミンディ』は、無類の型やぶりな街としてボルダーの存在を全国に知らしめたのである。

　こうした環境に飛びこんだスエロはさながら異星人であったが、両親の価値観の受け売りに終始していた彼にも、この地の引力はじょじょにおよんでいく。ツタにおおわれたレンガづくりの校舎と木蔭の芝生を擁するボルダーのキャンパスは、まさしく本物のまなびや、人生の真実を見いだすのにふさわしい舞台であった。やがて親しくなった友人グループには、政治的にリベラルな者もいれば、夢想家も、不可知論者、酒飲みもいた。ダニエルとルームメート――信仰を捨てた元クリスチャン――は、そうした友だち連中と、神の存在について、愛の意味について、そして人生の目的について、夜がふけるまで語りあう。それに引きかえ「キャンパス・クルセード」の保守主義者たちは、退屈で好奇心に欠けるように思われてきた。彼は、より進歩的な、主流派《メインライン》プロテスタント諸教派の集合体「インターバーシティ・クリスチャン・フェローシップ」に移る。「それまで民主党支持のクリスチャンなんて、ありえないと思っていた」と彼。そうこうするうちに医学部進学への野心はしぼみ、世界宗教に没頭していく。それまで異教と教えられてきた宗教——ヒンドゥー教、イスラーム教、仏教、道教——の聖典を読みあさった。また、毎週ちがう教会に行ってみることにした。カトリック、ペンテコステ派、ユニテリアン、バプテスト、はてはユダヤ教のシナゴーグまで。

並行して聖書の研究を続けるうちに、ある解釈が彼の中に形成されてくる。しばらくのあいだ全精力をかたむけつづけたこの解釈によって、やがて彼の価値観が変化することになる。つね日ごろ、キリスト教は男性優位の宗教だと感じていた。主なる神も救い主たるイエスも男性の形をとっている。しかし、旧約聖書の「箴言《しんげん》」——ソロモン王が民衆に知恵の大切さを説いた一書——を調べていた彼は、知恵が単なる抽象概念とはされていない点にとまどいを覚える。そこでは知恵が女性として擬人化されていたのだ。「知恵は、ちまたで大声で叫び、広場でその声をあげ」(聖書 新改訳「箴言」第一章二〇節)。この謎を追求するため、旧約聖書と新約聖書の双方を行きつ戻りつ、女性に言及しているくだりをしらみつぶしに調査する。ルツ、聖母マリア、マグダラのマリア、娼婦バビロン、「黙示録」で千年王国におけるキリストの花嫁とされている新しいエルサレムも。「箴言」第三〇章の記述は、以前から理解に苦しんでいた。

私にとって不思議なことが三つある。
いや、四つあって、私はそれを知らない。
天にある鷲《わし》の道、
岩の上にある蛇の道、

海の真ん中にある舟の道、
おとめへの男の道。

（聖書 新改訳「箴言」第三〇章一八～一九節）

そして突然ひらめく。注目すべきは動的なもの（陽）――鷲、蛇、舟、男――ではない。それよりも、静的でめだたないほう（陰）――天、岩、海、おとめ――に目を向けるのだ。そうした女性性にこそ真実が宿っている。彼が発見したのは、キリスト教としては異端すれすれの何か、すなわち神の女性的側面であった。道教の原型となった次のような見方に近い。

三十本の輻《や》が一つの轂《こしき》を共にする。
その空虚なところにこそ、車としての働きがある。
埴《ねんど》をこねて器《うつわ》をつくる。
その空虚なところにこそ、器としての働きがある。

（『老子』蜂屋邦夫訳注、岩波文庫、第一一章）

「老子の『道徳経』は、おもてに出ない〝陰〟の形質が力を持つと教えている」とスエロが説明してくれる。「おもてに出してしまえば、その力は失われる。植物の根のようなものだ。地中にあるときは力を持っているけれど、掘りだして光にさらせば死んでしまう。私は考えはじめた。

諸文化において女性性をベールでつつみ隠すのはなぜだろうか、と」

夏に帰省したダニエルは、両親の前で自説を披露した。三位一体〔「父」と「子」と「聖霊」が一体であるとする、キリスト教の中心的教義〕の第三位格たる聖霊は女性である、と。それを聞いた両親は、なるほどと思わずにいられない。そもそも自分たちがプリマス・ブレザレンを去ったのも、ひとつには、女性の扱いに納得がいかなかったからだ。ブレザレンの女たちは、文字どおりベールをかぶせられていた。礼拝中は頭にスカーフを着用するきまりなのだ。二人は主宰していた聖書学級で息子に話をさせる。しかし、ほかの会衆たちは、ホクマ（ヘブライ語で「知恵」）について熱弁をふるう若くてまっすぐな学生をどう扱ってよいかわからなかった。「たいてい返ってくるのは沈黙だけだった」と彼は当時をふりかえる。「慇懃《いんぎん》な沈黙だ。私はみんなの目の前で聖書の該当箇所を指摘してみせたし、見のがしていた何かがそこにあることは誰だってわかる。それなのに、聖書の従来の解釈に反する話を持ちだしたとたんに、これはどうしたものか、となるんだ」

朝の礼拝に列席したあと、こみあったロビーで今度は牧師を呼びとめ、老子の思想と陰の形質についての話を持ちかける。牧師は彼を制すと、ひたいを寄せて声を落とす。「あまり人前では言わないのだが」と前おきし、「私も実はそう思っているんだよ。聖霊は神の女性的側面だとね」

牧師のことばに勢いを得たダニエルは、熱に浮かされて大学を休学し、両親の元にとどまる。『ホクマ――神の女性的側面』という本を書くのだ。電動タイプライターを購入すると、はりきってキーを打ちはじめた。以前働いていた病院の仕事に復帰し、夜勤で採血業務を担当する。ドストエフスキーの小説の主人公よろしく、深夜に生き血を抜く吸血鬼のような仕事と、両親の家の屋根裏とを往復しては、キリスト教界を土台からゆるがすにちがいない声明書の作成にはげむ。一〇〇ページ。二〇〇ページ。ろくに日光にも当たらず、睡眠は不規則になった。真実まであと一歩。もうすぐそれが解き明かされるのだ。

次の学期に合わせてボルダーに戻るころには、下書きができあがっていた。ダニエルは、魂の求道者たちに人気のあったブライアン・マハン教授の宗教研究の授業を聴講する。マハンはまだ若く独身で、学生たちのあこがれの的だった。研究対象に情熱を燃やし、学生会館でコーヒーを片手に、あるいはピザハットでピザをつまみながら議論を続ける、数少ない教員の一人である。ハーバード大学神学大学院とシカゴ大学の学位を持つカトリック教徒のマハンは、解放の神学に傾倒していた。中南米で広く支持された社会正義の教義だが、ローマ教皇庁からは糾弾された神学だ。授業のテーマは利己主義と利他主義の葛藤に関する考察で、ウィリアム・ジェームズ、ジグムント・フロイト、アイン・ランド、マーチン・ルーサー・キングなど、幅ひろい参考文献の読書が課された。講義を聞くというよりも、矢つぎばやに質問をつきつけられ、学生自身が知力を総動員して答えを探すよう求められるのだった。

毎回、授業が終わるころには、脳みその使いすぎでクラクラしてしまう。自分の中の原理主義を支えていた梁《はり》にひびが入ると、宗教の限界だと感じていた天井が取りはらわれる思いだった。マハンの気さくな人柄に勇気を得て研究室をたずね、目下執筆中の本についてうちあける。三十年たった今も、マハンはそのときのことを覚えていた。

「彼が取りくんでいたのは壮大な聖典解釈の試みで、新約聖書を改革しようとしていた」とマハン。「非常に知的で、情熱的で、誠実で、あの集中力と頭のよさには感心させられましたよ。当時のボルダーには、東海岸出身の裕福な家の子が多くてね。ひとつのことにあれだけ真剣に打ちこむ学生は珍しかった」

ボルダーで育ったクリスチャンのダミアン・ナッシュも、ダニエルと同じく、自分の偏狭な信仰が瓦解していくのを感じていた。二人は親友となり、その友情は今日にいたるまで続いている。「私たちは二人とも、熱狂的な福音主義者として十代の日々をすごした」とダミアンは語る。「でも、思想的にはもう自分自身を原理主義者とは呼べなくなっていた。学習会でともに祈り、信仰の危機をともに経験したから、すぐに意気投合したんだ」

ダミアンは、新しい友の知性に圧倒される。「ダニエルから聖霊が女性だと聞かされたときには、人生が変わった」と言う。「その考えは、私の頭にあった老子の思想と結びついて、キリスト教的な意味で腑《ふ》に落ちた。解釈の優美さに説得力があった」

ダニエルもまた、ダミアンの感化を受ける。ダミアンのボルダー的キリスト教精神は、ダニエルの保守主義とはいっぷう異なっていた。人類学を専攻するようになったダニエルは、ダミアンからピエール・テイヤール・ド・シャルダンの著作を紹介される。イエズス会士でもあるこの人類学者がライフワークとしたのは、ダーウィンの提唱した進化論と、人間は神の意志によって存在するという信仰とを融合させることであった。

古生物学者として一九二〇年代に北京原人の遺跡発掘にたずさわったテイヤールは、ダーウィンの説を認めたうえで、さらにそれを一歩進めた論を展開した。われわれ人類は、宇宙の塵《ちり》から微生物、霊長類、ホモサピエンスへと進化してきたが、その過程にはまだ続きがある。たかだか数千年前に意識を獲得したにすぎない人類は、今まさに、次の進化段階に足を踏みだせるかどうかの瀬戸際にいる、というのだ。人間のありとあらゆる思考が渾然《こんぜん》一体となって目に見える物質を形成し、地球をおおっている。これをテイヤールは〝精神圏《ヌースフィア》〟と呼ぶ。もし火星人がやって来たら、「地球の第一の特色は海の青さや森のみどりではなく、思考力から発する燐のような光であるにちがいない」（前掲『現象としての人間』二二四頁）。魚にえらが発達し、猿に親指がはえたように、この魂のエネルギーの生命体も高度なものへと進化する。われわれは「もっと高次の集合体の最初のきざし――思考する地球の表面に散在する無数の小さな中心群の収斂する光束の下から唯一の大きな焦点が生まれてくる現象――を経験してはいないだろうか？」と彼は問う。最終的に人類は、彼の言う〝オメガ点〟に到達し、この地球における生を終える――どんな恒星や惑星も死を迎えるように。だが人類は、至高意識を持つ、ただし現在はまだ理解不可能な生命体として、その後も存在しつづける。ヌースフィアは「その集合点――〈世界の終末〉に（中略）到達する」（前掲『現象としての人間』三二八頁）。テイヤールの考えによれば、この万物の昇天が、聖書に約束されたキリストの再臨である。

エイリアン映画の世界の話に聞こえるとしたら、それは、ある世代のSF作家がこぞってテイヤールの宇宙進化論をむさぼり読み、自分たちの作品に援用したせいである。しかし、存在が進化をとげる新時代を予言したテイヤールは、意図せずして、原理主義とニューエイジ思想の橋わたしをすることになった。オメガ点に向かって上昇するヌースフィアという概念は、キリストが再臨して正しき人びとを千年王国に導くという、ジョン・ダービーの第六のディスペンセーションとさほど変わらない。と同時に、約束された新時代《ニューエイジ》に妙に似てもいた。すなわち、はるか遠くの星々の配置が変わるときにおとずれる〝みずがめ座の時代〟が二千年にわたる啓蒙期をもたらし、貪欲、強欲、大食、憤怒、怠惰、嫉妬、慢心に満ちた今の〝うお座の時代〟が改善されるという説である。

進化がキリストの教えの否定どころか論理的帰結たりうる可能性についてダミアンと論じあううちに、ダニエルは、科学の徒であることと信仰を持つことはかならずしも矛盾しないのだと気づいてゆく。ダミアンによって地元ボルダーの友人仲間にも引きあわされた。所属教会のあり方に満足せず、聖なるものともっと強固につながろうと模索する若者らだ。しいたげられた者をいつくしんだイエス・キリストにならって、この郊外のティーンエイジャーたちは、ボルダーの路上にいるホームレスに手をさしのべ、教会のお茶会に連れて行ったりしていた。「誰もが等しく歓迎されるべきだと思っていました。ゲイの人も、体のにおう人も」と話すのはレベッカ・マレン。高校卒業後、サウスブロンクス地区のマザーテレサ修道会でボランティアをした経験がある。ダニエルが加わったころ、このグループのキリスト教は神秘主義に接近しつつあった。

「私も原理主義を離脱して、仏教とイスラーム神秘主義に惹かれているところでした」と語るドーン・ラーソンは、コロラド大の二年生だったときにダニエルと知りあった。「絶好のタイミングでダンと出会ったんです。神秘主義について何時間も語りあい、聖霊に関する彼の説を聞かせてもらった」

土曜の夜、仲間たちはよく湖までハイキングにでかけ、ワインのボトルを回し飲みしたものである。だが、あの時代の大学生には珍しく、ハッパやマジックマッシュルームを取りだすこともなく、自然の美に身をひたしながら黙想したり祈ったりしていた。それから、グループにわかれて深い瞑想に入る。かじ取り役はたいていダニエルだった。「彼は哲学的概念やさまざまなパラダイムに精通していて、相手に合わせて視点やボキャブラリーを使いわけることができたの」とラーソンは言う。

「彼には、この世のものでないような雰囲気がありましたね。現世にあまり執着していないような感じが」とマレン。「まあ、私たちみんながそうだったのかもしれません。誰もが、目の前の伝統的宗教に対するオルタナティブを探しもとめていましたから」

ダニエルが熱心に取りくんでいたテーマに、時間の概念があった。コロラド大の教授でアメリカインディアンの学者ヴァイン・デロリア・ジュニアは『神は赤い（*God Is Red*）』でこう述べている。「キリスト教の世界観では、天地創造に始まる直線的な時間の流れの中で、神による計画が成就し、世界を滅ぼす破壊行為をもってこの流れが完結する」。しかし、スエロが学んだアメリカインディアンの諸宗教では、時間ではなく空間が中心に置かれていた。デロリアは、ナバホ族の創世神話を例としてあげている。「これらの山々こそがすべてのできごとの舞台であったという点について、疑いを持つナバホはいない。ナバホの創世物語がいつの時代のできごとかは誰も知らないが、どこで起きたかに関しては全員の見解がほぼ一致する」。突然、ダニエルが子どものころから信じていた〝せまり来る携挙〟が、神の定めた真実ではなく、文化的に創りだされた概念に見えてくる。魂が永遠に生まれ変わりつづけると考える東洋の諸宗教は、アメリカインディアンの宇宙観とそっくりだ。時間は直線的にではなく、ぐるぐると輪を描いて進む。

そうかといって、ダニエルが自分のルーツをすっかり見うしなってしまったわけではない。学外の家に部屋を借り、インターバーシティの友人たちと一緒に聖書研究会を始めている。中心メンバーにティム・フレデリックがいた。コンピューターサイエンス専攻の内気な学生で、ワイオミング州キャスパーのルター派の家庭――父親はシアーズの支店を経営――に育った経歴とくらべると、ダニエルの転居つづきの子ども時代がコスモポリタンに感じられる。ティムは、ダミアンやドーンやレベッカよりかたぶつであったが、それでもダニエルの問題意識にひきつけられた。「ぼくは、科学や技術の面からしか世界を見ようとしないオタクだった」とフレデリック。「ダンはそんなぼくを宗教や哲学の世界に引きいれた」。フレデリックは、この急ごしらえの研究会の先入観にとらわれないところに魅力を覚える。従来の教会とちがって、カトリック、ルター派、原理主義者、カリスマ派など、志向もまちまちな人が集まっていた。それでいて、互いを尊重し、話に耳をかたむけあうことで、強い友情がはぐくまれる。よい化学反応が起きていた。「ダンは深い眼識の持ち主だけど、人の話を聞くのもうまかった」とフレデリックは言う。「相手の意見を吸いあげて、それを自身の発見と結びつけて考えることができるのです」

私がティム・フレデリックをたずねたのは、その三十年後の二〇一〇年夏。彼の世間並みの生活様式は、スエロとは正反対に見えた。大学卒業以来、システム管理者として同じ政府機関に勤務しつづけている。ボルダー郊外の新興住宅地にある清潔な家に、家族と暮らす。ルター派教会に所属。半そでのドレスシャツ、タックの入ったスラックスに白いランニングシューズという、コンピューター技術者らしいいでたち。さぞや、現実社会の苦労――仕事を続け、家族を養い、住宅ローンを返済する――をかかえていることだろう。スエロの向こうみずな求道ぶりには関心をなくしたか、少なくとも距離を置くようになったにちがいない。

ところが案に相違して、ティム・フレデリックはスエロの献身的な友でありつづけているのだ。結婚式のつきそい人にスエロを選び、息子をダニエルと名づけた。十年間にわたってスエロが書き送った四十五通もの手書きの手紙を私が読めるようにと、二〇〇ページ以上をスキャナーで読みとってダウンロードさせてくれた。「この本のプロジェクトに文書係として協力できるのは大変な名誉」とのこと。スエロと私がコロラドを訪問したときは、ティム・フレデリックから下へもおかぬ歓待を受けた。ティム夫妻と数人の旧友たちが次から次へと手料理でもてなしてくれ、神、教会、自殺、道徳についての話になれば、誰もがスエロのことばに熱心に耳をかたむける。昔日の聖書研究会にまぎれこんだかのような錯覚におちいった。

(スエロの放浪者風の身なりは、ドッカーズ〔チノパンツで有名なビジネスカジュアルウェアのブランド〕の地ではかなり浮いていた。きわめて洗練された住宅街を運転中、ちょっと止めてくれとスエロが言う。道ばたのゴミ箱横に積まれたガラクタの中に、未使用のろうそくを見つけたのだ)

ティム・フレデリックは、これ以上ないほど誠実で感じのよい人物だった。昔の手紙を発掘するうちに思い出がふつふつとよみがえり、彼はスエロにこんなメモを書き送った。

きみの手紙やブログを読み、旅先のできごとや金銭の放棄によって得た発見を、わが身のことのように享受させてもらっていると、きみが実に大きな変化を経験し、成長をとげたことがよくわかる。

あの聖書研究会の初日……〝クリスチャン〟だとか、私たちメンバーの所属していたどの教派のレッテルでもくくることのできない、美しい気質をきみが持っていることに気づいた。そういう人と知りあえて心が洗われる思いだった。当時、学内の〝キリストの教会[*8]〟だの、その他もろもろの状況に悩まされていたから。ああした連中は、自分たちがどんな人間かを明かすよりも、ぼくに自分を失わせることにやっきになっていたんだ。エクアドルできみが奮闘した体験談にも、その強靭な気質が読みとれる。それに、その後のひどくつらかった時期の話にも。きみの気質は一貫して変わっていない。いや、実際のところ、さらに強さを増して、絶望のまっただなかにいても美を見わける能力を持っていたんだ。

スエロのクリスチャンとしての信仰が幅を広げつつあった同時期に、いずれその信仰を打ちくだくことになる危機も経験していた。キリスト教の女性的側面を深く掘りさげていくうちに、非常にこまった生物学的衝動とのたたかいが始まる。ダニエルは何人もの女の子とデートしたが、

---

*8 米国各地の大学でカルト的な伝道活動を展開した独立系プロテスタントの一派。

いざファーストキスの場面になると体が動かずに固まってしまうのだった。「恐怖で心臓がドクドク音をたてるんだ」と彼。「しかも女の子たちにとってはそれが魅力らしい」

大学寮で一番仲がよかったのが、ロビンという名のボーイッシュな娘だ。二人とも中性的なところがあった。つるっとした顔ときゃしゃな骨格のダニエルに、髪を短くしてだぶだぶの服を好んだロビン。二人はいっときも離れられないほどお互いに夢中だったが、肉体的な接触はなかった。「二人ともそれは不適切なことだと思っていた」とスエロは回想する。婚前交渉が御法度《はっと》である以上、自分が欲情を感じないことに何の問題もない、と思おうとした。バレンタインデーが近づくと、寮の女の子二人がからかってくる。「もうロビンにキスした?」と言ってクスクス笑う。「花を買ってあげるんでしょ?」。花を贈るなんて考えるだけでうんざりしたが、彼女たちのプレッシャーに負けてしまう。きっと自分はロビンに恋しているのだ、そう自分に言いきかせた。思いきってバラの花束とチョコレートの箱を買い、彼女の部屋をノックする。贈り物を見たロビンの恐怖の表情。「喜んでいるふりをしてくれたけど」とダニエル。「それ以降、なかなか普通につきあいづらくなってしまった。ひどく気恥ずかしくて。時間をかけてどうにか元の関係に戻れたけれどね」

ある日二人がボルダーの商店街にいたとき、派手なかっこうの美男子がダニエルにすり寄ってきたかと思うと、尻をなでてささやいた。「あら、キュートな人!」。二十年間、けんかも悪態をつくこともせず生きてきたダニエルが、男を突きとばす。「さわるな、あっちへ行け!」と叫んだ彼の心臓は早鐘のように打っていた。気持ちが落ちついたあと、何がそんなに怖かったのかと不思議に思う。「何を恐れているのだろう。あの男じゃない。自分の中にひそんでいるものが怖いのだ」

　聖書研究会の集まりで、部屋の向こう側にいる男の子から目が離せなくなったことがある。催眠術にかけられたように、息もできずに見つめつづけた。「そのときもう火がついていた」と彼は記憶をたぐる。「私たちはしょっちゅうキャンプに行っていた。レスリングのふりをしたり、互いにじゃれあったりしたものだが、どちらもそれが恋愛感情だと認めようとしなかった。今ふりかえると滑稽だよ」

　育ちのせいで、自分の欲望が自然なものだとか正しいものだとは思えなかった。これは悪魔のしわざだ。隠しておかなければ。さいわい、結婚前は禁欲が当然とされていたので、ダニエルが独身でいるかぎり、童貞であるからといって女性への関心が欠如しているとは思われないだろう。女性の友人にも本当の自分を隠していたから、彼にほれる女性も多かった。ドーン・ラーソンは十九歳のころまで男性とつきあった経験がほとんどなかったが、気がつくとダニエルと二人でいることが多かった。

「キュートでセクシーな人だったわ。かざらない魅力があって」とラーソンは思い出を語る。「喜怒哀楽を表に出すのを恐れないけれど、非常に強い人間でもあった。なかなかいないタイプよ」

　強く惹かれる気持ちをおさえきれず、ラーソンはダニエルに告げる。誰かに対してこれほど強いつながりを感じたのははじめてだ、と。ダニエルは目をしばたたかせて言う。「ぼくたちはみな、神の恵みによってつながっているんだよ」。それっきり、どちらからもそれを話題にすることはなかった。

ダニエルは、男性の友人に対する強い愛着を持ちつづけていた。「ある日ダニエルが、すごく魅力的なことを言ったんだ」とダミアン・ナッシュは追想する。「一緒にいて話す必要のない友だちがほしい、ってね。テレパシーのように何でも通じあえる。長年のあいだに、彼は私をそのように仕込んでしまったよ」

禁欲と神学の力をもってしても、ダニエルが恋に落ちるのをとめることはできない。はじめて熱をあげた相手は、よりによって、ゲイではない親友だった。「当時の私は福音主義的クリスチャンで童貞、うぶな若者だった」とナッシュ。「性愛《エロス》とキリスト教的愛《アガペー》の区別もつかないほどの」。しかし、二人とも自分たちの友情がいささか度を越していると感じつつも、ダニエルは自分が肉体的に相手に惹かれているとは認めることができなかったし、ダミアンもそれに気づかなかった。

卒業するころまでにダニエル・シェラバーガーは、かかわりあった多くの人たちの友情と尊敬をかちえていた。だが、一九八五年夏に学位をとって社会に出るとき、彼の心は混迷のきわみにあった。神の女性性に関する論考は、教室や聖書研究会では才知あふれるおしゃべりのネタを提供したが、完成稿そのものは散々なできだった。大学二年次の支離滅裂な情熱がそそがれたテーマも、宗教的関心の薄い読み手にとっては聖書の奥義に深入りしすぎており、ほとんどの福音主義者にとってはまったくの異端でしかなかったのだ。数年もたたないうちにみずから燃やしてしまう。信条を実践に生かすすべもわからぬまま大学を巣立つ。社会における自分の役目について、入学時よりかえって確信が持てなくなっていた。家族の同胞信徒らの予想は的中した。ボルダーは彼の原理主義を揺るがしたのである。

カレッジで宗教的に変容をとげたスエロは、政治的な目ざめも経験している。ときは八〇年代。全国的な保守化傾向とはうらはらに、学園においては左翼的な教授陣が、おもに特権的な白人男性によって生みだされてきた規範の優位性を、つぎつぎと論破していた。西洋が啓蒙的な自由の庇護者であるという言説は、植民地を搾取し女性やマイノリティを抑圧する存在としての西洋という見方に押されて劣勢となる。こうした思想の学問的妥当性を認めるように、アフリカンアメリカン研究、アメリカインディアン研究、女性学などの学部が諸大学に創設されていった。

スエロが特に影響を受けたのは、ブラック・エルク、ジョン・レイム・ディアー、ヴァイン・デロリア・ジュニアら、アメリカインディアンの著作である。これらの思想家たちは、彼の中に南米でめばえた考えが正しかったと教えてくれた。貨幣制度は富める者を利するようにできていること。そして、多くを持たない人ほど、すすんでわけ与えようとすること。レイム・ディアーは『レイム・ディアー——ヴィジョンを求める者』で、アメリカの白人についてこう書いている。「わしらがギブ・アウェイの宴をはっていると、連中はさも馬鹿にしたように指さきをふってみせたりする。あの指は、なにが施しものか、わざわざ貧乏人が太っ腹なところを見せるために無理をしてそんなことまですることはないのにと、暗にわしらに伝えている。だがそれでもわしらは、わしらのオトゥハンをやりつづけるのだ。オトゥハンとは『持っていけ』という意味で、英語では『ギブ・アウェイ』となる。みんなに施しものをする儀式のことで、言うなれば放出会だ。

わしらがあくまでもこのオトゥハンをやめないのは、そうすることでかろうじてインディアンのまま留まっていられるからなんだ。わしらは人生における大事のとき、生まれたとき、死ぬとき、そして嬉しいにつけ、また悲しいにつけ、そうしたさまざまな機会に、ことあるごとにギブ・アウェイを行なう。遺産相続をして、家族が金持ちになるなんてことを、わしらははなから信じてはおらんのだ。死んでしまった人間の持ちものなど、きれいさっぱりみんなにあげてしまうほうがずっといいにきまっとる。そうすることでこそ、死んでしまった者も、彼であれ彼女であれ、みんなの記憶のなかで生きつづけることができるのだ」（北山耕平訳、河出書房新社、一一〇頁）。こうした考え方を知り、またマハン博士から解放の神学を学ぶにつれ、スエロは、自分の信条を実践する方法は第三世界の貧しい人とともに働くことだと確信していく。

一九八七年、彼は平和部隊に志願し、エクアドルに派遣される。当時二十六歳。頭は神学でいっぱいの純粋無垢な青年であった。むろん、平和部隊には教養学部《リベラルアーツ》の学位を持つ理想主義者がいくらでもいたが、原理主義クリスチャンは珍しい。南米に滞在した二年間、ほぼ毎日のように日記をつけており、罫の入った用紙に手で几帳面に書きうつしては、三〇ページごとにまとめて両親に送付していた。日々のできごとの詳細な記録に、内省的なコメントが付されたものである。最初の手紙には、グランドジャンクションからデンバーへの機上でずっと泣き言を言っていたこと、その後マイアミへ向かう途中で神の啓示に出会ったことが描かれている。

雲の上に出て、これから向かう地について考えはじめると、出発以来はじめて不安な気持ちになりました。「自分は正しいことをしているのだろうか」と。頭の中をそんな考えが行ったり来たりしていた、まさにその瞬間、答えを受けとったのです。私がなぐさめを必要とするときは、いつどこにいても、神が答えを与えてくださるようです。虹が見えました。そう、すぐそこの雲の上に虹が。人類になぐさめを与えたまう神の約束。神があらわされた平和のしるし、天と地のあいだに結ばれた契約のしるしです。

スエロの手紙には、この年ごろにありがちな皮肉な調子がまったく見あたらない。彼の報告は、おのぼりさん然としたほほえましい感想（当地のバナナはとてもおいしい！）から、異文化に対する純粋な驚き（教会は特に美しく、外壁には複雑な彫刻がほどこされ、何本もの尖塔が空に向かってそびえ立ち、内部は絵画や金箔《きんぱく》をはった彫像であふれています）、そして帝国の子として感じた良心の呵責《かしゃく》にまでおよぶ。「人びとのよそよそしい態度が、どこまで共産主義者による反米プロパガンダのせいと言えるのかどうか。多くの外国企業や石油会社がこの国の民衆をとことん搾取しているのも事実なのですから」

スエロには、同輩たちに見られるような世間ずれした俗っぽさがなかった。平和部隊のボランティアで一緒だったコリーヌ・ポチタロフは言う。「彼は精神性を重んじる献身的な若者で、私たち周囲の誰よりも静かに考えこむタイプでした。アマゾンの現状にひどく心を痛めていて、いつかきっと行動を起こすだろうと感じたのを覚えています。良心の人でしたね」

私が特に強烈な印象を受けたのが、信仰と真剣に格闘する彼の姿勢である。両親あてにこう書き送っている。「北米、南米を問わず、何世紀にもわたって先住民族がいじめられ虐殺されてきたこと、そしてこうした事実が、米国においても南米においても、公立学校の歴史教科書から都合よく削られてきたことは、すでにお話ししたとおりです。われわれがおかした数多くの罪をキリストの愛がおおい隠してくださいますように、そしてわれわれの悪行が人目にふれることなく善行だけが見えますように、と祈らねばなりません」

彼の宗教的信念が次に打撃を受けるのは、家族の知人である宣教師をコリーヌと一緒に訪問した際である。密林の中の小屋で腰布を巻いた現地人に囲まれた蛮勇の人物を想像していたスエロは、実際に行ってみて驚く。

「その男が住んでいたのは郊外の大邸宅で、人びとを閉めだすための有刺鉄線で囲まれていた」とスエロはそのときの様子を語る。「ジャングルの先住民たち――おもにワオラニ族とキチュア族――とやっていることを聞かされた」。この宣教師は、エクアドル政府の承認のもと、北米から家畜の群れを送りこむビジネスに乗りだしていた。自分が改宗させた者との契約を仲介するのだ。改宗者が牛を飼って世話をすれば、政府からジャングルの土地一区画を与えられ、生まれた子牛は一世代おきに自分のものとなる。残りの子牛はアメリカ人宣教師のものとなるしくみだ。

「われわれが来る前、インディオたちは一台のベッドに家族全員で寝ていたし、ラジオもテレビも持っていなかった」と宣教師は得意げに話す。「キリスト教に改宗したインディオは、いまやジャングル一豊かになったのだよ」

「だから各国政府は宣教団が大好きなのさ。人びとを文明化して貨幣制度に組みいれてくれるからね」と現在のスエロは分析するが、当時はただ驚きあきれるばかりだった。イエスは弟子たちに財産を手ばなせと教えたのではなかったか。「そのとき突然わかったんだ。反《アンチ》キリストという呼び名は、この所業にこそふさわしい。〝キリスト教精神〟をのべ伝えている張本人が、実はキリストの教えにそむいているのだ、と」

さらに悪いことには、牛を飼育するための土地が分与されるたびに、森林が伐採されていく。そして、放牧からわずか数年後には、その土地は使い物にならない砂漠と化すのである。

「ジャングルはどうなるのですか」とダニエルはたずねた。

「ジャングルはつきることがない」と宣教師は答える。「飛行機に乗ったらアマゾンを見てみたまえ。何キロだって続いているから」

ダニエルはアマゾン上空を飛ぶ便に乗った。「ポール・バニヤン〔米国の伝説上の巨人で、力持ちのきこり〕がかみそりの刃をふるったあとのような光景だった」

キトに戻る途中、スエロはこの矛盾についてあれこれ考えていた。たしかに宣教団は、インディオの法的権利獲得や教育推進のために手をつくし、一定の成果をあげている。その反面、貨幣制度を導入したことはプラスになっているとは言えない。「宣教師たちがお金を持ちこむまで、ジャングルに貧困は存在しなかった。ある日突然、貧困が姿をあらわしたのだ」とスエロは言う。「それにともなって、あらゆる病気も。だから、人びとの様子を見れば幸せでないことがわかる。物はいろいろ持っていても不幸なんだよ」

人口三百人のアンデスの寒村エルハトに赴任して、疑念はさらに深まる。〝健康増進員〟の肩書きのＩＤカードをぶらさげて、応急処置と栄養の指導をするべく、スエロは任地に到着した。

「お医者さまですか?《ウステッド・エス・ドクトル》」と村人。

「いえ、医者ではないんです」と答え、不自由なスペイン語で健康増進員とは何者かを説明するのに四苦八苦する。

最初の業務命令は、家を借りることだった。スエロの頭にあったのは、現地の人たちが住んでいるような土間の小屋である。しかし村人たちは、元診療所だった四角いコンクリートの建物を貸したがり、「お医者さまですから《ウステッド・エス・ドクトル》」と言ってゆずらない。

医者ではないという彼のことばを住民たちが信じたかどうかはさておき、元診療所以外に貸してもらえそうな建物がないことは明白だ。ダニエルは入居することにした。テレビの人情コメディーも顔負けの事件がつぎつぎと持ちあがる中で、彼が入り口のよろい戸をはずすやいなや、患者がぞろぞろと押しよせた。痰、ねんざ、発疹をダニエルに診てもらおうと、診療代がわりの牛乳や鶏をたずさえて、山道を何キロも歩いてきたのである。二、三か月無駄な抵抗を続けたあと、長いものには巻かれるしかないと観念する。生活費として支給されたとぼしいお金と謎めいたＩＤカードを手に、キトの町に出て、薬局で抗生物質、アスピリン、アセトアミノフェン、ベナドリル、エピネフリンを山と買いこんだ。元平和部隊ボランティアの書いた『医者のいない《ドンデ・ノ・アイ》ところで《・ドクトル》』も入手する。無医村におけるヘルスケアの方法を解説した、実用的なペーパーバックである。任期満了までにスエロは、数えきれない疾患を治療し、数名の重病患者をもよりの診療所へ搬送し、さらには、清潔なタオル、湯を満たしたバケツ、そして『ドンデ・ノ・アイ・ドクトル』の助けだけで、三人の健康な赤ん坊をとりあげたのであった。

「彼女たちは歩きまわったり何やかや用事をしたりしたがった」スエロは分娩を担当した産婦たちについて語る。「だから好きなようにさせたんだ。しゃがむ姿勢を私がすすめて、産婦がそのとおりにすると、赤ん坊がするすると私の手の中に下りてきた。最後のときなんか、あやうく床に落ちるところだったよ」

医療面でのかがやかしい貢献にもかかわらず、スエロは、西洋人によるエクアドルの生活改善活動――宗教色の有無にかかわらず――に対する幻滅を深めていく。ある女性患者には二〇〇ドルかかる手術が必要だったが、家庭は貧しく、つねに借金をかかえていた。夫のかせぎは一日一ドルだけ。スエロは学生時代の友人ティム・フレデリックに手紙を書き、ティムの所属するボルダーの教会で献金をつのってくれるよう頼む。信徒たちは何も聞かずに、役員会議など開くこともなく、ただちに現金を送ってくれるだろう。「それがキリスト教のあるべき姿、イエスが説いたあり方です」と書いたのだった。

望みどおり金は届いたが、欠陥だらけの慈善制度を自分の力ではどうしようもないという思いは消えなかった。ティム・フレデリックへの手紙でこう吐露している。「この人びとのために何かをするなら、個人の次元ですべきだと、これまで以上に強く感じている。一対一の関係で手を貸し、知識をわかちあうべきだ。おぜん立てされた事業としてではなく、わが人生をもって」

そのころダニエルは、性的にも困惑をつのらせている。女性との親密な友だちづきあいは絶やさなかった。純粋に相手が好きだったためでもあるし、また、いつか運命の女性があらわれて自分の性欲を正しい方向に導いてくれるかもしれないという望みもいだいていたのだ。ティム・フレデリックへの手紙で報告している。「こちらで一番親しくしているのはコリーヌという女の子。以前インターバーシティにいたルター派クリスチャンだ。先日、二人で研修をサボってキトで一日すごした。大聖堂めぐりをして、祈ったり、宇宙の神秘について話しあったり。そのあと何日も精神的な高揚状態が続いた」

後年外務省に入省することになるコリーヌも、そのとき気持ちの高まりを覚えたが、高揚感の種類がちがったようだ。彼女の覚えているダニエルは「すごくハンサムだけど、うわついたところやチャラチャラした感じがなかった」という。「この人はどういうつもりかしら。私たち、これだけ一緒にいて恋愛に発展しないなんて、おかしいわね。彼にはそういう関心がないみたい」と思ったそうだ。

ダニエルはティム・フレデリックあての手紙で、自分の無関心な態度をこう説明している。「彼女に伝えたんだ、男女関係に興味がないのは、何も品行方正だからじゃない、と。ただ、女性と関係を持ちたいという本能的な欲求がないだけで、だから、もっと高次の目的、つまり神学に気が向かわざるをえない」。彼は、女性に対して奥手で清らかな自分に、一種のプライドを持つようになっていた。友人が結婚すると聞いて、ティムにこんな冗談をとばしたこともある。「われら独身クラブへの裏切りだな。次は誰だい。ローマ教皇か？」」。だが、男性に惹かれる自分に心をかき乱されていても、この本当の問題を親友たちにうちあけることはできなかった。「今かかえている非常につらい問題を、きみに聞いてもらいたい」とティムに書き送り、次の手紙で説明すると約束しておきながら、果たしていない。

そして、ついに鍋が吹きこぼれるときがくる。平和部隊に入って二年目。山岳地帯の任務地の宴会で、村人にまじって酒を飲んでいた。ダンスフロアで一人の男に目をうばわれ、ダニエルは足元をすくわれるような感覚にとらわれる。二人は踊りながらじわじわと接近する。「気がつくと彼の背中に手を置いていた」とダニエル。「互いに惹かれあっているのを感じた。飲んでいたけれど、ぎりぎりのところで自分を押しとどめられるだけの正気は残っていた。自分はこういうことの許されない文化の人間なのだ、と心の中で言いきかせて」

ダニエルは一人でよろよろと帰宅する。もう、自分の感情を否定することはできない。それなのに、簡単にものにできる男の胸に飛びこみもせず、まぎれもないゲイの男として最初にとった行動は、机に向かって両親に手紙を書くことだった。

「ぼくはゲイです。同性愛者です。生まれたときからずっとそうで、変える方法はありません。使徒パウロを悩ませた体内のトゲと同じだと思います。ただ、パウロは神に三度祈ることで悩みから解放されましたが、私は取り去ってくださるよう何千回も神に祈りつづけているのです」

手紙を投函してしまうと、ダニエルの胸に安堵と喜びが押しよせた。コリーヌにもカミングアウトし、二人の友情は復活する。「今は自分がゲイでよかったと言える。もう隠さなくてよいのだ」とティムに書いた。「ついに自分のことを好きだと言えるようになった」

両親へのカミングアウトの手紙を投函したときの揚々とした意気は、返事が来ないまま数週間がたち、それが数か月になると、だんだんしぼんでくる。「勘当されたものと思った」。そこへ、キトの平和部隊本部から電報が届く。シキュウ、オヤニデンワセヨ。エルハトの電話サービスは頼りにならないため、ダニエルは荷づくりしてキト行きのバスに乗った。きっと誰かが死んだのだ。両親に電話をかける。

「手紙は着いた?」

「ああ」と父さん。沈黙。

ついに母さんが言う。「帰ってきてちょうだい」

あとで知ったところによると、両親あての手紙はエクアドルの郵便局で破損して数か月とめ置かれていた。ずたずたの紙きれがやっと配達されたときには、「ぼくはゲイです」の部分以外はほとんど解読不能であった。両親は平和部隊に、息子は精神を病んでいるので家に送りかえす必要がある、と報告する。動転した親からのその手の電話には慣れっこになっている上層部は、ダニエルが家に電話したことを確かめると、任地の村に戻る許可を与えた。

しかし、親から正気でないと宣告された彼には、それまで信じてきたもののすべて――家族、宗教、平和部隊――が無意味に思われてくる。このどこに神がいるというのか。生まれてはじめて、人がどうやって無神論者になるのかを理解した。さらに悪いことには、のちに臨床的抑うつとわかる状態にもおちいりかけていた。ダニエルが絶望のふちをさまよっているとき、めったにないできごとが彼に一線を越えさせることとなる。

ある日、何人かの友人と山へブルーベリーつみにでかける。スエロは、白い粉をふいた甘いブルーベリーのほか、よく似ているがつやつやして苦味のあるベリーもたらふく食べた。気づいた友だちに注意される。「それは食用じゃなかったと思うけど」

「え、何なの？」

「モリデロよ」。〝犬にかまれる〟と〝死〟がごろ合わせになった名前である。

その夜遅く、スエロはばったり会った別の友人グループから食事に誘われる。誘いに応じたとたん、頭が働かないことに気づいた。「だんだん筋道だてて考えられなくなっていく。スペイン語もまともに話せなくて。口をついて出るのは支離滅裂なことばかり」。急な頭痛に襲われ、病気らしいと言って一人で立ち去る。

「万物が生きているようだった」と彼は言う。「大地の息づかいが感じられた。すべてのものが痛がっている。私も泣きたくなった」。柱につながれた牛のそばを通りかかる。つないである短い縄の半径内しか歩けない。「縄にこすれた鼻から血がたれていた。ひどくまちがっている光景に見えて、もうちょっとで縄をといて逃がしてやるところだった。何もかもが恐ろしく見えた」

状況はさらに悪くなる。頭は今にもわれんばかり。本を見ても判読できず、しゃべろうとしても一言も出てこない。ダニエルにはわけがわからず、気が狂ってしまうのだとしか思えなかった。また別の友だちに会ったので、その日何を食べたか説明すると、「それで何人も死んでるはずよ！」と息をのむ。

あわててアパートに帰り、鍵をかけて閉じこもると、パニックと悲嘆のあいだを行きつ戻りつする。「すべてがぐるぐる回っていて、頭が爆発しそうだった。ジェットコースターに乗っているように感情が浮き沈みをくりかえす。気がつくと泣いていた。自分は死んでしまうんだ、と」

　朝がおとずれたとき、彼はまだ生きていた。二、三日たって、もう平気だと思ったスエロは、マリファナを吸う。平和部隊のボランティア仲間に教えられてから習慣になっていたのだ。すると、またしても悪夢に襲われた。今度はもっと激しく。「体は痙攣《けいれん》を起こし、胎児のように丸くなった……。この部屋で一人ぼっちで死ぬのか、と考えていた。エクアドルまで来て、家族のことを思いながら。なんて馬鹿げた死に方だろう」。マリファナの作用で一連の幻覚が誘発される。「十字の幻を見た。私は赤道上にいる。つまり地殻プレートどうしの合わせ目だよ。この十字の中心にいるんだ。十字架にはりつけにされたイエスの姿も見えた。私は『わが神、わが神、なぜ私をお見捨てになったのですか』〔キリストが死の直前に叫んだことば〕と言っていた」。そのとき彼は悟った。天地万物がひとつの存在であることを。と同時に、逆説的ながらも、私たち一人ひとりがとことん孤独であることを。

　この幻覚は、その後何年も彼につきまとうことになる。「自分が永遠の世界にいるようだった。何度も、何度も、何度も生まれ変わって、出口が見つからないのさ」。永遠に苦しみつづける感覚は、バッドトリップ時に珍しくない症状だが、スエロにはことさら恐ろしく感じられた。生まれてこのかた、ずっと天国があると信じてきた。ついに永遠なるものに触れたと思ったら、それは喜びでも赦《ゆる》しでもなく、悲嘆と苦痛だったのだ。天国ではなく地獄であった。

　夜が明けるまでには、透明なガラスケース《ベル・ジャー》の中に閉じこめられてしまう。しのび寄るうつ病はいまや深刻だった。食欲がなくなり、たえず胃のむかつきを覚える。きざしかけていた性欲もなえてしまった。ベッドから出る気にもなれない。救急処置の業務にも平和部隊の理念にも興味を失い、任期満了までの日数を指おり数えるようになる。

中毒事件以後の手紙は、情緒不安定な調子をおびている。「頭が破裂しそうだ」と書いたかと思えば、平和部隊《ピース・コープス》に引っかけて、「現実には、誰ひとりとして平和に生きられやしないのだ。死体《コープス》になるまでは」と皮肉ってもいる。「善人はいつもカモにされてばかり。それが人生というものです。この世のはじめからずっと」とこぼす。さらに、自分の精神状態をあやぶんで、前途を暗示するようなことも書いている。「精神の安定を犠牲にしたかもしれないけれど、ことばで表しようのない、永遠なるものを手に入れました」

一九九〇年にコロラドに戻ると、うつはさらにひどくなる。ゲイの存在が認められる文化に思いこがれていたにもかかわらず、デンバーのゲイ・シーンは精神性に欠けていた。バーで会う男たちはなよなよして物質主義的で、飲んでさわぐこととセックスにしか興味を示さない。学生時代に親交を結んだ、痛々しいほど求道的で思索的な男友だちとは、種類のちがう人間だった。

ダミアンに対するカミングアウトでは、非常にきまり悪い思いをした。帰郷してすぐ、二人でドライブにでかけたときに、ダニエルはゲイであることをうちあけた。ダミアンは沈黙し、しばらく考えてから聞く。

「それは、私に対してそういう感情を持ってるってこと?」

ダニエルはそわそわと目をそらしたが、ついに「ああ」と認める。

ダミアンにはさっぱり意味がわからない。ダニエルにはきょうだいのような愛情をいだいている。ほかの友人に対するのと同じだ。だが、そういう種類の感情は持ちあわせなかった。「それから数年は、ゲイの兆候を探しつづけたよ」と彼は語る。「どこかで自分もゲイだったらいいと思っていた。ダニエルのことがそれだけ好きだったから。でも残念ながら、私にはその素質がないとわかった。当時は女と見れば誰にでも欲情していたのでね」

友人たちの感じた困惑も、両親の反応にくらべれば無に等しい。帰国後はじめて実家に戻ったとき、母親はダニエルの手紙に関して何も言うことができなかった。父は息子をディナーに連れだす。二人きりでレストランに行ったことなど、それまでになかった。食事をしながらディック・シェラバーガーは、クリスチャンのつとめとして子どもたちをいかに無条件に愛してきたかを、こと細かに話して聞かせる。

「たとえ、おまえがどこかで誰かを殺《あや》めたとしても、おれの愛は変わらんよ」とディック。「だけど今回、神はカーブボールを投げたもうた。なぜかって、おれが殺人より悪いと思ってる罪がひとつあったからよ。それが同性愛だ。だから、これはとてつもない試練だ。おれの育った文化を、おれたちの世代を、お前にも理解してもらわにゃならん。たたきのめしに行く対象だったんだ、ゲイってのは」

そのとき、ダニエルは生まれてはじめて、大男のカウボーイである父親が泣きくずれる姿を見た。ディック・シェラバーガーは、自分自身が何らかの逸脱をおかしたために息子がゲイになったと信じこんでいた。こいつをもっとフットボール観戦に連れて行くべきだったのかもしれない。

母さんがもう少し長く母乳をやっていればよかったのかも。いつの間にかダニエルは、奇妙な役回りを引きうけるはめになる。テーブル越しに身をのりだして、きっと何もかもうまくいきますよ、となぐさめていたのだ。

両親の拒否反応も、彼の世界が崩壊しつつあることを示す兆候のひとつにすぎなかった。社会正義を信じる気持ちをまだ捨てきれず、スエロはデンバーのホームレス向けシェルターでカウンセラーとして働きはじめる。この仕事にはのっけからケチがついた。名目上はキリスト教団体が運営する施設だったが、入居者に対して伝道をおこなうでもなく、施設長には入居者を見くだす傾向があった。彼女は相手のプライドなどおかまいなしに、不潔な貧乏人だの、馬鹿でベッドをととのえることもできないだのと、人前で叱りとばすのだ。スエロは同僚と相談し、こうした言動について次回のスタッフ会議で意見することにする。

「施設長の利用者に対する仕打ちは虐待だと思います」ダニエルはせっかちに切りだした。「これではキリスト教の名折れです——もしクリスチャンの自覚をお持ちならば」。事態が改善されなければ次の手段に出るつもりだ、とも警告する。ところが、テーブルを見まわして同意を求めても、同僚たちはうつむいてノートを見ている。施設長は何も言わずににらみつけるだけ。誰も彼女と目を合わせようとせず、ましてや声をあげる者などいない。

施設長がスエロの苦情を聞きいれることはなく、ただ黙って、彼の勤務シフトを減らしはじめた。虐待は続いた。シェルターが散らかっていると判断すれば大声でわめきだし、次第に怒りをつのらせて、室内の衣類やら新聞紙やらを投げつける。入居者も職員も視線を床に落としている。

『オリバー・ツイスト』の一シーンそのままであった。

昼食のあと、一人の入居者が施設長にミルクをもう一本もらえないかとたずねた。スタッフなら知っているとおり、鍵のかかった厨房には寄付された牛乳が何十本も保管されており、刻々と消費期限が近づいている。それなのに施設長は、相手に食ってかかった。「これはね」と声をふるわせる。「赤ん坊のためのミルクなんだよ！　お前みたいな自分勝手なやつに許したら、全部飲んじまうだろうが。答えはノーだ！　そんなことを頼むだけでも恥だと思うがいい」

その日、ダニエルは夜勤の当番だった。施設長から、ダイニングホールのドアに鍵をかけるよう言いつかる。入居者が仕事を終えるまで出られないようにするためだ。ダニエルはこの業務命令について考えた。囚人のように扱うなんて、ホームレスの人たちへの侮辱だ。そのうえ、倫理にもとる命令でもある。火事でも起きたらどうするのか。言いつけを無視して鍵をあけたままにしたダニエルは、その夜ひと晩かけて、怒りに満ちた辞表をしたためる。ドアの施錠に関して意見を述べ、「もうあなたの指示には従えない」と宣言した。

書きおえて、この手紙をどうしたらよいかと思案する。施設長一人でなく、多くの人に読んでもらわねばならない。施設長だけでは、まちがいなくやぶり捨てられて終わりだ。決然たる道義心にかられ、手紙をコピーすると、シェルターのいたるところに貼ってまわった。シェルターの九十五か条の論題にならったのである。ホームレスにとってみれば、わが意を得たり。ある入居者はこの声明文に五十人の署名を集め、またある者はデンバーじゅうの新聞社に手紙を送りつけた。

地獄の猟犬が放たれた。シェルターの運営母体による調査が入り、施設長がミルクの闇取引にかかわっていた事実が明るみに出る。余剰分を競売にかけ、その金を着服していたのだ。彼女はクビになり、ほんのしばし、ダニエルは英雄だった。

しかし、善行が報われるとはかぎらない。調査がきっかけで、シェルターの古い建物が放射能に汚染されていたことが判明する。完全に取りこわす以外に方法がなかった。せっかく力を得たと思われた何十人もの入居者たちは路上に放りだされ、スエロを含む十数名のソーシャルワーカーも解雇。「よけいなことをしてくれたよ」。同僚たちは、私物の写真やホチキスをダンボール箱に入れながら舌打ちするのだった。

次にスエロが就職したのは、旅の途中で助けを必要としている人のための「トラベラーズ・エイド」という慈善団体である。ここも似たりよったりだった。ある日、いつものように、落ちぶれはてた浮浪者が足を引きずって入ってきて、フェニックス行きの長距離バスの切符がほしいと言う。

「あすこなら建設現場の仕事があるんだ」と男。

「では、お手伝いしましょう」スエロはそう言って、調査票全四ページがはさまれたクリップボードを手にとる。「まず何点かおたずねします」

ダニエルは男の個人情報を書きとめていく。ジェリー・バンクスは四十九歳、二度の離婚歴あり。ベトナム帰還兵。臨時雇用の職や肉体労働を経験。飲酒運転で服役、二年前に出所して以来失業中。免許を剥奪《はくだつ》されたため、現場まで運転して行けなくなり、建設の仕事につくことが難しい。復員軍人庁からの恩給が出たときは安モーテルに宿泊するが、おおむねホームレス用シェルターか高架下で夜を明かす。

「フェニックスではどこに滞在する予定ですか」

「家を片づけておくよう女中に言ってある」

ダニエルはクリップボードから顔を上げる。

「住所はお持ちですか」

「フェニックスに家があったら」バンクスは顔を近づけてきて言う「ここへグレイハウンドバスの切符をもらいに来ちゃいないと思うがな」

「そうですね、どうも失礼。でも手続き上、滞在先の住所を書く必要があって。あちらに家族のどなたかは？」

「姉がテンピにいる」

「それはいい。お名前は？」

バンクスの告げた名前を、ダニエルが用紙に記入する。

「住所は？」

「ここ十一年会ってないんだ」

「わかりました。いいでしょう。こちらでなんとかします」。ダニエルは住所の欄に「アリゾナ州、フェニックス、メインストリート三〇二番地」と書きいれる。電話番号は、自分の家の番号にアリゾナの市外局番をつけておいた。

「次へ行きましょう。フェニックスでの仕事は確保できていますか」

「まずあっちへ行かないことには始まらん」

「そうですか。ただ、ここに何かしら書かないと」

「石膏《せっこう》ボードの取りつけってのは、ハイヤーが迎えにくるような仕事じゃないんでね」

「社名をあげてもらえませんか。どんな名前でもいいんです」

バンクスは彼の顔を見る。それから、ポケットの財布を引っぱりだすと、中にしまってあった一枚の紙きれを目から遠ざけて読もうとする。

「ソマリア人は一日平均一二セントで暮らしてるって知ってたかい」とジェリー・バンクス。

「何ですって？」

「一日一二セントだとよ。ときどき図書館でこういう豆知識を見つけると、メモせずにいられないんだ。驚いちまうよな」。財布を開いてダニエルに中身を見せる。かびくさい革の中に、うす汚れた紙きれが何十枚とひしめき合っていた。男は名刺をさっと取りだす。「これが石膏ボードの会社をやってる男の名前だ。身元引受人から番号を聞いて電話したとき、いつでも仕事はあるから、町へ着いたらまたかけてくれと言われた」

ダニエルは名前と電話番号を書きとめる。雇用主と話して、本人を雇う意思があることを確認しなければならない。トラベラーズ・エイドではそのようにして、おもしろ半分の無銭旅行をくわだてる輩《やから》をふるい落としているのだ。

「ただちに電話を入れます。これで手続きがすみますから」とダニエル。「待合室でおかけになっていてください」

依頼人はうめきながらイスから立ちあがり、足を引きずって部屋から出て行く。ダニエルが先ほどの番号にかけると、ぶっきらぼうな声の応答があった。

「マニー・ベラスケスさんをお願いします」

「おれだ」

「こちらは、コロラド州デンバーにあるトラベラーズ・エイドのダニエル・シェラバーガーと申します。クライアントのジェラルド・バンクスさんに対する雇用のお約束についておたずねしたいのですが」

「誰だって?」

「ダニエル・シェラバーガーです。S、H、E、L、L――」

「あんた仕事がほしいのか」

「クライアントのジェラルド・バンクスさんの代理でお電話しました。そちらで働く予定だとおっしゃっているのですが」

「そういう電話は多くてね」

「ジェリー・バンクスの名前に覚えは?」

「聞いたことあるな。どういう意味だい、あんたのクライアントって」

「私はトラベラーズ・エイドのデンバー事務所の職員なんです」

「で、そいつは何者だ? 浮浪者か」

「ええと、そうではなくて――」スエロは口ごもる。「福祉制度からとりこぼされて社会的流動性が限定された層の――」

「ハンクのやつに、おれの電話番号をたかり屋に教えるのはやめろと言ったんだが」

受付用紙に押しつけていた鉛筆の芯がおれる。「ジェラルド・バンクスさんについて今年九月の雇用を確約いただけませんか」

「その手の人間は雇わないんだ」とマニー・ベラスケス。「雇ってみたことはあるが、うまくいったためしがないのさ。聖ヴァンサン・ド・ポール会［貧者救済の慈善組織］には毎月寄付している。あいつらに敵意を持っているわけじゃない。ただ、うちで働いてほしくないだけだ。ああ、別の電話が鳴ってるから切るぜ」

ブツッ。ダニエルは受話器を置いた。汗にぬれたシャツが背中に貼りつく。水を飲もうとコップに手をのばすが、空っぽだった。クリップボードの用紙に目を落とす。これまでにも、電話番号や住所などのささいな項目をでっちあげて、支払いの手続きにまわしたことはあった。だけど今日は、書類全部を偽造するしかない。監査があればクビになるところだ。しかし、こんな事務手続きはどれもこれもナンセンスではなかろうか。ジェリー・バンクスに仕事と家があれば、トラベラーズ・エイドの助けなど必要としていないはずだ。官僚式の煩雑な手続きの一切は、自分たちの保身のため、見ばえのよい経費報告書を書くために存在するのであって、困っている人を本当に助けるためではない。そのすべてがいやだった。自分が偽善者のように感じられる。人に親切にするために給料をもらい、一日八時間この部屋ですごしたあげく、気がつくとホームレスたちを憎んでいた。足どり重くアパートに向かう路上で姿を見かけると、あっちへ行け、道をあけろと言いたくなる。この仕事は、美化された売春のごときものだ。人の役にたつために金をもらう。心の底からの親切ではない。金のためにやっているだけ。そして今、一人の人間を本当に助けようとすれば、うそをつき、文書を偽造し、解雇の危険をおかさねばならないのだった。今のところやったと言えるのは、ジェリー・バンクスの就職の機会をだいなしにしたことだけだが。

書類をクリップボードからむしり取り、くしゃくしゃに丸めると、紙くず入れに投げすてた。それから、自分の財布を取りだして中身を数える。二〇ドル札二枚と一ドル札三枚。バンクス氏をもう一度呼びいれて言う。

「いいニュースですよ、ジェリー。承認がおりて、あとは出発するばかりです。四三ドルお渡しします。アリゾナまでの交通費には十分でしょう」

ジェリーの目がぱっとかがやき、にっこりしてお金を受けとる。「どっかにサインか何かする必要はあるかな」

「手続きは万事すんでいます。道中お気をつけて」

職業として人助けをしようとすること自体に無理があるというスエロの思いは、ますますふくらんでゆく。この非人間的なシステムの中で小銭など数えていないで、隣人を直接助けることはできないものか。

平和部隊から戻って一年以上たつが、この間、よかれと思ってした努力はすべて裏目に出た。一九九一年には、友人たちに説得されてカウンセリングを受けてみる。しかし、このセラピストは若すぎて経験が浅かった。知的プライドを傷つけられそうになったスエロは、逆にどこも悪くないと相手を納得させてしまう。セラピストからは精神上いたって健康とのおすみつきをもらった。ある晩、ルームメイトに誘われて聖書研究会に行く。その日の題材は、よきサマリヤ人のたとえ話だった。ところが、同席者たちがモルモン教徒の悪口を言いはじめる――モルモン教は福音主義者に毛嫌いされている――と、スエロはこのときとばかり、人びとの頑迷さをあてこすりにかかる。ルカによる福音書のページをさっと開くと、猛烈な勢いで読みあげたのだ。古くなった表現を現代ふうに変えながら。

「たまたま、福音主義者がひとり、その道を下って来たが、彼を見ると、反対側を通り過ぎて行った。同じように原理主義者も、その場所に来て彼を見ると、反対側を通り過ぎて行った。ところが、あるモルモン教徒が、旅の途中、そこに来合わせ、彼を見てかわいそうに思った」［本来の聖句では、傍点部分がそれぞれ「祭司」「レビ人」「サマリヤ人」］

何もかもが悪循環におちいっていた。夜は一、二時間しか眠れず、死んだようにマットレスに横たわったまま、みずからの不幸をかたっぱしから数えあげていた。五月のある晩、だしぬけに起きあがるとカレンダーにかけよる。鉛筆を手にして、日付にカリカリとしるしをつけていく。計算すると、丸三か月のあいだに幸せだったのはきっかり五分間。毒ベリーによってもたらされた永遠の苦しみには終わりがなかった。

そのとき突然、解決策が頭にひらめく。子ども時代、父さんが家族をフォルクスワーゲン・ビートルに乗せて、くずれそうなけわしい坂道をのぼってエバンス山に連れて行ってくれた。頂上まで車で行ける四千メートル級の山は、コロラドでもエバンス山だけだ。ダニエルの記憶にある山道は、深さ千メートルを超える谷間に面したヘアピンカーブの連続である。この苦しみを終わらせる方法があった。

朝の三時、スエロは服を着てセダンに乗りこんだ。街道をロッキー山脈に向かって走らせる。父さんが馬を調教し、母さんに求婚した、昔も今も変わらない山なみの地。エバンス山へと続く道に折れると、霧の中をクネクネとのぼっていく。季節は春。山腹に残るうす汚れた雪のかたまりがとけて、アスファルトをぬらしていた。行き先はわかっている。ありありと思いうかべることができる。

路幅がせばまり、次第にけわしくなっていく。黒々とした夜闇が灰色に変わるにつれて、はるか眼下に氷のはった湖が見えてくる。あまりに遠くて水たまりのようだ。道にほかの車の影はなし。こんな時間にエバンス山にドライブに来るとしたら、よっぽどイカレたやつだよ。そうひとりごちてから、思わず吹きだしてしまう。車を断崖絶壁のほうへ寄せてのぞきこんでみた。一歩踏みはずせば巨礫《きょれき》だらけの急斜面、雪の下から野草が頭をもたげている。そしてその先は、百メートル以上も下の湖に向かってまっさかさまだ。

その場所を覚えておく。路肩が奈落の底に向けてくずれており、鉄の支柱がほどこされている。彼は待避スペースまで行ってからUターンし、最後の道行きの準備をととのえた。心臓が喉元まではね上がる。

深淵へと方角を定めたそのとき、霧の中から何かが姿をあらわした。動物が一頭、二頭、三頭、もっといる。また幻覚を見ているのだろうか。いや、ちがう。シロイワヤギの群れだ。コブのあるひざに、白い毛、先のとがったツノ。断崖の向こう側の斜面を降りてきたヤギたちが、今度は道路に上がってこようとしている。一頭が車に近づいてきた。ダニエルは窓ガラスを開ける。人間と獣は互いの目をのぞきこむ。ヤギの黒くうるんであわれみをたたえた目は、油をそそいだ二枚の皿だ。ダニエルは妙になぐさめられた心地がする。今からやろうとしていることに許可を与えられたような——。

彼は勢いよくアクセルを踏んだ。崖に向かって車が急発進する。ダニエルは思う。私に対して神の何らかのご意志があるならば、それに逆らうことなどできない、と。

ゴロゴロした岩に車体がこすれる音を聞きながら、斜面を落下していく。そして暗闇の世界へ。

第二部

6　新天地へ

私を世俗的な意味での人間だとは思わないでほしい。

――チベット仏教の聖人ミラレパ

一九九一年五月三十日、自殺を決意したダニエル・シェラバーガーは、コロラドの断崖絶壁を車で飛びおりた。悩み多き人生の一事件として見ただけでも、劇的な瞬間である。だが、その後の文脈の中でこの墜落さわぎをとらえると、ほとんど超自然的とも言える重要性をおびはじめる。スエロの人生が、相関性のない偶発的なエピソードのつらなりではなく、筋書きにしたがって場面展開する寓話のように思われてくるのだ。そこでのできごとに、みな意味があるかのごとくに。

このたぐいの、英雄のたどる旅路や竜との最終対決が運命で定められている物語は、神話と呼ばれる。貨幣制度から脱却しようとするスエロの冒険は、政治学、経済学、心理学といった近代的尺度からすれば、まったく意味をなさない。現実世界の人間は〝このようなふるまいをしない〟ものだ。長年にわたって砂漠をさまよい、一切の世俗的所有を離れ、洞窟を家とし、何度も死にそうな目にあいながら生還する。そんな人物を扱う領域は、神話学である。

「英雄は、日常世界から危険をおかして、超自然的な驚異に満ちた領域にでかけて行く」と指摘したのはジョーゼフ・キャンベル。彼が一九四九年に発表した宗教と神話に関する著作『千の顔をもつ英雄』は、ルーク・スカイウォーカー〔映画『スター・ウォーズ』の登場人物〕の冒険談をはじめ、多くの作品に影響を与えた。「そこで途方もない力と遭遇し、決定的勝利をおさめる。英雄は、仲間に恩恵をさずける力を身につけて、この不思議な冒険から帰還する」

キャンベルは、英雄の冒険を〝旅立ち〟〝通過儀礼〟〝帰還〟の三段階にわけて論じ、「(英雄の)幻視《ビジョン》、発想《アイデア》、霊感《インスピレーション》は、人間の生と思考の汚れなき源泉から生まれる。(中略)崩壊しつつある現代の社会や精神からではなく、社会の再生を媒介する、枯れることのない泉から」と提起する。

スエロは長年、普通の世界でもがき苦しんだ。子ども時代、イエスを信仰すれば将来は天国で永遠に生きられると信じていたが、成人後まもなく神への信仰を失い、永遠なるものに疑いをいだく。イエス、洗礼者ヨハネ、預言者ダニエルら、偉大な英雄のすばらしさを説いても、判で押したような答えしか返ってこない社会で、若き彼は苦悩する。「今は時代がちがうのだから」。しかしスエロは、この説明に納得しなかった。もっと源泉の近くから流れ出る生を求めていた。

そしてある日、冒険への呼び出しを受ける。何も知らずに森でベリー狩りをしていて、有毒の実モリデロを食べてしまう。キャンベルによると、「まったくの偶然のように見える過失によって、思いもよらない世界が開け、正体不明の力とかかわりあうはめにおちいる」

〝死にかみつかれる〟魔法のベリーで中毒を起こしたスエロは、生まれてはじめて、永遠なるものをありありと見た。恐るべきことにそれは、天使が竪琴をかき鳴らす場所ではなかった。キリストが十字架にはりつけにされ、苦しみが無限に続く場所だったのだ。地獄である。聖書研究や慈善行為も、天国へ導いてはくれない。

偶然の中毒事故に対して、少々深読みがすぎるだろうか。ダニエルが地獄ではなく妖精や一角獣を見た可能性だって、十分あったのではなかろうか。しかしキャンベルによれば、過失というのは無作為に起きるのではない。「抑圧された願望や葛藤の結果」なのである。「過失とは、思いもよらない泉から生じて、日常生活の表面にあらわれ出た波紋だ」。地獄のビジョンは、すでに彼自身の中に存在していた。それを彼に見せるために、モリデロの実はつるの上に姿をあらわしたのだ。

こうして探求の旅への召命を受けたスエロは、拒否反応を示す。イスラエルの民を解放するつとめを宣告されたときに「ああ、主よ、どうぞ、だれかほかの人を見つけてお遣わしください」(出エジプト記第四章一三節)と叫んだモーセのように。召命を辞退するためにスエロが訴えた手段は、車ごと崖から飛びおりることだった。

キャンベルが「超自然的な援助」と呼ぶものを彼がはじめて経験するのは、そのときである。車は深淵めがけて飛翔したが、谷底にはついぞ到達しなかった。まるで天使の群れに持ちあげられたかのごとく、気がつくと生きたまま道のわきにいたのだった。ヘリコプターで搬送されたデンバーの病院で、無傷も同然と診断される。彼は冒険への召命を拒否できなかった。運命がそうさせてくれない。彼は神をのろった。好むと好まざるとにかかわらず永遠に続く生に耐えなくてはならないとは、父よ、無慈悲な仕打ちです。彼の冒険の目的が、このあたりから明らかになってくる。すなわち、この人生を地獄から天国に変えることだ。

ときは一九九一年。景気は落ちこみ、われらが英雄たる三十一歳のソーシャルワーカーは、自殺衝動をともなううつ病をわずらい、窮地に追いこまれていた。それから一年が過ぎる。彼の目にうつる世界は、どこもかしこも醜かった。この世界の物質主義や、やっかいごとや、うそっぱちから逃げだしたい。どこか近代主義に毒されていない新天地で、新しく出なおしたい。大自然を前に、人間の愚行などちっぽけに見えてくるような場所で。今の時代も大昔の英雄たちのころと何ら変わりないのだ、と心から思える場所で。

過去の多くの求道者と同様、彼も、特に地図上の一点を選んだりはしなかった。逆に、その地が彼を選んだのだ。先にユタ州に移住していた友人ダミアン・ナッシュから、かつてウランで栄えたほこりっぽい入植地に来ないかと誘われる。この金色にかがやく絶壁にかこまれたオアシスの町には、たまたま、聖書に登場するヨルダン川ぞいの地にちなんだ名前がつけられていた。モーセが民をひきいて約束の地へ向かう途中で渡ったヨルダン川。洗礼者ヨハネがイエスの魂を洗いきよめたのも、同じ川である。

一九九三年の年頭、スエロは友人たちに書き送る。

ダニエル・シェラバーガーは、生まれ育った〝文明〟をボイコットし、太古のアナサジ［古代プエブロ人］の砂漠に引っこんで、ビジョンを追いもとめる鍛錬の日々を送ることにしました。

そして小さい文字でつけ加えた。

あるいは、陽光の中の娯楽と放蕩の日々を。

こうしてダニエルは、砂漠を越え、急流を渡ってモアブへ行き、そこで人生の旅を始めた。

7 仕事

あなたの職務は行為そのものにある。決してその結果にはない。行為の結果を動機としてはいけない。

――『バガヴァッド・ギーター』（上村勝彦訳、岩波文庫）

正直に告白すると、私は社会保障の年次計算書が送られてくるのをいつも楽しみにしている。毎年それが届くたび、封を切る手ももどかしく、今日の日まで自分が働いてきた成果を確認してしまう。過去の年収の一覧。それから、万が一、今年死亡した場合に、遺族に支給される年金の額。これらの数字は、ある意味で私の人生を物語っている。おおむね明るいストーリーだ。課税所得は増えつづけている。十六歳になった年にたった六〇ドルだったのが、皿洗いをしていた勤労学生時代には三桁にはね上がり、季節労働の河川ガイドと不安定雇用の流れ者だった約十年間は一万ドルあたりをうろついていた。ここ二、三年は執筆と教職で収入を得られるようになり、ようやく貧困線を突破して、見苦しからぬ人びとの仲間入りを果たしたところである。

ダニエル・スエロも、親の家に配達される社会保障計算書を毎年受けとっている。一度見せてもらったが、二〇〇一年から二〇一〇年までみごとに並んだゼロの行列に、背すじがぞくっとした。無を数字で表現されると、ダニエルの存在が非常にもろく感じられる。ほんのわずかな風にも吹きとばされて、世の中から忘れ去られてしまうのではないか、と。けれども次の瞬間、なんだか無性にうれしくなる。国税局の定めた仕事の定義――お金と引きかえにする労役――にしたがえば、これらの数字はスエロの自由を物語っていた。彼は自分自身を解放したのだ。

ただし、社会保障計算書から読みとれるのは、私たちの労働の一面にすぎない。こんな仕事なんか辞めちまいたいとこぼすアメリカ人は多いが、仕事は、ほかでは得がたい、金銭を超えた報いを与えてもくれる。達成感、チームの一体感、人から認められ評価されることで得られる自尊心といった報酬を。また、仕事を厳密に金銭的な意味でのみ定義することに疑問を感じる人も多い。子育て、ボランティア、詩作など、対価の支払われない多くの活動を除外することになるからである。

アメリカ的な仕事の概念を全否定する人もいる。「会社や工場で真面目に働くなんて、はならしたくもない」と書いたのは、スー族のメディスンマン［呪医］、レイム・ディアー。「それではあまりにも自分がかわいそうに思えた。別にそうやって反抗していたわけではないのだ。そんなにも非生命的な仕事は、たとえ白人であれ、人間のやるようなものではないと、こっちは芯からそう思い込んでいたんだ。人間ならもっとましなことがやれるのではないかと。そこでわしは頭を捻り、必要なものをできるだけすくなくし、よけいなものをなるべく欲しがらないようにするための訓練を自分に施した。そうすれば、こちらがその気になれるとき以外は、なるべく働かないですむ。ありがたいことに、おかげでじっくりと考える時間も持て、勉強もできた。話にも耳を傾けられたし、腰をすえて女の子をものにしてやろうという勇気だって、たっぷりと奮い起こさせてもらえた」(『レイム・ディアー――ヴィジョンを求める者』北山耕平訳、河出書房新社、一一六頁)

それからソローのような人もいる。「何年ものあいだ、ぼくは自分で決めて吹雪や嵐の予報官になり、忠実にその務めを果していた」(『新訳 森の生活』真崎義博訳、JICC出版局、一四頁)。彼自身やその少なからぬ賛同者にとって、仕事とは人生に意味を与えてくれる作業であり、お金になるかどうかは関係ない。

有給での雇用には抵抗を覚えるスエロも、有意義な天職という報酬は欲しており、実際、さまざまな方法でそれを見いだしている。ソローやレイム・ディアーが喜びそうな種類の仕事をすることもある。「ザトウムシが洞穴から太陽のもとに這いでていくのを見て、ついて行ってみることにした」と二月のすがすがしい朝につづっている。何も所有せず、食べ物すら持たない虫が、どこへ行くともなくさまよう様子に、スエロは魅了された。「四時間は追いかけていたと思う」天職について語るときの彼は、ずいぶんと抽象的になる。

私の雇い主は全宇宙だ。どこへ行こうと宇宙の中だから、つねに安心していられる。生命はこのようにして悠久のときを栄えてきた。金銭を手ばなす前は、こんな安心感を知らなかった。富とは、安心を手にするためのよりどころである。わが富は決して消えてなくなることがない。ビル・ゲイツ［マイクロソフト社の共同創業者、元会長］が私よりも不安のない生活を送っているると思うかい？

しかし実際のところ、もっと普通の意味での仕事もしょっちゅうしている。ただ、お金を受けとらないだけだ。

二〇〇九年に新聞で紹介されたせいで、スエロはたかり屋《フリーローダー》だという非難の声があがったことがある。これに対してダミアン・ナッシュは、友が訪問する先々でどのように〝役にたっている〟かを列挙してみせた。新鮮なスイカのほか、スエロの貢献には、ペットの世話、植木の剪定《せんてい》、自動車修理、スピリチュアルカウンセリングなどがあげられる。「人間的価値の会計士にたのんで、これらのすべてに値札をつけてもらおう」とナッシュ。「私の試算では、彼は受けとった価値を少なくとも倍にして返している」

等式から金銭を除外してやると、スエロの時間の使い方が、冒険だとか創造的表現などではなく、自分にとって価値があると思うプロジェクトのための無償の労働に見えてくるかもしれない。オレゴン州沿岸部のツガの木のてっぺんですごした三か月は、この木を伐採から守るための活動。「モアブ・ユース・ガーデン・プロジェクト」のために壁画を制作したのは奉仕行為。女性と子どものためのシェルターでボランティアをするとき、実際の仕事内容は、以前給料をもらってやっていたのと同じである。

そのほか、一般に〝本格的な仕事〟と言われるような業務にも従事した。モアブの友人がベーリング海にサケ漁船を持っていて、毎年春になると夏の漁期にそなえて乗組員を募集する。「小さいときからアリューシャン列島には行ってみたかった」とスエロは書く。「二の足をふんでいたのは、カネなしの冒険をそこないたくなかったためだ」。二〇〇七年の夏、スエロは条件つきで乗りこむことに同意した。条件とは、給料をもらわないことである。レイバーン・プライド船長がスエロの往復航空券代を支払い、出発とあいなった。三名の乗組員は、非常に危険な労働環境で知られるアラスカのトロール船で、昼も夜もぶっとおしで働く。休みの日、同僚たちは酒場にくり出したが、スエロは森に泊まってクマやキツネを探し歩いた。

ハイイログマとキャンプなんぞしている白髪あたまの変わり者は、給料をとらずに働いているそうだ。うわさがポート・モラー［アラスカ半島のサケ漁拠点の町］じゅうに広まると、波止場には憤りに近い感情が巻きおこる。サケ漁で生計をたて、この仕事に誇りをいだく若い衆は、彼を〝自由な鳥《フリー・バード》〟と呼んだ。

このときの経験は、しばらく定職から遠ざかっていた彼にとって、驚きの連続であった。「一番つらかったのは、まったく自由のない生活。過去七年間、有給の職も上司も持たずにきたあとでは、なおさらこたえた」と書きしるしている。「一日二四時間、週七日間、生活の一切が船長の管理下におかれる。船とはそうやって動くものなのだ。最初の数週間は本当につらくて、不器用だった子ども時代や思春期に戻ったようだった」

船が予定より数週間早く割り当て量をとり終えてしまったので、仲間たちは飛行機でまっすぐ故郷に帰ることにする。だがスエロは、ヒッチハイクで周辺を見てまわりたかった。レイ船長は旅費として五〇〇ドル持っていけと言いはる（ちなみに仲間の乗組員は今季一万ドルかせいでいた）。スエロが断っても、レイは押しつけてくる。そこでスエロは思案のすえ、今年の役目がすんだ船に鍵をかけて下りる直前に、その金を船内に隠した。アンカレッジまで飛んだ一行が空港で別れるときになって、スエロは自分がしたことをうちあける。やや機嫌をそこねた船長が、今度は二〇〇ドルをスエロのポケットにねじこむ。スエロは男たちを搭乗口まで見送り、抱きあって別れの挨拶を交わした。それから外に出ると、先ほどの二〇〇ドルをバス待合所に置きざりにし、列車の線路にそって歩きだす。その後の数週間は、野生の豆、ベリー、タンポポの葉、キノコ、それに川で手づかみでとったサケを食べて暮らしたのだった。

しかしながら、そうした多岐にわたるボランティア労働に気をとられていると、スエロの真の天職を見誤りかねない。言うなれば、フリーランスの哲学者といったところか。友人と、知らない人と、何日でも語りあってすごす。政治や経済について、愛について、神について。彼は人の話を実に辛抱づよく聞くので、ほかに聞いてくれる相手のいない人にとっては絶好のカモである。〝陰一緒に「フリーミール」へ食事に行くたびに、彼のひたいをチェックせずにはいられなかった。〝陰謀論を聞かせて〟という誘い文句でも書いてあるのかと思って。

ときたま、スエロの存在を知った夢追い人が教えを乞いにモアブへやって来れば、数日をともにして、食べ物をわけ与え、おすすめのゴミ箱や洞穴へのツアーガイドをつとめる。ニューオーリンズからバスで来た女性は、それまで屋外で寝たことも雪を見たこともなく、長距離を歩くのをいやがり、自転車を怖がった。もっと見込みのありそうな生徒ロイ・ラミレスは二十四歳のプロのポーカープレーヤーで、東ロサンジェルス出身。一族の彼以外の男たちは、ほとんどが非合法ドラッグの売買に手をそめ、それにつきものの投獄を経験している。短期の兵役をつとめ、元ガールフレンドの監禁騒動を起こしたあと、ロイは物質よりも精神を重んじる生き方を求めるようになる。ある日、グーグルの検索画面に「お金を使わずに生きる」と入力したところ、スエロのサイトにたどり着いた。

バックパックといくばくかのアウトドア用衣料を買いこんだロイは、両親にモアブまで送ってもらうと、ここで一年間お金を使わずに生活すると誓う。峡谷の静寂は肌に合わなかったので、スエロのすすめにしたがい、人の住まなくなった家に無断居住《スクウオット》することにした。こざっぱりとした短髪、ハンサムで魅力的、はきはきした物言い。アメリカンドリームの体現者としてポスターに使えそうな青年である。ロイは公園のフリーミールの常連となるが、袖なしシャツを着て芝生に片ひざをついた姿は、アメフトのラインバッカーだった高校時代をほうふつとさせた。無銭旅行にもでかける。ヒッチハイクでニューヨークとワシントンに行き、長距離トラックの休憩所で眠り、ゴミ箱から食料をあさり、その写真を自慢げにブログに載せた。彼への個人指導は、やや矯正治療的な側面もあったにせよ、いたって真剣におこなわれたのだった。

ロイ：「聖書のどこにも、ノアが方舟に恐竜をのせたとは書いてませんね」
ダニエル：「あっ、そうか！　言うまでもなく私は、字義どおりには受けとらないようにしているよ」

話しているとき以外のスエロは、物を書いている。二十代のころの目標は、「どこかに身を落ちつけて（そんなことが私に可能ならば）、執筆に専念する」こと。「それが天職だと思う」。まわり道のすえ、それは実現した。大人になってからのことはずっと、プルースト並みにくわしい記録をつけている。最初の十五年間は、家族や友人への手書きの――何千ページもの――書簡で。その後の十五年は一斉同報メールとブログで。過去に何冊か本の執筆に着手したこともあったが、出版する努力もしないうちに原稿を燃やしてしまった。彼の文章には、まったくすばらしいものがある。スミソニアン博物館のどこかに「アメリカ事情――窮乏の時代、詩歌」というコレクションがあったら、この手紙を収蔵するよう推薦したい。

鉄道線路のほうへ歩いていくと、何日か前にも会った六十過ぎくらいの歯のない浮浪者がいた。ビールをちびちびやりながら、高架下で野宿の用意をしている。「この前、あんたに話しかけられたんでびっくりしたよ。おれに話しかける人なんてめったにいないから」と男が言う。警官から受けた仕打ちについてこぼす私に、聖書は持っているかと聞いてくる。「ええ、ゴミ箱から拾ったのを」と私。「聖書はいい」と男。「孤独を忘れさせてくれる」。ここを通る列車に飛び乗れば、ベイカーズフィールド［カリフォルニア州南部の街］まで行けると教えてもらった。

最近のスエロは、モアブの図書館に入りびたっている。ここでブログやウェブサイトを更新し、世界中から何百通と届く電子メールに返事を書く。何年ものあいだ、自分の旅や考えについてグループメールで報告していたが、その後、ブログに投稿するやり方に変えた。彼のウェブサイトは、みずからの哲学を概説する常設の資料室である。レイム・ディアー、エイブラハム・リンカーン、使徒パウロらの名言集に、詳細をきわめたよくある質問《FAQ》（「着る物にも食べる物にも困っていないようだけれど、親の金で生活しているのでは？」など）。スエロ自身の書きためたエッセイには、「七つの頭を持つ竜——世界の商業」「東洋宗教とキリスト教の矛盾点——非二元論には二元論が含まれるか」などの意味深長な題がついている。公共図書館や、Gmail、Blogger、Googleサイトなどの無料ネットサービスのおかげで、スエロは一セントも払わずに自分の小出版社を立ちあげてしまった。

マイナーな雑誌に何篇か文章を発表した経験もあるが、もちろん原稿料は受けとっていない。とはいえ、この業界で原稿料が出ないのは珍しくもない話だ。おまけに、作家の肩書きを持っていても実際にはたいして読まれていない人はいくらでもいるのに、スエロには相当数の読者がついている。月に数千人が彼の文章を読み、ブログ記事にはたいてい二十件前後のコメントが寄せられる。綿密な調査と推敲をかさねた記事を全国版の雑誌に提供してお金をもらっていながら、とどこおりなく販売店に並んだらそれでおしまい。そんな私としては、たとえ批判的な読み手であろうと、熱心な読者層のいるスエロがうらやましい。

討論を恐れないスエロは、チャットルームや自分のブログのコメント欄を回遊しては、質問に答えたり、説明したり、ただ単に言いかえしたりしている。あるとき「MatadorChange」というサイトで、〝スエロは社会の反逆者か、単なるたかり屋か〟という議論が交わされていた。ジェーンなる人物は、たかり屋説を支持。「何かがほしければ、それがほかの人にも行きわたるよう、相応のつとめを果たさなくちゃ」と書きこんだ。「リンゴを食べるなら、種をまくか、木に水をやりなさい。資源を消費するなら、何らかの方法でそれを補充するか、資源の持ち主がかわりに補充できるように代価を工面なさい」

スエロは反応せずにいられない。「ジェーン、カラハリ砂漠に住むクン族の生活が〝文明化〟の前と後でどう変化したか、調べてみるといいですよ。それから、会ったこともない私のことを決めつけでこれ以上批判する前に、私のウェブサイトのFAQに目を通したらいかがでしょう」

「決めつけで批判したりしてない」と言いかえすジェーン。「人からもらっておいて(捨てられた物とはいえ、もらっていることにはちがいない)、何も返していないのは事実でしょ」

これに対してスエロは、ソクラテスのごとく〝無知の知〟を説いてみせる。「きみの言い分が正しいかどうか私は知ってるし、私がそれを知ってるってことは、きみにもわかるよね。私自身に関することなのだから。でも、きみの言い分が正しいかどうか、はたしてきみは知ってるのかい。決めつけで批判していると言ったのは、そういう意味だけど」

スエロがいろいろなやり方で〝返して〟いる事実をつまびらかにすれば、こんな議論はしなくてすむであろうに。しかし彼は、そんなふうに自分を弁護するより、精根つきはてるまで議論するほうを選ぶのだ。取材についやした一年のあいだ、スエロのボランティア仕事について人づてに聞くことはあれど、彼自身の口から説明されたことは一度もない。こちらからたずねれば、仕事したことを認めるが、あえてたずねられないかぎり、そういう情報をみずからすすんで提供してはくれなかった。彼は好んでこう言う。「私が働いていないと決めてかかる人たちへ。それは本当かもしれないし、まちがっているかもしれない。だけど、どうしてそう決めてかかるのだろう。これこれこういう仕事をしたとラッパを吹いて宣伝しなければ、それは仕事じゃないのか。金と引きかえに働き、それを公表しなければ、仕事は存在しなかったことになるのか」

最初、この話題に関して彼の口が重いのは、単に強情なせいだと思っていた。だが〝山上の説教〟[*9]をよく読んで、やっと彼の真意が理解できた。スエロと神学談義をすると、しょっちゅうこの説教が引きあいに出されるが、その中でイエスはこう説いている。

見てもらおうとして、人の前で善行をしないように注意しなさい。さもないと、あなたがたの天の父のもとで報いをいただけないことになる。だから、あなたは施しをするときには、偽善者たちが人からほめられようと会堂や街角でするように、自分の前でラッパを吹き鳴らしてはならない。(中略)施しをするときは、右の手のすることを左の手に知らせてはならない。あなたの施しを人目につかせないためである。

＊9　新約聖書「マタイによる福音書」第五〜七章に相当。キリスト教の基本的教えの集大成。

（「マタイによる福音書」第六章一～四節）

老子の「道徳経」にも同様の記述がある。

生育しても所有はせず、
恩沢を施しても見返りは求めず、
成長させても支配はしない。
これを奥深い徳というのだ。

（前掲『老子』第五一章）

風の強い春の日、「ソル・フード・ファーム」でボランティア中のスエロの姿に接することができた。夏にはモアブを離れて涼しい土地へ旅することが多いが、二〇一〇年は、この農場で働くためモアブにとどまろうと決めたのだ。この農場の目的に彼は共鳴していた。働く時間は自分で選べるし、お金ももらわないが、三年前にやったサケ漁以来の定職らしい職である。

ソル・フードの農地は、大きめの家が建ち並ぶ新興住宅地とやぶのあいだに位置している。前年の秋にスエロがメロンを収穫しつづけた、例の小川ぞいの沃地《よくち》のあたりだ。オーナーのクリス・コンラッドは、二〇〇八年にこの土地を借りて農場を始めた。少し前までは、何世代にもわたって農地として使われてきた場所である。人なつこく、あけっぴろげな笑顔をうかべ、帽子のつばのまわりに髪を波打たせたクリス。彼は、単なるトマト栽培にとどまらない、開拓時代にまでさかのぼる地域農業の伝統復興という、壮大な使命について語ってくれた。農場名の「ソル（Sol）」には、「サステイナブル（持続可能な）、オーガニック（有機的）、ローカル（土地に根ざした）」の意味がこめられている。「だけど、法的にオーガニック農産物と称することはできないんだ」とそっけない。「その名称は政府の専売特許になってるから」

クリスとスエロに農場を案内してもらう。秋の終わりに種をまいて冬越ししたニンジンが、葉を生い茂らせていた。クリスが何本か引きぬいてくれたのを蛇口の下で洗い、オレンジ色の甘い根っこをかじる。案内された〝フープハウス〟は、三×九メートルの自作の温室。木枠にスチールの骨組み、透明のビニールシートでできている。記録的寒さだったこの冬のあいだ、内部の土壌を凍結から守ってくれていたが、ついに雪の重みでつぶれてしまい、再建にはかなりの費用を要する。クリスは、この地で丹精して育ててきたホウレン草やアジア野菜、ターニップの株が並んだ様子に誇らしげであった。「このターニップはリンゴと同じように食べられるよ」とスエロ。貴重な作物のまわりには、高さ一八〇センチの鹿よけの柵がめぐらされている。

多くの住民と同じくクリス・コンラッドも、季節労働でモアブにやって来て、そのまま居ついてしまったくちだ。生まれ故郷のペンシルベニア州で大学（主専攻が自然資源管理、副専攻が哲学）を卒業したあと、夏季ボランティアとしてデッドホースポイント州立公園で働き、やがて有給の季節限定職員となる。ガイドと救急車運転手を何年かつとめたが、「定職につけという社会の圧力」を感じ、郡の救急医療サービスのディレクターを四年間やった。しかし、ポケットベルを身につける仕事はもうたくさんだと思うようになる。「それまでに哲学や経済的自立の本はずいぶんと読みあさったし、幸運にもクライミングざんまいの日々を送った経験もあったので、ほかに生きるべき人生があるとわかっていた」。公務員の職を辞すと、自分で写真の仕事を始める。二〇〇八年、三十四歳でグランド郡議会議員に立候補して当選。その一年後に農場を開く。

初年度は苦労の連続だった。自分より農業経験豊富な人間を何人かやとったのだが、衝突が起きる。「私に統率力が欠けていたのかもしれない」とクリス。「指示したとおりには動いてもらえなかった」。そこで二年目には有給のポストを廃止し、野菜と引きかえに働くボランティアたちと農場をきりもりしていた。

その日の作業者は、スエロ、「モアブ・フリーミール」の創始者ブレル・エルシャーディ、そしてラトガーズ大学で心理学の学位を取得して卒業したばかりの若者だった。この若者がモアブに来たのは、「オフィスに座って日々をすごし、ローンをかかえこむ」ような人生を送るより、本当の意味で「生き」たいからだと言う。「就職しようと、大学院に進学しようと、せいぜい行きつくのはそんなところでしょうから」

私自身は農場に働きにきたつもりではなかったのに、ブレルにちょっとだけ話を聞かせてもらえないかと頼んだところ、「いいですよ、じゃあこれを手伝ってくれます?」と熊手を渡されてしまった。

果樹園ですごすにはすばらしく気持ちのよい日だった。スエロとブレルは、年月とともに草や落ち葉が堆積して詰まっていた灌漑《かんがい》用の浅い溝を、鍬《くわ》でさらっている。私たち残りの者は、剪定された大小の枝を一か所に集めて燃やすために運ぶ。果樹が植えられて何十年もたつのに、クリス・コンラッドが知るかぎり、ここの洋ナシは一度も市場に出荷されていない。彼はまさにそれを実現しようとしているのだ。

私たちはビニールシートの上に枝を積みあげ、果樹のあいだを引きずっていく。私が住むモンタナの長い冬をすごしたあとで、砂漠の太陽は蜜のように甘かった。木々からは花がたれさがっている。手足と筋肉を使うのは気分がよかった。そのうえ、私たちはただ働いているのではない。この楽園に本来の栄華を取りもどそうとしているのである。これらの木を植えた人は夢をあきらめてしまったが、私たちはそれを生かそうとしている。太陽が雲をとかし、さわやかな四月の風が吹き、私たち五人は野外での激しい労働がもたらす幸福感にひたっていた。上司に腹をたてたり、時間がたつのをまだかまだかと感じたりすることもなく、自分たちの意志でここにいた。将来起きる世界的な水不足から、ヴィパッサナー瞑想、連邦準備制度理事会《FRB》の犯罪的所業まで、話はつきない。熊手を使い鍬をふるう私たちの目的は一致していた。

革のワークブーツに半ズボン、黒いTシャツを身につけたスエロが、鍬をふり上げている。帽子からひたいに玉の汗がぽたぽたと落ちる。一時間かけて彼は、果樹園の端から端までまっすぐのびる長い溝を掘った。開拓者たちが掘りめぐらした昔の水路網の一部をなす溝である。鍬の木製の柄にもたれて、作業の仕上がりぐあいを検分しながら言う。「悪魔はまっすぐ歩くと考える老荘哲学の信奉者は、作物の畝《うね》をジグザグに作るんだよ」

水路がすっかり貫通したところで、記念すべき瞬間の到来だ。クリス・コンラッドがレバーを引くと、春の雪どけ水がプラスチック管からゴボゴボと吹きだした。水は掘りたての溝を満たし、ゆるやかな勾配にそって流れ落ち、だんだんにかさを増すと、やがて何本もの細い小川が扇状に広がって果樹をうるおす。足元の土がぬかるみ、長靴のかかとが泥に沈んだ。砂漠が命を吹きかえしていく。私たちはよい仕事をしていた。

8　モアブ

グランド郡を外の世界と接続するのは容易でなかった。
——リチャード・ファーメイジ『グランド郡史（*A History of Grand County*）』

一九七四年春、コンラッド・ソレンソンは愛車フォルクスワーゲン・ビートルの燃料タンクを満タンにすると、サンタフェ［ニューメキシコ州の州都］めざしてソルトレイクシティの自宅を出発した。ふところの現金五〇〇ドルを頭金に、砂漠の土地を二、三ヘクタール購入したいと望んでいた。そのころ多くの人がそうしたように、土地を求めて都市を逃れ出ようとしていたのだ。

長髪でビートルを運転するコンラッドの姿は、典型的なヒッピーであった。働いていた自然食品店では、書籍の在庫管理を担当。女性学、アメリカのシャーマン、東洋の神秘主義思想——いずれも、当時の一般書店ではなかなかお目にかかれないジャンルばかりだ。一九六八年にオートバイでサンフランシスコに旅したときベジタリアンになった彼は、以後数年間、かの地とソルトレイクシティとを飛行機で往復する生活を送る。ときに、革パンツの下にマリファナをしこたま詰めこんで。

しかし、多くの〝大地へ帰れ〟運動の支持者とは異なり、コンラッドは最新流行に乗せられた若者ではなかった。当時、三十四歳。オグデン［ユタ州北部の街］の労働者階級モルモン教徒の家庭に育った。母親にクラシックピアノのレッスンに通わせられたため、今でも、母の形見の小型グランドピアノでシューベルトとショパンをごちゃまぜにした迷曲を弾きこなせる。

ブリガムヤング大学であわただしい二年間をすごしたあと、コンラッドは末日聖徒《モルモン》の宣教活動でドイツに旅だつ。ときは一九六〇年。対抗文化《カウンターカルチャー》への志向はまだ弱かったが、ダークスーツを着て福音を広めるタイプでないことは、すでに自覚していた。「宣教団に加わったのは、両親を喜ばせるためだった」と、五十年をへた今、コンラッドは言う。「おれが福音などこれっぽっちも信じちゃいないのを、親もよくわかっていたんだ」

現在、七十代になったコンラッド・ソレンソンは、モアブのとある絶壁の中腹に築かれたワンルームの住居に暮らす。馬車の車輪が窓がわりだ。むきだしの赤岩の壁、鋳鉄《ちゅうてつ》の薪ストーブ、ちらちら光る真鍮《しんちゅう》製の銅鑼《どら》が、ミドルアース[*10]の雰囲気をかもし出している。やせた体つきに繊細な手指、白髪まじりの長髪をうしろでたばね、ぼさぼさの口ひげをはやしたコンラッドの風貌も、隠遁《いんとん》生活を送る地の精《ノーム》に似つかわしい。ホビット穴のごとき家には、テレビも電話もない。料理には鉄板を使う。グランドピアノが部屋に鎮座するさまは、さながらビンの中の帆船のよう。

「スエロは洗礼者ヨハネ、エッセネ派［禁欲、財産共有で知られる］みたいなやつだ。われわれの歴史、そしてあらゆる文化に通底する伝統、系譜を継いでいる」。ソレンソンは、古代のユダヤ教神秘主義の一派を引きあいに出してみせた。「昔の日本の放浪詩人、芭蕉のようでもある。何もほしがらず、宇宙が与えてくれると信じ、与えられるものを受けいれる」

コンラッドに話を聞きに行ったのは、スエロの二十年来の知り合いであることにくわえて、峡谷地帯めざしてやって来る巡礼者たちのゴッドファーザー的存在として、ある意味でスエロの先駆者とも言えるからだ。ここ十年ほどのあいだに米国のあちこちでフリーガン［消費主義社会への対抗手段としてゴミから食料などを調達する人］が出現したが、そのほとんどが、ポートランド、サンフランシスコ、バッファローなどといった都市に集中している。都会のコミュニティーは異質な存在に対して寛容だし、利用できる廃棄物にも事欠かない。ところがスエロは過去二十年にわたって、米国一保守的なユタ州を帰る場所としてきた。「ずっと感じていることだけど、モアブほど他人を決めつけで判断しない土地は珍しいよ」とスエロ。「この町では、保守的な人たちでさえ、私がホームレスであろうとゲイであろうと気にするそぶりを見せない。たまに誰かが何か言うにしても、とやかく言う人のほうが少数派なんだ。ほかの町では普通そっちのほうが多数派だけど」

まわり道をしてモアブにたどり着いた経緯は、スエロもコンラッドも似ている。ドイツでの伝道生活が一年過ぎ、ソレンソンが脱会するつもりでいることを察した上司たちは、彼に割のいい仕事を与えた。各地を演奏してまわる「ジ・インターナショナルズ」というダンスバンドのピアノ奏者である。楽しげなスイングジャズやスタンダード曲で会場の雰囲気をもりあげ、若い参加

＊10　中つ国。J・R・R・トールキンによるファンタジー小説『ホビットの冒険』『指輪物語』などの舞台。

者を集めるための楽隊だった。「そのあと、ワイシャツにネクタイをしめた男たちが登場して、モルモン教の布教パンフを配るという寸法さ」

米国に戻ったコンラッドは、ブリガムヤング大学を中途退学し、徴兵猶予めあてでユタ大学に編入。学内随一の合唱隊に入り、アルトの女性と恋に落ちる。二人の共通の趣味は、ワサッチ山脈の洞穴探検と、峡谷地帯の石の迷路の散策だった。だが、彼女は根っからのモルモン教徒だったので、この恋はうまくいかずに終わる。サンタフェに向けて旅だったときには、すでに親の期待にこたえるのはあきらめていた。男女両性との恋愛遍歴をへて、このとき一緒に土地を買おうとしていた相手は、二十歳も年上のドイツ人女性。出会いは、ドイツのモルモン集会で賛美歌を歌い、足ぶみオルガンをひいていたころにさかのぼる。二人の楽園を購入するための五〇〇〇ドルは、実際は彼女ゲルダの金だった。

すばらしく晴れあがった一九七四年のあの日、サンタフェに向かう途中でコンラッドはモアブに立ち寄る。このわびしいウラン鉱山の町は、何度も通過したことがあった。キャニオンランズ国立公園へハイキングに行くときに通るのである。コンラッドはすぐれた探検家だったが、折りたたみスコップにレインコート、地図やコンパスをリュックサックに詰めこんだボーイスカウトをイメージしてはいけない。彼は美の追求者なのだ。川や展望台や岩のアーチなどの目的地にたどり着くのは二の次であって、彼の関心はむしろ、荒涼とした風景の中を歩いたり、つるつるした岩のドームの上に這いのぼるところを想像したり、立ち入り禁止の岩壁と岩壁のすきまに入りこんで通りぬけられるか確かめたりする体験そのものに向けられる。ビャクシンのコブだらけの幹、チョロチョロと動きまわるトカゲ、砂岩の波紋様のように、自分も風景の中にとけこもうと努めた。世界広しといえども、ユタ州南部ほど人生観の変わる旅ができる場所は少ない。コンラッドがハイキングにでかけるたびに、数時間ほど歩けば、いまだかつて人間が足を踏みいれたことがないと確信できる隠れ場所や袋小路になった峡谷が見つかった。それは音楽の調べにも劣らぬ感動を与えてくれる。こうした神々しい瞬間を手にするため、コンラッドはアウトドア愛好者らしからぬテクニックを使った。第一に必要としたのが、個人的に隠し持っていた西海岸の麻薬を少量吸引すること。第二に、服をすっかりぬぎ捨てることだ。

何度通ったところで、不思議の国への通用口にすぎないちっぽけな町など、ことさら気にとめる理由も見あたらない。特にモアブに対しては、救いようのない場所だという印象をいだいていた。目に入る建築物といえば、質素なトレーラーハウスか、軽量コンクリブロック造の画一的な分譲住宅、トタン板でできたカマボコ型のプレハブばかり。「一刻も早く通りすぎたかった」

しかしこの日の彼には、ちょっと変わった目的があった。ゲシュタルト療法に関する本を著してカルト的人気を集めている著者を探していたのである。それらの本は「リアルピープル・プレス」という小出版社からのみ入手可能だったが、この会社がほかでもないモアブにあった。二〇世紀なかばの知的現象とも言えるゲシュタルト療法は、ナチス以降の実存主義、禅、精神分析、実験劇場などの手法を組みあわせることにより、今この瞬間を生きる能力の獲得を手助けする。この著者は気むずかし屋のイギリス人女性で、名をバリー・スティーブンスといった。オルダス・ハクスリーやバートランド・ラッセルら、ヒッピー世代以前の幻覚剤使用者たちの盟友と目され、七〇年代初期に『川の流れを押すべからず（川は自然と流れゆく）（*Don't Push the River* (*It Flows by Itself*)）』や『人と向きあう――人間として生きる難しさ（*Person to Person: The Problem of Being Human*）』といった刺激的な題名の本を出版したがため、不本意ながら人間性回復運動のカリスマとしてまつりあげられた人物だ。うわさによると、クルツ氏[*11]のように、砂漠の奥地で原始的に暮らしているという。

コンラッドは出版社の住所をたずねあて、著者との面会を求めたが、スティーブンスさんは隠遁生活を送っていて来客とは会わない、と知らされる。

「彼女はとっつきにくい人だから、『うせろ』と言われかねませんよ」

それでもコンラッドはねばって、迷路のような道順を聞きだした。コロラド川ぞいの、一部しか舗装されていない道を出発する。黒い縞模様のついた砂岩のかたまりのあいだをぬって続く、曲がりくねった道。さほど長くかからぬうちに、二ヘクタール単位の土地分譲広告看板が見えてきた。支線道路に折れ、ぬかるんだ坂道をのぼっていくと、絵に描いたような楽園が姿をあらわす。緑の谷から赤岩の尖塔が、目がくらむほど白い高峰に向かって突きだしている。そよ風が運んでくる果物の花の甘い香り。のんびりと草を食《は》む牛たち。スイスかどこかの田園風景が、砂漠に突然出現したかのようだ。

川ぞいの道を四八キロ、鉱山関係者用の悪路を一一キロ、こわれかけた橋をビートルで渡ると、めざす牧場にたどり着いた。そこで彼の追いもとめていた相手が、まったくもって心やさしき女性であることがわかる。「たまたまマンゴーをいくつか持って行ったんだ」と彼。「そうしたら彼女が大のマンゴー好きだった」。二人は昔からの友人のように語りあい、彼女はコンラッドにその晩のキャンプ場所を提供した。マリファナ入りのチョコレートケーキをむさぼり食らったコンラッドは、満点の星の下で横になる。一晩中、ぞっとするような獣の遠ぼえが聞こえ、幻聴かと思っていたが、翌朝になってコヨーテの声だと教えられた。

結局、彼がサンタフェに行きつくことはなかった。自作農場の頭金として五〇〇ドルを支払い、ゲルダとともに移住する。ゲルダは荒れはてた丸太小屋に、コンラッドは、コットンウッドの幹が天井の梁に使われ、洞穴になかば隠れた草屋根の離れに。以来、二人はずっとそこに住みつづけている。

バイセクシュアルにして麻薬常習者の、流暢《りゅうちょう》なドイツ語を話すモルモン男。趣味は洞窟探検、聖歌合唱、オートバイ、ヌードハイキング、フェミニズム文学、クラシックピアノときては、相当寛容なコミュニティーにおいても、とけこむのに苦労することだろう。ましてやユタの田舎の鉱山町では、彼はあきらかに平均から大きくはずれた存在である。しかしモアブの住民たちは、誰も目をそばめたりしなかった。ただの一度も。たしかに、私が洞窟に住む男の本を書いていると話しても、聞かれるのは「どっちの男?」だった。

ここで背景説明をしておこう。アメリカのフロンティア神話によれば、西部とは、柔弱な東部

＊11　ジョゼフ・コンラッドの小説『闇の奥』の登場人物。アフリカの奥地に住んで象牙交易を牛耳る白人。

の人間が、やわな少年から鋼鉄の男へと鍛えられる場所である。昔からずっとそうであった。少なくとも、一八〇四年にルイス・クラーク探検隊が、太平洋岸にいたる大陸横断路を発見する旅に出て以降は。出発時には仕立てのよいコートを身につけた紳士だった彼らは、鹿革をまとった森の住人となって帰還した。そのあとに続くマウンテンマンたち[*12]——肝臓食《レバー・イーティング》いのジョンソン、キット・カーソン、ジム・ブリジャー、ジェデッドアイア・スミス——も伝説的な存在である。セオドア・ルーズベルトは、西部に派遣されることによって、メガネをかけたハーバード大学のガリ勉から、蛮勇をふるう義勇騎兵隊《ラフ・ライダー》へと変貌をとげた。それに原生林というものは、大規模な生産性をもたらす可能性を秘めており、材木を切りだし、小屋や家や橋を造り、土地を耕作し、子孫のための永住地を開拓するようにと、男たちを誘う。一八〇〇年代に、立ち木がつぎつぎと伐採され、デンバー、シアトル、ポートランドなどの活気に満ちた都市が建設された。

だが、マウンテンマンの神話では、西部に関するある重要な事実が考慮されていない。すなわち、西部の大部分は山岳地帯でなくて砂漠なのだ。カリフォルニア州の広い範囲、そしてユタ、コロラド、ネバダ、アリゾナ、ニューメキシコの各州のほぼ全域が、年間降水量二五〇ミリメートル以下の地である。松林やポプラ並木などなく、点在するのは、ふしくれだったピニョン松やビャクシン、ひざまでしかない灌木にトゲだらけのサボテンだ。南部ルートをたどった開拓者たちは、切りたおすべき木をほとんど見いだせず、水を引こうにも小川は少なく、やせた土地には一本のニンジンすら育たなかった。今日でさえ、南西部を何時間運転しても、日よけになる木を見かけないことがある。

一九世紀のうちは、広大な砂漠の活用方法としてアメリカの白人たちが思いつくのは、せいぜい鉄道敷設か鉱物資源採掘ぐらいだった。どちらにしても、斧をふりまわす体力自慢の連中が魅力を感ずる仕事ではなく、その手の男たちは北西部に引きよせられていった。ロサンゼルス、フェニックス、ラスベガスなどのように、アメリカの砂漠地帯が本当の意味で定住する場所となったのは、二〇世紀に入って連邦政府の勢力が伸長し、政府助成による幹線道路、ダム、運河、送電線（おもにエアコンのため）が整備されてからである。コンクリート製のインフラが網の目状に広がるにつれ、辺境の入植地だったころよりもさらに、きこり《ポール・バニヤン》たちにとって魅力のない場所と化していく。

ようするに砂漠は、山岳地帯とはちがうタイプの人間をひきつける。未開の森を切りひらいて文明化する勤勉な入植者という〝明白なる天命《マニフェスト・デスティニー》〟神話[*13]にそぐわないため、その存在があまり取りざたされてこなかった人たちを。

私が二十二歳のときにはじめて砂漠に足を向けたのは、計画的な旅というよりも偶然だった。ロッキー山脈に行こうとしたが果たせず、第二希望の目的地への道路も閉鎖されているとわかったとき、車に乗せた複数のヒッチハイカーからモアブをすすめられたのである。それも悪くなさ

＊12　一八一〇〜四〇年代ごろに毛皮を求めて辺境をさすらった猟師・交易人。探検隊のガイドをつとめることも多かった。
＊13　北米大陸の征服は神がアメリカ人に与えたもうた使命である、とする考え。一九世紀中葉、米国による西部侵略を正当化するスローガンとなった。

そうだ。アメリカを知ろうとか、自分探しをしようとかの動機で旅しているわけではない。アメリカからも自分からも逃げるのが目的だ。モアブの中心街に来てみれば、一九九三年当時でさえ屋外広告の看板やドライブスルーの店が肩を並べていたから、期待したほどへんぴな場所ではないなと思った。しかしやがて、ここがいかに人里はなれた場所かが判明する。グランド郡はデラウェア州よりも広いが、人口は一万人に満たない。私が来たころ、映画を見たり靴を買ったりするには、一時間以上車を走らせる必要があった。それでここにとどまり、まもなく自分と――それとスエロとも――似たような境遇の友人ができる。職業的野心を捨て、レストランの給仕をしたり、岩を集めたり、日干しレンガの家を建てたりしていた者たちである。雄大な地形の魅力もひとつの理由だが、それ以上に、外界から隔絶された聖域を求めて、あるいは前いた場所に何かしらの不満があって、あるいは単にひとところにじっとしていられず、この地へやって来た。

私の仲間はそういう人たちだったのだ。

山岳地帯には、ルイス、クラーク、セオドア・ルーズベルトら、理性的で分別のある道徳家がお似合いだったのに対し、砂漠にはまた別種の象徴的存在がいた。夢想家、巡礼者、社会ののけ者、放浪者などである。ブリガム・ヤングが信者をひきいてこの地に来たのは、アメリカの西部進出の足がかりとなるためではなく、自分たちを迫害したアメリカの外側に王国を建設するためだった。「荒れ野よ、荒れ地よ、喜び躍れ」と述べたのは預言者イザヤである。「砂漠よ、喜び、花を咲かせよ」(イザヤ書第三五章一節)(グレートソルト湖《レイク》周辺に広がるモルモンの一大帝国の永続を疑う人はまずいないだろうが、南部の峡谷地帯におかれた居留地は、入植から一世紀以上たった今でも居留地のままである)。この土地に生まれた男ら――コチース、ジェロニモ〔ともにアパッチインディアンの族長〕、モルモン・カウボーイのブッチ・キャシディ〔映画『明日に向って撃て！』の題材にもなった無法者〕――は、荒野を近代の侵入から身をまもる砦《とりで》とし、その迷宮をたくみに泳ぎまわった。ジョージア・オキーフとフランク・ロイド・ライトは、その超俗的な景観と孤立した環境に惹かれたし、元パークレンジャーの作家エドワード・アビーによる『砂の楽園』〔邦訳：東京書籍〕などの賛歌は、ほとんど独力で、この場所のイメージを塗りかえた。オフロードバイクと鉱山関係者にまかせておけばよい不毛の地から、飼いならされていない奇観のメッカへと。それから、カリフォルニアのティーンエイジャー、エヴェレット・ルースは、砂漠地帯でもっとも知られた物故者といえよう。ルースは一九三〇年代に、芸術と霊感を求めてこの砂漠を単身さすらい、「耐えがたいほどの美と出会った」と日記につづったのち、グレンキャニオンに転落、消息を絶った。

　だからといって、峡谷地帯には何かをなしとげた人がいなかったと言いたいわけではない。ドミンゲスとエスカランテの二人の神父は一七七六年、サンタフェからカリフォルニア州にいたるルート探索の旅に出た。ウランを発見して財をなした探鉱者チャーリー・スティーンは、断崖に面した大邸宅を建て、米国の原子力時代のさきがけとなった鉱山にちなんで「わが人生《ミ・ヴィーダ》」と名づけた。しかしながら、ドミンゲスの遠征隊はさまざまな発見にもかかわらず、当初の目的を果たすことなくニューメキシコ州に引きかえす結果となる。スティーンの場合は、ぜいたくな暮らしと投資での失敗がたたって巨万の富を失う。ステータスシンボルだった豪邸は売却され、今では「サンセットグリル」というステーキレストランに姿を変えている。正面には万国旗がはためき、看板に「観光バス歓迎！」の文字がおどる。モアブのような町では、毎年春にギフトショップや軽食堂がテープカットで華々しく開店を祝ったかと思うと、冬にはほぼ同数の店が閉店撤退していく。

私たちは、辺境への入植を想起させるような四角いあごのレンジャーや荒削りな古小屋を求めて砂漠にやって来るのではない。砂漠がまだ人も住まない土地で、外国——あるいは別の星——のように感じられるところに惹かれて来るのである。貧相なほったて小屋やトレーラーハウスなど、絵画に貼られた値札のごとくつまらぬ存在にすぎない。全貌を把握しきれないほど広大な景色には、ただただ圧倒されてしまう。この景観に何か消えない痕跡を残してやろうという気を起こすどころか、景観そのものの不変性と、人間によるあらゆる努力のはかなさを悟るのがオチだ。砂漠に私たちは永遠なるものを見いだす。だから、山岳地帯が男らしさの試練の場となったのと対照的に、砂漠は魂の試練の場でありつづけた。

実際、それは驚くべきことではない。歴史的に見ても、砂漠はかずかずの宗教を生みだしてきた。「わたしはあなたより先に使者を遣わし、あなたの道を準備させよう。荒れ野で叫ぶ者の声がする」（マルコによる福音書第一章二〜三節）と預言者イザヤは語っている。この声とは、一人砂漠に住み、イナゴと野生のはちみつを食べて暮らした、洗礼者ヨハネをさすと言われている。イエスは四十日間をすごした砂漠で、悪魔の誘惑に立ち向かい、一人の人間としての弱さに打ち勝った。メッカ、エルサレム、ベツレヘム、ブッダガヤーといった聖地は、すべて砂漠に位置する。そんなことは単なる歴史の偶然で、イエス、ブッダ、ムハンマドが砂漠に生まれた結果にすぎないと言う人もいるだろう。それに対してはこう言いたい。イエスがオレゴン州沿岸部の多雨地域に生まれていたら、どうなっていただろうか、と。きっと木を切りたおし、雨つゆをしのぐための小屋を建てはじめたにちがいない。歴史は今とはだいぶ変わっていたはずだ。

姿をくらましたがっている人間にとってモアブがこの上なく魅力的にうつるのには、三つの理由がある。一つめは、地理的に周囲から隔絶された荒野であること。「この地方に入っていくのはほぼ不可能に近く、あえて砂岩の小道をたどってまで犯罪者を追跡するのは、よほど豪胆な保安官にかぎられた」と歴史家ジョン・リースは書いている。「このため、モアブはガンマンと強盗のたまり場となった」。近くにはブッチ・キャシディ一味のアジトがあり、ときおり、彼のひきいる悪名高きワイルドバンチ盗賊団が馬にまたがって峡谷から町へくり出しては、派手な撃ちあいを演じたものだ。一味には保安官を殺した者さえいた（この手の話は今日でも聞く。二〇一〇年十一月十九日、町はずれでレンジャーを撃った男が峡谷に逃げこみ、総勢一三〇名の警官が捜索に動員されたが、いまだに発見されていない。米軍が長期にわたってウサーマ・ビン・ラーディンを追跡中だったアフガニスタンと地形的によく似ていることを確認したモアブ住民は、一様に頭をふって結論づけた。「とうてい見つからないよ」）。このさいはての地に住む人たちには、そうした点を気に入っているふしがある。近代化の象徴たるエッフェル塔の完成から八年後の一八九七年になっても、モアブにはまだ道路も鉄道も存在せず、コロラド川を渡って町に入る手段はフェリーのみであった。鉄道駅まで六五キロの道路を建設するための一万ドルの債券発行を投票にかけた者たちがいたが、七十四対六で却下された。ようやく立体交差路と河川橋ができたのは一九一二年のことである。

二つめの理由は、モアブがつねに反権力志向を持っていたこと。人はここに、やりたいことをやるために来る。一八七八年にアーサー・バーニーという名の移住者がコロラド川を渡って現在のモアブの地にやって来たときの話である。川岸に「キャンプ禁止」の札が立っていた。彼の一行は、実にモアブらしい手際のよさで札を川に投げこむと、先へ進む。一キロほど行った地点で開拓農民の女性に会ったので、キャンプの禁止についてたずねてみた。「ここは自由の国だから、好きなところでキャンプしていいんですよ」との答え。バーニーが立て札の話を持ちだすと、ぴしゃりと言いかえされた。「そんな札は川に投げこんでやればよかったのに」

そして最後に、モアブの三つめの特色は、〝なまけぐせ〟とは言わないまでも、とにかくここの人たちはちょっと変わっているのだ。生きのびるのに必要な程度には働くが、それ以上は指一本動かそうとしない。開拓者を有名にしたあの意欲的な姿勢がまったく見られない。早くも一九〇〇年には、土地の医者が患者に〝モアブ熱〟の診断をくだしている。「おもな症状は怠惰。モアブ周辺に蔓延した理由は、ここでは生きていくのが非常にたやすい反面、金持ちになるのは非常に難しかったためである」と歴史家のリチャード・ファーメイジは述べる。近年、この病気に〝モアブ渦〟という新しい名前がつけられた。川の水が下流に向かって流れず、いつまでも渦を巻いているような地形にちなんだ病名である。多くの若い男女がこの病気のせいで、せっかくの大学教育を棒にふって、ステータスも賃金も低く、ストレスの少ない仕事につく。レストランの給仕や、キャンプ場の監視、ボートこぎなど。

　その結果、モアブは多数の世捨て人をひきつける。そして、スエロをその一人に数えたくなるのも無理はない。しかし世捨て人とは、人間不信がきわまって孤独を選んだ存在である。世捨て人は生きていくためにバーター取引をするだろうが、当人にとってそれは必要悪——完全な自主独立の実現をさまたげる一要素——にすぎない。スエロが金銭を手ばなした理由は、まったく逆である。「誰もが他人に頼ることなく、何ごとも独力でやりとげるべきだ、という考え方がアメリカにはあって」とスエロ。「そのために私がこういう生活をしていると誤解する人が多い。だけど本当は、この宇宙には誰ひとりとして、一個の分子ですら、自足的な存在などないことを認識するためにやっているんだ。われわれはみな、他人に依存して生きている。私はほかの人の勤勉な働きに依存して生きているし、ほかの人も同様に私の働きに依存している。ただし、われわれがみな貨幣制度に依存している、というのとは意味がちがうけれどね」

　金銭の放棄は、彼のコミュニティーへの参加をはばんでいるわけではない。それどころか、彼はいろいろな集まりに積極的にでかけて行く。友人の仏僧とカリフォルニア州マリン郡でキャンプしていたとき、週刊タウン誌のコンサート情報欄をつぶさに調べては、おんぼろ自転車でゴールデンゲートブリッジを渡ったものだ。ラヴィ・シャンカールのライブのチケット売り場わきに自転車をとめると（もちろん鍵などかけない）、友人の僧侶は入り口にいる用心棒に向かって、自分たち二人はお金を使わずに暮らしているがライブを見たいのだ、と説明する。ドアマンたちはさっと中に入れてくれた。ポートランドに滞在したときのスエロは、「爆弾ではなく食料を《フード・ナット・ボム》」

が市民公園でおこなう炊き出しの食事を作る側としても食べる側としても常連だった。フロリダ大学のキャンパスにスクウォットした一か月間は、バイキング料理のように種々とりそろえられた文化を満喫した。「無料の映画上映会に講演会、クエーカーの礼拝、クリシュナ教団の炊き出しやイベント、ユダヤ教やイスラーム教のイベントにも行った」と書いている。「ホロコースト体験者でノーベル賞受賞作家エリ・ヴィーゼルの話を聞く機会にまで恵まれた。それから、私一人のための無料コンサートもある。森の中の板張りの小道にドラムをたたきに来る男たちや、遊びでつまびきにやって来る本格的なブルーグラスバンジョー奏者がいるのだ。ここでは何人もすてきな友だちができた」

そんな彼のこと、地元にいるあいだは社交の予定でいっぱいだ。ポーカーをやるときは、友人が勝負をかけてきたら降りるタイプのプレーヤーとして知られている。メロニー・ジャイルズによると、「彼はすばらしいダンサー」らしい。バーでいいバンドの演奏があると、メロニーは彼の入場料をおごりたがる。コンラッド・ソレンソンの隠れ家で開かれた音楽の夕べに、私も参加したことがある。クリス・コンラッドとブレル・エルシャーディがディジュリドゥーを吹き、スエロが銅鑼《どら》を鳴らし、ピアノの下にあおむけに寝ころがったソレンソンは、弦を大音量でかき鳴らした。スエロ自身の五十歳の誕生日には、ダミアン・ナッシュ宅での持ちよりパーティーにフェイスブックの友人たちを招待した。もちろん、「酒は各自持参のこと」。

スエロをとりまくモアブのコミュニティーは、一朝一夕に生まれたのではない。話をコンラッド・ソレンソンに戻そう。というのも、彼が約二十年間いとなんだ自然食品店こそが、この町のボヘミア的サブカルチャーの中心であり、スエロをカネなし生活へと導いた存在でもあったからだ。

ソレンソンがやって来た一九七四年には、モアブはすでに、のどかな農業の町から世界のウラン産業の中心地へと成長をとげていた。一九五六年の『マッコールズ』誌の記事によると、モアブ在住の大富豪は二～三十人で、世界一の集中度であった。なかでも悪名高いチャーリー・スティーンは、テレビを観賞するために飛行機をチャーターし、峡谷上空を旋回させている。この辺境の町までは、まだテレビ電波が届かなかったのだ。ウラン・ラッシュによって製造業や鉱業はにわかに活気づき、州外から労働者がなだれを打って押しよせた。地元の若者は、時給二〇ドルをかせいで家を購入しようと、こぞって高校を中退。さらに、一九六四年にキャニオンランズ国立公園が、一九七一年にアーチーズ国立公園が設立されると、シーズン中は多数の人がおとずれ、レンジャーや職員が年間をとおして定住するようになる。こうした観光客、レンジャー、鉱山関係者の流入が、モアブをいっそう多様性ゆたかに、寛容さもそなえた町にした。

コンラッドとゲルダが始めたモアブ初の自然食品店は、スペルト小麦やキノア［南米原産の雑穀］などを販売するほか、ゲルダの焼いたパイを食べさせ、コンラッドの幅ひろい文学趣味を広めた。四年後に閉店するが、そのころには、協同組合が立ちあがるほどまでヒッピーの数が増えていた。まとめて購入したオート麦やとうもろこし粉《ポレンタ》を、週に三日、せまい店先で組合員に販売することになる。コンラッドはフロアの管理を無償で買ってでたが、役員たちと何度か意見の衝突があったあと、役員会を解散し、主導権を奪還した。結果的に、コンラッドは小切手に署名したり銀行口座の出し入れをしたりはできるが、法律上の経営者ではなくなる。「所有者のいない事業だったんだ」と彼。約二十年にわたり、このモアブ協同組合はユートピア的な権威不在状態《アナーキー》のケーススタディーでありつづけ、コンラッドはその善意の独裁者だった。コンラッドを含め、誰に対しても賃金は支払われない。ボランティアは働いた時間を台帳に記録し、一時間あたりおおよそ四ドル相当の食料を持ちかえってよい約束である。システムはいいかげんで、「台帳の確認などしなかった」とコンラッドはふりかえる。「ごまかしもしょっちゅう起きていたさ。それでもなんとか回っていた」

「おれの使命は、オーガニック食品を原価で提供することだった」と語る彼。利益が出れば、事業に還元するか、すぐさま人にあげてしまった。家賃タダの草庵に暮らすコンラッドは、何百冊という本、ふんだんな食料を人に与えることができる。特に、初対面の人の内面をわずか数分で見抜き、相手にぴったりの本をプレゼントすることを得意としていた。彼の最初の店に本を見にくる客の中に、著名な作家で女たらしのエドワード・アビーがいた。「うちの店のカウンターにセクシーな娘がいて」とコンラッド。「ふらっと入ってきては、その娘になれなれしく話しかけてた」。コンラッドが彼に贈ったのはフェミニズムの本である。

「誰彼かまわず物をやり、利益をあげることに無関心だったから、ソルトレイクシティやコロラドからわざわざ買い物に来てくれる顧客がついた」と彼。「客にしてみれば、食料品が非常に安く手に入るのでガソリン代の元がとれたし、ちょっとした小旅行気分も味わえたのさ。ここの蔵書には何千ドルもつぎこんだ。そんなこんなにもかかわらず、店は毎年二〇パーセントの成長率だった」

ついに協同組合は、店舗一棟を丸ごと借り切るまでになる。昔の配管設備店だった建物で、建築材として第二次世界大戦期の弾薬の木箱が利用されていた。ノウゼンカズラのひさしが玄関ポーチに日陰を作る。建物の半分以上は売り場以外のコミュニティースペースとして使われた。数千冊の蔵書を無料で貸しだす図書室、アートやダンスのスタジオ、それに木琴のギャラリー。裏のソファでは、女性が子守りをしていたり、カップルがいちゃついていたり、誰かが一晩泊まっていったり。コンラッドはだらだらと周辺にいることが多く――本人の弁では週に約八十時間働いていた――薬草療法や恋の悩みについて無料で助言を与えていた。一見、モルモン資本による牧場と鉱山の存在感が大きいモアブだが、その水面下には対抗文化《カウンターカルチャー》が息づいており、協同組合はその巣窟《そうくつ》に、コンラッドはその親玉になった。

このようにととのえられた門戸からダニエル・スエロが入ってきたのが、一九九二年冬のこと。うつがよくなるまでこちらで一緒に暮らそうと、ダミアン・ナッシュが誘ったのだ。スエロが到着した夜、ナッシュは組合の裏の部屋で映画上映会を開いていた。スエロはその古い建物を見つけだす。木製の扉はきしんで音をたて、コンクリを打ったフロアを通るとき、しょうゆとラベンダー精油のにおいがした。通路のあちこちで、すそのほつれたショートパンツにゴムぞうり姿の男たちが、グラノーラやドライマンゴーを小分けにした袋を棚に補充している。カウンターのうしろでは、ロングスカートをはいて赤ん坊をおぶったドレッドヘアの少女が、ステンレスの天秤で穀物をはかり、年代もののレジスターに数字を打ちこんでいる。

「こういうライフスタイルの人たちは、いつしかこの協同組合にたどり着く」とスエロ。「当然、私の頭にもいろいろな考えが植えつけられた。オルタナティブな生き方があることを実際に見せてもらったんだ」。モアブはダニエルが求めていたコミュニティーを与えてくれた。まもなく食料と引きかえにフロアで働きはじめたのも、金銭放棄への第一歩となる。

モアブのコミュニティーでは、協同組合のほかにも、金銭の価値が当然視されない場が見つかった。スエロは自然食カフェでコック見習いの職にありつく。「頭を使わない仕事をするのは本当にいい気分だ」と友人への手紙に書いている。「職場の同僚はいい人ばかり。モアブはまったく気どらない人が多い。生きかえった心地がする」。カフェ「オネスト・オージーズ」でホウレン草をきざんだり豆をゆでたりするのは、仕事に行くというよりも、家庭の台所で時間をすごしているような感じだった。「〝職業〟に集中していた心を人生にふり向けることができて、本当にすばらしい気分」とも書いている。「だんだん自分が、序列の存在しない人類の一部だと感じられてきた。誰ともへだたりや上下関係のない、ただ人類社会の一員であると。隣人を自分自身のように愛すること。これこそが人生だ」

このカフェで一九九三年の夏、私とダニエルは出会う。私自身、仕事よりも人生の何たるかを漠然と追いもとめており、オージーズはたしかに、その目的にぴったりの場所だった。店舗は改築した古民家で、屋外の席数も多い。地元産のうずら豆、全粒粉のパンケーキ、大豆製品などの自然食が専門である。ひと夏、バーガーをひっくり返す仕事をしたあと、ひきつづき朝食のコックとして採用された。前任者がグランドキャニオンを放浪するために辞めたのだ（英文学の学士号を持つ私の履歴書など要求もされなかった）。ウェイターもコックも、私と同様、働くことより人生を楽しむことに関心のある人間ぞろいだから、ウェイトレスに野菜のエンチラーダを注文した四十五分後に様子を見に行ってみると、当のウェイトレスが芝生でゴールデンレトリーバーと腕たて側転をして遊んでいるような店だった。

だが、食事はおいしかったし、客のことなんぞ誰も気にしちゃいなかった。モアブで自由気ままにすごすにはうってつけの時代。すでにアトラス社のウラニウム工場は閉鎖されていて、ウラン景気とマウンテンバイクのブームのはざまにあたるこの時期、地球上でもっとも壮大な景観を誇る地ではタダ同然の生活が可能だった。カフェ、自転車屋、急流くだりのツアー会社など、仕事はいくらでもあって、簡単に見つかった。賃金は非常に低いが、家賃もほとんどかからない。河川ガイドふぜいがぞくぞくと、軽量コンクリートブロック造の家を購入していた。頭金など不要。鉱山関係者が荷物をまとめて出て行ったあと、一〇〇ドルの住宅ローン支払いを引きつぐだけでよかったのである。

だいいち、暑くなってくれば、誰が家なんて必要としただろう。新しくできた友人数人と私は、傷だらけのステーションワゴンを小川のそばのやぶにぐるりと丸く駐車して、夏のあいだじゅうテントで暮らした。生活に不自由はない。体は川で洗った。食料は簡単に手に入る。ガイドやレストランの仕事では、勤務時間中の食事が支給された。協同組合の品物は激安だし、ボランティアで働けば無料だ。毎晩、ハッピーアワーの「リオ・バー・アンド・グリル」に通っては、一パイント［約〇・四七リットル］一ドルのビールを飲みながら、半額のナチョスとチキンフィンガーをつまむ。五ドル以下で申し分のない食事になった。

スエロが洞窟に住むと決めたのは、ある日突然の思いつきではない。何年もかけて金銭放棄への旅路をたどったのと同様、家についても段階的に手ばなしていったのだ。売春婦に執着する男が風紀犯罪取締官になるように、スエロはホームレスに魅せられてシェルターに就職したが、デンバーで働いているあいだに、慈善事業への認識をくつがえされるできごとがあった。あるとき彼は、コロラド大学の社会学講座が主催するホームレス問題に関するシンポジウムに、パネリストとして招かれる。学生たちが手配したパネリストは、ソーシャルワーカー数人と、地域のシェルターの入居者数人。趣《おもむき》をそえるため、ボルダーのショッピングモールで物乞いをしていた宿なしパンクや浮浪者も連れてこられた。この三つのグループが壇上で一堂に会したのである。

まず、ダニエルと同僚たちが厳しい現状について話をする。レーガン大統領の経済政策、憲法違反の市条例、そして強欲で冷淡な人間の心を非難した。ようするに「世の中が悪い」という論旨だったとスエロはふりかえる。解決策として彼が提案したのは、自分たちのような人間を増やし、予算を増やし、施設を増やすこと。ひとことで言えば、貧しい人たちを助けるにはわれわれが必要、というわけだ。次は貧困当事者の番で、同じく陰気な調子で語る。「世の中が悪い」にもう一票。今の経済体制は不公平で競争の土俵がそもそも平らでないと訴え、ダニエルら献身的なケースワーカーには心から感謝している、困ったときに助けてくれる、と述べた。ここにおいて合意は達せられた。

おっと、待ってくれ。路上の衆がしゃべる番だ。

「屋外暮らしの何がそんなに悪いのかわからないね」と一人が言う。「盛大なパーティーだよ、おれに言わせれば」

「そうさ、シェルターなんてくそくらえ」ともう一人の男。「自由に生きるんだ！」

スエロはモアブでこれについて考えに考えた。自分はホームレスになるのがどうしてそんなに怖いのだろう。肉体的なつらさか？　そうではない。キャンプもアウトドアも大好きだ。暴風時にテントを張ったり、どうやって雷雨にぬれないようにするか工夫したりするのは楽しい。ホームレスになるのを恐れる本当の理由は別のところにあった。人にどう思われるかが心配なのだ。烙印《らくいん》を押されるのが怖いのだ。そしてこう考える――人が自分のことをどう思うかを克服できれば、何物をも克服できるはずだ。

モアブでは、宿なしのライフスタイルが許容されるばかりか、ロマンチックなひびきさえ持っていた。誰もがやっている。旅のロッククライマーや河川ガイド、バーのホステスまでもが。家を持たないために烙印を押されるどころか、逆にそれがステータスになるほどである。金銭が恥ずべき輩《やから》の利とされ、家を持たない生き方がかっこいいとみなされる町に、とうとうスエロはたどり着いたのだった。

一九九四年、砂漠に来て二度めの春が盛りを迎えるころ、スエロは友人の家に滞在していた。夏にはハウスシッターを頼まれている。ところが、それまでの数か月、彼には住む場所がない。季節労働者がどっと戻ってきているため、賃貸物件も不足ぎみである。バックパックと勇気を寄せあつめると、川辺で見つけた迷い犬を連れて、近くの峡谷へ歩いて行った。かびくさい洞穴に頭をつっこんでみる。一歩中に入り、目がうす明かりに慣れるまで待つ。それからマットと寝袋を広げた。興奮で体が震える。短期間のこととはいえ、ホームレスの仲間入りを果たしたのだ。

この同じ月に、女性のためのシェルターでホームレスコーディネーターの職を得て、〝ホームレスのホームレスコーディネーター〟という皮肉なあだ名を頂戴する。

「ぞくぞくするほどうれしかった」と彼。「クライアントと接するうえで、それは強みになった」

夏の暑さがおとずれるころになると、この女性専用のシェルターに放浪の男たちがやって来ては、ここがダメならホテルに泊めてくれとせがむ。スエロは、予算がとぼしく、しかも冬のためにとっておかねばならないのだと説明し、「ここは広大な公有地にかこまれているんですよ」と助言してやる。「今は陽気もいいし」

「そう言うのは簡単だろうが」と男たちはごねる。

「ええ、簡単です」とスエロ。「私も野宿していますから」

スエロはこの仕事が気に入った。コロラドでホームレス相手に働いていたときに感じたような序列も偽善も、ここには皆無だった。モアブでは、持てる者と持たざる者の境界線がさほど明瞭でない。スエロは自分の居場所を見つけたのである——倫理的な妥協をせずにすむ仕事、自分を受けいれてくれるコミュニティー、そして恥じることなくホームレスでいられる生き方。

「すこやかな生があることを砂漠は思いださせてくれる」と彼は友人に書き送った。「この場所はただもう美しいばかり。峡谷の岸壁のあいだから今まさにさしはじめた朝日が、眼下のコットンウッドの葉をすかしてきらめいている。そよ風は涼しく、かたわらには愛犬が寄りそう。ああ、人生はすばらしい」

9　恋愛

恋しい人は透き間から手を差し伸べ
わたしの胸は高鳴りました。
恋しい人に戸を開こうと起き上がりました。
わたしの両手はミルラを滴《したた》らせ
ミルラの滴《しずく》は指から取っ手にこぼれ落ちました。
戸を開いたときには、恋しい人は去った後でした。

——雅歌

モアブにたどり着いたとき、スエロはまだ〝独身クラブ〟の一員だった。それまでの恋はすべて、自己憐憫《れんびん》の波間にくだけ散っていた。三十歳の誕生日——彼自身のことばによれば「中年の危機」——をふりかえって、こう書いている。「恋愛経験が一度もなく、枯れて、希望もなく、慢性的な孤独をかかえていた」

モアブに到着して協同組合の裏部屋で映画を見た夜、ダニエルは柔和なライオンのような男に引きあわされる。ハイキングと文学理論に熱意を燃やすロッキーは、モルモン教会から破門されたばかりだった。頑強な肉体の持ち主で、顔にはそばかす。イチゴのような赤毛をたてがみのように伸ばしている。ダミアンはクエーカーの集会でロッキーと知りあい、ダニエルに似合いの相手だと思っていたのだ。ダニエルと同じく、ロッキーのカミングアウトも、幼少期に受けた教育を根本から揺るがし否定するものであった。モルモン教徒としてすごした子ども時代は、ダニエルの原理主義的出自に劣らず強烈だったのである。ダミアンの思惑どおり二人は意気投合し、ダニエルのはじめてのロマンスが花開く。「ロッキーと手をつないで出歩けたし、周囲の人たちはそれを気にもとめなかった」とスエロは回想する。

　モアブの町は受けいれてくれたが、家族はそういうわけにはいかなかった。カミングアウトしてから四年、ダニエルは両親に、同性愛は不自然ではないと説きつづけてきた。シェラバーガー夫妻は、息子のセクシュアリティをどうにかして聖書的な観点から解釈しようと試みる。達した結論は、預言者ダニエルと同様、息子は去勢された男なのだ、というもの。カミングアウトする前のダニエル自身がいだいた考えでもある。息子が女性に興味を示さないのは、カレッジ時代に睾丸捻転《こうがんねんてん》症をわずらって片方の睾丸を失ったせいだ、と——科学的根拠はまったくないが——信じて疑わなかった。ダニエルがほかの男たちに思いこがれるのは罪ぶかいことだが、実際に行動に移さないかぎり致命的な罪にはあたらない。そう思っていた。

　「家族との関係を断つことなく、自分は無宗教でいようとしていたんだ」とスエロ。「自分は無神論者だと考えていた。と同時に、家族とのあいだに何らかの橋をかける必要も感じていた。無神論者でいるかぎり、そんなことは不可能なのに」

　ダニエルのカミングアウトは、そのころたてつづけに一家を襲ったかずかずの試練のうちのひとつにすぎない。ダニエルがカレッジに通いだしたころ、ディック・シェラバーガーは自動車ディーラーの仕事を辞め、新しくできた福音主義教会に牧師として雇われた。その後、五人の子どもたち全員が成長して家を巣立ったのを機に、夫妻は牧師館に入居。夫婦水入らずの安定した老後を送るつもりだった。だが、試練の時期はすぐそこまで近づいていたのである。一九八七年、ダニエルが平和部隊に在籍しているあいだに、姉のペニーが夫のもとを去り、八人の子どもを連れて牧師館にころがりこむ。同じ年にディックの父が死亡。ダニエルがエクアドルからカミングアウトの手紙をよこす。さらには牧師の職をリストラされ、一家は牧師館を出ざるをえなくなる。六十歳のディックとローレルは自分たちの生計をたてる手だてを失い、ましてや八人の孫を養うどころではない。シェラバーガー夫妻は、「モーテルシックス［モーテルの全国チェーン］」の管理人交代要員という仕事につき、あちこちの州を行き来しては、必要とされる場所で短期の職務をこなした。ワイオミング、ニューメキシコ、モンタナ、ネバダの各州を転々とし、ソルトレイクシティでようやく長期のポストにつけたと思ったところへ、ダニエルの自殺未遂のしらせが届く。その十八か月後、ちょうどダニエルがモアブに落ちついたころ、兄リックが脳腫瘍と診断される。それから一年もしないうちにリックは死んだ。ヨブ［旧約聖書「ヨブ記」の主人公。多くの試練の中神への忠誠をつらぬいた］のごとく矢つぎばやの災難に見舞われたあと、ダニエルがロッキーを連れてソルトレイクシティのモーテルシックスにたずねてきたときには、シェラバーガー夫妻もあまり厳しい態度をとるのはやめようという心境にかたむき、この〝友だち〟を歓迎したのだった。末息子が、自分たちの望みどおりの人間にはならなかったにせよ、少なくとも生きて健康でいてくれるだけでありがたかった。

一方、ダニエルにとって、解放感に満ちた恋のときめきは、現実の交際のわずらわしさを前に、ほどなく色あせていく。ダニエルに一目ぼれしたロッキーは、もともと恋人をほしがっていた。でも、ダニエル自身は本当に恋人を求めていたのかどうか。ただ寂しかっただけかもしれない。しばらく距離をおきたくて、一人になれるアパートを借りる。「ロッキーと私はお互いにいくらか冷静になれて、やっと二人のあいだに友情が育ちはじめている。最初からこうあるべきだった」とティム・フレデリックへの手紙に書いている。しかし、追っ手は執拗だった。「ロッキーから距離をとることができない」と訴えるダニエル。「彼のことは親友だと思う(けれども恋人ではない)」

本当の恋と言えるかどうかは別として、ロッキーとの関係は翌年までずるずると続く。この恋が終わりを迎えたのは、ロッキーがいきなりダニエルのアパートにあらわれ、理不尽な仕打ちをされたと責めたてたときである。「帰ってくれと言っても頑として居すわろうとするので、力づくで外に押しだしてドアを閉めた」とけんかの直後に書いている。「生まれてこのかた、誰に対してもこんな行動に出たことはなかった。女性のためのシェルターでの仕事を通じて身についたパーソナリティ障碍に関する知識が、私を強くしてくれたのだ。これでよかった」

落胆したときの彼のくせで、哲学的な物言いになる。「実のところ、自分が遅咲きでよかったと感じているんだ。チューリップであるより桜の木でいいんだとね。私はいまだに本物の恋愛を経験していない」

ダニエルはまだうつから脱しきれていなかったが、過去十年間にない安定期に入っていた。パートタイムでシェルターの仕事をするかたわら、ほかのアルバイトもこなす。エスプレッソマシンを操作したり、代用教員をつとめたり、日本人相手に電子メールで英語を教える地元企業の仕事でテストの採点をしたり。ダミアン・ナッシュと共同でささやかな資金をため、ナッシュの母親が出してくれた現金と合わせた五千ドルで、おんぼろのトレーラーハウスを購入する。シャブ中だった前の住人によって、間柱《まばしら》にいたるまで破壊しつくされていた。ダミアンとダニエルはこの代物を、峡谷の入り口に近い荒れはてたトレーラーパークに運び、修繕を始める。ダニエルは名ばかりの家賃として月々一〇〇ドルを払い、ダミアンはそれをダニエルの共有持ち分として積みたてることにした。

一方で、ダニエルは本物の愛を探しつづけていた。それまでは祈りと男同士の友情にのみ見いだしていた法悦の境地に連れて行ってくれるような愛を。それは次の夏にヒッチハイクで町にやって来た。

ある日ダニエルは、若い男がトレーラーの前を通って峡谷のほうへ歩いていくのを見かける。びっこをひいたその若者は、バックパックも寝袋も持たず、メキシコの毛布とコンガドラムを肩にかけているだけ。黒い巻毛にオリーブ色の肌。どことなく厭世的で大人びた雰囲気をただよわせている。妖精みたいに神秘的で、コヨーテに育てられた野生動物のようだ。少年の美しさのみならず、持ち物の少なさにも目をうばわれた。どうしたらあんなふうに生きられるのだろう。自分はきっとこの若者と出会う運命にあると直感する。

数週間後のこと。ダニエルは喫茶店で開かれたオープンマイク［誰でも自由に参加、発表できる催し］で自作の詩を披露していた。かなり難解な作で、慢性的な不安感に、聖書にまつわる数の神秘に対する積年の関心がないまぜになった産物である。

七つのかしらは七つの山
その上に座すはかのおんな
バベルの塔は
天に
達す

朗読し終えると、あのときの男が話しかけてきた。詩が気に入ったと言う。ふうがわりなコックニーなまりの話し方は、子どものころニュージーランドに住んでいたせいだった。しゃべればしゃべるほどエキゾチックな魅力が増し、ロバート・ルイス・スティーヴンソンの小説からぬけだした海賊を思わせた。父親と世界中を航海した経験を持つ。びっこをひいているのは、小さいころのポリオの後遺症だった。まだ十九歳なのに、すでに永遠のときを生きている。そんなオーラをまとっていた。その場に居あわせた者はみな、彼にひきつけられた。そして誰にもまして強く魅了されたのは、ダニエルであった。

ダニエルはトレーラーに彼を招く。ろうそくを何本かともし、ワインの栓を抜いて、二人は遅くまで語らった。ダニエルにとって、このようなつながりを感じた経験はかつてなかった。その夜、マシューはソファに泊まっていく。ダニエルは自分のベッドに横になったが、心臓がドキドキ音をたてているうちに、夜明けのミソサザイが鳴きはじめた。

二人はかたときも離れがたくなる。マシューがトレーラーに泊まりにくることもあれば、一緒に峡谷で野宿することもあった。洞穴やくぼみに入りこんだり、ただ星空の下で岩に寝ころんだり。しかし、ダニエルがゲイだと告白したとき、マシューは自分はちがうと答えた。ダニエルには信じがたかった。それほど二人のあいだの引力は強すぎた。

そしてある夜、ダニエルはマシューの手が自分の肩にのびてきて、ゆっくり胸の上をすべるのを感じた。背すじに稲妻が走る。呼吸をしずめることすらままならず、わが手をじりじりと動かして、やっとマシューの手に触れる。マシューはさっと身を引いてしまった。

こんなことが幾晩も続き、ダニエルは気が狂いそうだった。協同組合でコンラッド・ソレンソンにうちあける。「気長に待て」コンラッドは請けあう。「お前たち二人は同類なんだ」。追いかけっこは続く。マシューが数分間ダニエルを抱きしめる夜もあった。そのあとマシューはベッドから飛びだしていき、一時間後に戻ってくると浅い眠りにつくのだ。

ついにダニエルの忍耐が実を結ぶ。ある夜——彼自身のことばによると——壁がくずれ落ちた。二人は互いの腕の中に飛びこみ、気が変になるほど愛していると白状しあう。至福のとき。冬が近づくとマシューはトレーラーに越してきて、新しいカップルは幸せな家庭生活を始めた。「マシューは出窓のある部屋を改装中。木目調パネルの上にしっくいを塗って、かどに丸みをつけている」とスエロは書いている。「あとで一緒に熱帯雨林の壁画を描くつもり。だんだんトレーラーには見えなくなってきた」

つきあいはじめたばかりの恋人たちの例にもれず、話にならないほど互いに熱をあげた二人は他人が目に入らなくなり、周囲を閉口させた。「ときどき、マシューとダニエルがバスタブでふざけていちゃついている声が、薄っぺらい壁ごしに聞こえてくる。ろうそくなんかともしてさ」とダミアン・ナッシュは当時を回想する。「そういうときは外に散歩に行かざるをえなかったものだよ。二人そろって信じられないほどズボラで、床に置きっぱなしのガラクタをかきわけながら歩かなくちゃならないし」

ふうがわりな世帯だった。全米レベルのチェスプレーヤーであるダミアンは心理学の教師。のちにグランド郡立高校のチェスチームをユタ州選手権優勝の座に導いた(さらに後年、コロラド州で優勝したチームを指導したのも彼だ。自身は二〇一〇年にユタ州チャンピオンとなった)。神経科学と認知科学の修士号を持つクエーカー教徒だが、「神秘主義マニア」を自称し、個人的信条の源はルーミー[一三世紀ペルシアの神秘主義詩人]やスーフィー詩人にある。ダミアンの恋人リンダ・ウィッタムはニューイングランド出身の魅力的な女性で、修士号とプロテスタント的労働倫理の持ち主。週四十時間以上を環境団体のためについやし、人間を怠惰にするモアブ熱におかされたこともなければ理解すらできなかった。

そうした奇妙なとりあわせの同居は、この「パワーハウスレーン・トレーラーコート」では珍しいどころか、ごく普通だった。峡谷の入り口のわだちででこぼこした道ぞいにあって、桃の果樹園と清らかな小川に隣接する、エアストリームとデトロイター［ともにトレーラーハウスの商標］の荒廃した集積地は、〝第三世界トレーラーパーク〟とあだ名されていた。足の短い野犬の群れがつねにわがもの顔に走りまわっては、通行人にほえかかり、足の短い子犬をつぎつぎ生んで保健所の仕事を増やしているからだ。この物件はウラン工場が一九八四年に閉鎖されてからほったらかし同然の状態で、立ち退きを拒んだほんの数台だけがクワの木々の下に居すわっていた。ところが、近くに住むヒッピーが買いとってリンゴと桃の木を植え、一区画あたり月々六八ドルで貸しだしたところ、古びた移動住宅でたちまちあふれかえる。新しいオーナーのアンドリュー・ライリーが課した規則は二つだけ。覚醒《かくせい》剤の禁止とピットブル［闘犬用の獰猛な犬］の禁止だ。「保証金と家賃を持ってくれば誰であろうと入居させた」とアンドリュー。現在六十代、頭は白いが、長年果樹園で日に焼けた顔はピンク色だ。「たいてい希望者が順番待ちだったよ」

どういう人たちがここに住みたがったのだろうか。「不動産所有の責任を望まない良質な方々」というのがライリーの説明である。だが私自身、第三世界トレーラーパークに二度住んだ経験のある者として言わせてもらえば、隣人たちは何というか〝モアブ風の粋《いき》〟とでも呼ぶべきものを共有していた。ブリキの壁に電動のこぎりで穴を開けて、日干しレンガとストローベイル［わらブロック］の部屋を増築するような、柳の小枝を切ってきて目かくし用の垣根をめぐらすような、アプローチに薪風呂を設置するような、そういう人種だ。四十人ほどいた住人の中には、海軍の退役軍人、ブロードウェーのダンサー、ニューヨークのファッションモデル、キャニオンランズ国立公園におけるロッククライミングについて決定版ガイドブックを書いた足の悪い著述家、ユング理論の専門誌『ドリーム・ネットワーク』(キャッチフレーズは「夢を大切にする文化をはぐくむ」)の浮世離れした発行人もいれば、もっとありふれた河川ガイド、季節労働のウェイター、インディアン、環境活動家、のんだくれもいた。パワーハウスレーンで車輪がついていない唯一の建物は、「アウトワード・バウンド［非営利の冒険教育機関］」のガイドの寝場所として貸しだされるボロ小屋である。八月のモンスーンの時期、回転草が勢いづくころになると、ガイドたちも傷だらけのピックアップトラックやキャンピングカーで大挙して押しよせるのだ。ここでは名字で呼びあうことはめったにない。住民らは〝ヒッピーのブルース〟〝野人ジミー〟〝裏切り者ケイト〟〝嵐のノーマン〟などの名で通っていた。多くのトレーラーパークにつきもののピットブルと覚醒剤を見かけないかわりに、恋の三角関係(四角関係、五角関係も)、つまらぬいさかい、寝たばこが原因の火事はしょっちゅうだった。

「あの敷地には不可解なエネルギーが働いている」とライリーは語る。「過去に何か暗い事件があったんだ、おそらくインディアンとのあいだで」。たしかに、トレーラーパークから川上にしばらく行ったところにあるアナサジ族の岩絵は、見る人によって恐怖の念をもよおさせる。長年、ライリーはこの地の悪い魔力を除去しようといろいろな方法を試し、〝魔女〟たちによる踊りと太鼓の儀式など、その奇矯さはどんどんエスカレートしていった(「どこから魔女を連れてきたんですか」とメモをとりつつ聞いてみた。彼は目をそらしてつぶやく。「どこを探せばいいか知っていれば簡単さ」)。

ある夜、私に言わせればそのころがパワーハウスレーンの全盛期だったが(その後、トレーラーコートは撤去された)、ダミアンがロシアの天才チェスプレーヤー、イゴル・イワノフをソファに泊めようと連れてきた。ダミアンが主催するトーナメントに出場するためにやって来たイワノフは、ホテル代を節約したかったのだ。ダニエル、マシュー、ダミアン、イゴルの四人の男たちは、ウォッカのビンを開け、政治について一晩中語り明かした(リンダはおそらく外出していたか、賢明にも早めに切りあげたのだろう)。このロシア人は身長二メートル、体重約一三〇キロ。ソ連から亡命した超保守的な人物であった。ウォッカの杯をかさねるにつれて大声になり、共産主義はこの世で一番の害悪だ、どれだけ創造性をつぶし、個性を抹殺していることか、とがなりたてる。ちびっこ左翼のマシューも負けていない。この巨人に立ち向かい、同じくらいウォッカを飲み、ファシズムと私企業の悪弊を逐一数えあげて非難したのである。

明け方、ダミアンは酒のにおいをプンプンさせたロシア人をトーナメント会場へ送っていく。車中、イゴルはしぶしぶながらこう認める。「あいつはまだ物を知らない若造だが、少なくとも言うことには筋が通っている」。二日酔いで臨んだ試合は黒星に終わった。

ダニエルとマシューの白日夢は冬のあいだじゅう煮えたぎり、ついにダミアンとリンダの関係にまで緊張をもたらすにいたった。ある夜、ダニエルとマシューは火のついたろうそくを放置して、リンダが大切にしている敷物にうっかり穴をあけてしまう。それはダミアンの母親からリンダに贈られたものだった。二人は焦げ跡を家具で隠そうとしたが見つかってしまう。ダニエルがリンダに謝らないので、彼女はダミアンに訴える。このたかり屋であつかましくて慢性うつの浮浪者と、その悪魔のような恋人と、一緒の家で生活するのは、まっぴらごめんだわ。彼女はダミアンに最後通牒《つうちょう》をつきつける。彼をとるか、私をとるか。

三日後、リンダはトレーラーから出て行った。

まもなく、すきま風の入るトレーラーが幸せな二人にとって重荷となりだし、春のおとずれとともに、ダニエルはシボレーバンの中古車を五〇〇ドルで購入する。二人でバンと峡谷を行き来して夏をすごす計画だった。だが、マシューにならってひたすら自由に生きようとしていたダニエルも、恋人の気まぐれにはいらいらさせられた。こう書いている。「マシューが実年齢よりはるかに成熟した大人の哲人だと思うときもあれば、はたちの肉体に幽閉された七歳児のように感じるときもある（たぶんこちらのほうが多い）。自分がもうすぐ三十五になるところでよかったと思う」

ダニエルは、マシューが同じトレーラーパークに住む女性と親しくしていることに嫉妬していた。よく、ダニエルをマシューのパトロンとふざけて呼んでいる女性だ。彼女のことで問いつめられたマシューはけんか腰になる。これで三角関係ができあがった。マシューは彼女と一緒にいることが多くなっていく。「マシューは冒険を求め、ダニエルは落ちついた生活を求めていた」とダミアン。ついにダニエルの我慢が限界に達する。

「彼女に恋しているのか」と詰問するダニエル。

マシューは笑いだす。「いったいどうしてそんなことを言うのかな」

「じゃあ、いつも一緒にいる相手が好きじゃないのか」

マシューは答えない。

そこでダニエルは女のトレーラーに押しかけて同じ質問を浴びせた。彼女も笑う。自尊心を傷つけられたダニエルは怒りくるう。

翌日のマシューはやけに横柄だった。

「きみに言われたことをあれから考えていたんだけど」と切りだす。「ぼくは彼女のことが好きなんだと思う。きみがぼくの目を覚まさせたんだ」

そしてあっという間に荷物を彼女の車に積みこむと、一緒にどこかへ消えてしまった。愛は風の吹くままにやって来たときと同じくやすやすと、町から去っていったのだ。

「とことん打ちのめされている」と、平和部隊時代からの親友ティム・ヴォイタシクへの手紙で心中を吐露している。「痛みのすべてのわき道を歩きつくしたと思った瞬間に、また新しい――さらに強烈な味わいの――道を見つけてしまう。まったく信じられないほどの裏切られようだ。心はやぶれたぼろきれとなって、マシューの尻ぬぐいをさせられている。どんなに彼を愛していたかわかっていなかったなんて、おかしな話ではないか。つらくてたまらない」

職場に行けば、日本から届いた英語の試験が、机の上で無意味に自分を見あげている。四日後に辞めた。バンで眠り、友だちともほとんど連絡をとらなかった。しかし、つのる痛みの一方で、それまでとちがう何かに気づく。リアルなのだ。五年間気分をめいらせてきた漠然とした憂愁といったものではない。もっと肚《はら》の底で感じる、人間的な痛みだった。こうも書いている。「心の奥底で、いつかこんなことが起きるとわかっていた。この経験にも、何か――うんざりするような――意味があるのだと」

今現在の失恋の痛手のほうが、以前悩まされていた孤独と実存的不安よりもましだった。彼はその中でのたうちまわる。峡谷で二か月すごし、恋の火花を散らした場所をさまよい歩いた。「そうすることで現実を直視させられた。あらゆるいまいましいことがはっきり見えてきて、さんざっぱら泣きもしたし、笑いもし、喜びと美を感じもした」

スエロは、自分は恋愛に向いていないのだろうと思うようになる。「最近よく考えるのだけれど、一人でいても一〇〇パーセント快適だと感じられるようになってはじめて、人とどうつきあえばよいのかが私にもわかるのだろう」と分析している。「風に吹かれるかすみのようにはかない色恋ごとに、バカバカしいほど重きを置いていたものだと、よく思う。恋愛経験が少ないので、たまにそういうことが起きるとどうしたらよいのかわからない。まるで思春期の子どもだ」

スエロの人生行路という見地にたてば、マシューとの別れは、世俗的な執着からまたひとつ自由になったことを意味する。神話学的に言えば、この恋愛を〝誘惑者〟との出会い――英雄が乗りこえねばならない試練のひとつ――と呼ぶことができよう。今までの人生で最後の大恋愛でもあった。

今日では「今後ずっと恋人がいなくてもまったく平気だ」と言う。「誰かあらわれたとしたら、それはうれしいよ。でも、わざわざ探しもとめはしない」

失恋から十五年、軽い情事はいくつか経験したが、どれもせいぜい二か月で、長つづきしなかった。そんな情事のひとつが終わったあと、こうふりかえっている。「私の生き方はちょっと彼の手におえなかったのだ」

親しい友人たちは、スエロの恋愛は前途多難だと見ている。「恋人がいない悩みは大きいと思う」とダミアン・ナッシュ。「最初にモアブに来たときが彼の一番幸せな時期だった。若くて恋愛の可能性もおおいにあったからね。あのころの彼はこの地を愛し、人生最高の性生活を享受していた。今ではそっちのほうはあきらめてしまい、修行僧のように孤独な生活を送っている」

「当時は恋人探しにもっと必死だった」と語るのはコンラッド・ソレンソン。「近ごろはずいぶんと修行僧めいてきたな」

それでも、恋愛を完全にあきらめたわけではない。私がモアブに滞在してスエロに取材していたころ、目を引くほどの美少年がヒッチハイクで町へやって来た。コディーというその少年は、中性的で針金のような体つきに、ブロンドのドレッドヘア、鼻には輪っかのピアス、えり元から刺青《いれずみ》がのぞく。まだ二十代前半で、スエロのウェブサイトを読んで会いに来たのだ。二人は一緒にキャンプしながら、神や愛や宇宙について夜遅くまで語りあった。コディーは何度も「元パートナーのジェシー」に言及する。これが悲喜劇的誤解のもとになった［ジェシーは男性に多い名前］。スエロのブログに一部始終が、痛いほどの率直さで明かされている。

「皆にふれてまわってくれていいとコディーに言ったんだ。はるばるモアブまでやって来て、私をとりこにしたとね。色恋ざたにはすっかり免疫ができたと思っていたのに、まさかこうなるとは……。コロラドで待っているすてきなガールフレンド（ジェシー）をコディーは心から愛しているうえ、私の息子であってもおかしくない年齢なのだ。ようするに今の私は、激しい片思いのショックから立ち直ろうとしているところである」

正直言って私には、この五十歳の穴居人が恋愛に関して現実的な選択をしているとは思えなかった――ことに、自分の半分の年の異性愛者を追いかけているようでは。私のトレーラーで夕食をともにしたある夜、スエロにたずねてみた。実際、たとえゲイであったとしても、わざわざ洞窟に引っ越してきてお金と縁を切るような男が、はたしているだろうか。ただ愛だけのために。

「自分でハードルを高くしているようなものだね」と彼も認める。「自然淘汰の場を作って。そこを首尾よく通過した人こそ、私の求めている相手だ。われわれの神話、おとぎ話にもあるよね。女性的なるものと男性的なるもの。女性的存在――お姫さま――は障害を設ける。男性的存在はその十二の試練を突破しなければならない。竜をやっつけるだとかなんとか。生物学でもそう。卵子のありかにたどり着くには、精子は有毒な液体をくぐりぬける必要がある」

なぜゲイ人口の多い都会でもっとすごさないのか、とたずねてみる。

「デンバーのゲイ・コミュニティーにはうんざりした」とスエロはうちあける。「安易すぎて」。しばらく言いよどんだあと、また口を開く。「人間が洗練されていないんだ」

洗練だって？　頭がクラクラしてくる。私のイメージする〝洗練〟とは、ジャズピアノにフランスワイン、どのフォークでサラダを食べるべきかをわきまえていること。「洞窟住まいのきみが、他人のことを洗練されていないなんて文句を言えたくちかな」

「私の考える洗練っていうのは、自立できている人だよ。ぬくぬくした便利さに頼ったりせずにね。洗練で思いうかべるのは、火で精錬される金鉱石だ。よけいなものがすべて焼け落ちて、黄金《ゴールド》だけが残る」

みごとなまでに――度しがたいと言ってもいいほど――ロマンチックな理想である。スエロが本当に相手を見つけたいと思っているのか、それとも成就不可能なものに恋いこがれているだけなのか、わからなくなった。白雪姫かカネなし姫気どりで、馬鹿げた困難を耐えしのびながら、いつの日か白馬に乗った王子様にキスされて生き返るのをひそかに待ちのぞんでいるのかもしれない。

「今のライフスタイルには、恋愛に縁がないことへの反動という側面もあるの？」と私。「失恋の痛手が人里はなれた暮らしを選ばせたと思うかい」

「うん、おおいに関係あったと思う」との答え。「マシューとのこと……あの経験からはいろいろと教えられた。あれがひとつの転機になった。こう考えるようになったんだ。恋愛のように終わりあるもの、一時的なものに、なぜそんなに投資しなければならないのか、って。でも、人からは長年、「単なる言い訳じゃないの」とか「恋愛で満たされていない代償なのでは」などと言われつづけている。そうかもしれない。人間が一生のあいだにすることはすべて、何か別のことの代償のような気がする。この道は私が選んだのであって、一番心が満たされる道だ。恋愛はそれをだいなしにするだろうと感じた。私とともに同じ生き方をしてくれる相手でないかぎり。だけど、結果的にそれが恋愛の可能性をひどくせばめてもいる。だとしたら、私は恋愛を恐れていることになるのだろうか。逃げているのだろうか。あるいはそうかもね」

10　アラスカへ

勇気を出すんだ、少年！　この大地以外、死なないものは何もないんだからな！
――ブラック・エルク（ナイハルト『ブラック・エルクは語る』宮下嶺夫訳、めるくまーる）

一九九七年四月のある日、金銭を手ばなす三年前のことだ。峡谷に一人でいたスエロは、生きた動物を食してみる。「腹がへったのでハシリトカゲをつかまえた」とそのときの体験をつづっている。「すっかり観念したように抵抗をやめたトカゲ。その肉体を私は口に入れ、頭をかみ切った」

スエロの文章の中でも、私が特に気に入っているひとコマである。というのも、ときに私は、彼は単なるサバイバルを追及しているだけなのではないかと勘ぐってしまうが、このエピソードはそんな疑念をきれいに打ち消してくれるから。むしろ、この男がめざしているのは、生命の神秘を解き明かすこと。それまでの数か月をかけて、食物に関する彼なりの理論を構築していた。「主食を食べる者と食べられる者とのあいだには精神的結合がもたらされるという考え方である。「主食を神の化身とみなす文化は世界中いたるところに見られる。シャイアン族なら水牛、ホピ族ならトウモロコシ、マサイ族なら牛、クリスチャンなら小麦（パン）。狩猟採集民族について言えば、キリスト教の聖餐《せいさん》式の意味を真に理解できるのは、この人たちだけだろう（われわれのちっぽけなウェハースを彼らののどに詰めこむ義務があるなんて、とんだ思いあがりだ）。すべての生き物はいけにえであって、例外はありえない。誰もが食べ物なのだ」

よき科学者らしく、ダニエルは仮説の検証に力をつくす。が、結果は憂慮すべきものだった。「飲みこもうとしたが激しい嫌悪感から吐きだしてしまった」と書く。「すべての生命の源だというのに。不快に思うなんて！」

彼は、過越《すぎこし》の祭の時期に合わせてこの実験をおこなった。イエスの〝最後の晩餐《ばんさん》〟は過越の食事だったと言われている。十字架にはりつけになる直前のイエスは弟子たちに向かって「パンはわたしの体、ワインはわたしの血である」と説き、「わたしの記念として」食べ、飲むよう命じた。つまりスエロは、このトカゲをタンパク源として摂取しようとしたのではない。そのつもりならば火を通したはずである。そうではなく、自分以外の生き物を食する行為が精神的にいかなる意味を持つのか、理解したかったのだ。他者の死を通じて生かされるとは、どういうことか。ほかの生き物——ハイイログマだろうがミミズだろうが——に食われる日にそなえた訓練と呼んでもいい。

ダニエルの過越の儀式は次のように終わっている。「そこで『これはわたしの体である』と考えてもう一度挑戦した。無理やり飲みこんだとき、きつい血の味がした。その後しばらくは、峡谷じゅうのすべての物から、そして私自身の汗からも、トカゲの血のにおいがただよってくるのだった」

〝最後のトカゲ〟は特に忘れがたいエピソードであるが、お金を手ばなすまでの数年間、スエロはこれ以外にもさまざまな角度から、カネなし人生の哲学的枠組みを検証しようとしていた。大まかに言って、よき人生に関する二つの持論を試していたのである。第一に、ヘンリー・デイヴィッド・ソローに影響された考え。アパラチアン・トレイルの起点で、寒さに荒れた無数のくちびるが朗唱してきた、あの一節――「ぼくが森へ行ったのは思慮深く生活して人生の本質的な事実とだけ面と向かいあいたかったし、人生の教えることを学べないものかどうか確かめたかったし、死ぬときになって自分は生きていなかったなどと思いたくなかったからだ」(『新訳 森の生活』真崎義博訳、JICC出版局、六九頁)。

だが、人工物から解放され自然のリズムに近い簡素な暮らしをして、それがどのような効果をもたらすかを調べるためには、まずスエロ自身の態勢をととのえる必要があった。そのような実験に乗りだす準備すら、当初はできていなかった。モアブに来たばかりのころは、一九九〇年代の米国人の一〇パーセントがそうであったように、プロザック、ゾロフト、ウェルブトリン「いずれも抗うつ剤の商標」のカクテルで、骨の髄まで薬漬けになっていたのだ。ある抗うつ薬が効かなくなると別の薬が処方されるという具合で、いくつかの代替薬がつきると最初の薬に戻る。ゾロフトの問題は、口が渇くことと、頭がぼーっとすることだった。「ハビタット・フォー・ヒューマニティ「住居建築支援をおこなう国際的NGO」」のために彼が立ちあげたプログラムについてローカルテレビ局のインタビューを受けたとき、途中でのどがカラカラになってカメラの前でどもりだしてしまった。さらには、頭上のネオンライトのジージーという雑音が大きくなり、声がかき消されそうになる。もっと悪いことに、上を見ると、そこにはネオンライトなどなかった。雑音は自分の頭の中で鳴っていたのだ。「さいわい、どっちにしろ誰も見ていやしない局だった」と彼は言う。

ある日、郵便局の建物を出て陽光に目がくらんだ瞬間、人とぶつかったと思ったら、以前の同居人のリンダ・ウィッタムだった。調子はどうかと問われ、元気なふりをすることもできない。「ひどいもんだよ」と答えた。「仕事はないし、不安にさいなまれて。最悪だね」

リンダはこのうえもなく優しいまなざしで言う。

「何も心配しなくていいのよ。仕事のことも、お金のことも、健康を取りもどすまでは考えないで。健康が一番大事なんだから、それだけに意識を集中するの」

そのとき、小さな明かりがともった。頭の中でジージー音をたてるネオンではなく、心地よい電球の明かりが、意志の力という忘れかけていた一角を照らしだす。この日彼は、薬に頼らずにうつ病を治そうと決意する。錠剤を半分に割ることから始めて、次は四分の一に、それから八分の一に。そしてとうとう、最後に粉末状になった薬をトイレに流した。友人の自然療法医マイケル・フリードマンから、かわりに天然のオトギリソウをすすめられ、一日三回お茶にして飲みはじめる。

「自分の精神状態を視覚化してとらえるようになった」とスエロ。「当時の心の中は雑草だらけの庭のようで、他人、物事、自分自身に関する否定的な思考ばかりがはびこっていた。そこでこう思いたったんだ。『八十歳になるまでかかってもかまわない。この庭から雑草を一掃してやる。これが最優先課題なのだ』って。うしろ向きの考えが頭にぽこぽこ浮かぶのを、自分はずっと見つづけてきた。なぜそんな考えに執着するのか。無駄なことだ。手ばなしてしまおう」

そして一九九七年を洞穴で暮らしながら、精神状態はゆっくりと快方へ向かっていく。何かをしていて、ふと気づくと、気分の落ちこみを感じることなく何時間かが過ぎていた。抑うつは消散しはじめていた。心の健康の改善にぞくぞくする興奮を覚えつつ、今度は身体的健康に注意を向けはじめる。

気持ちの面で調子のよい日があっても、体調はすぐれなかった。何を食べても胃がすんなり受けつけることはほとんどなく、慢性的なガスと消化不良があまりにもひどいので、平和部隊の駐留先で寄生虫に感染したのかもしれないと思っていた。めまいや頭痛もある。それに、とにかくいつも疲れていた。極度の疲労感で、朝が来ても起きる気になれない。

フリードマン博士は慢性疲労症候群の診断をくだし、抗真菌薬と消化酵素を処方した。これが効果を発揮したと見えて、十年このかた病弱だと感じてきた彼が、はじめて、丈夫で強壮な自己イメージを持てるまでに変わる。大家族の末っ子に生まれたスエロは、それまでの人生、つねに一番ちびの弱虫で、いばりちらされ、叱られ、こづきまわされる役だった。でも、もうこれからはちがう。男らしさの基準に従わない権利を守ろうとして——神経質で女性的な自分に引け目を感じなくてもいいように——さんざんエネルギーを注いできたが、今にして突然、どちらかを選ぶ必要がなくなった。両方とも手にすることだってできるのだ。なんてこった、自分が男らしくありたいと思うとは！

彼は自分の体力を試しはじめる。女性のためのシェルターに泊まりこむアシスタントとして四日連続勤務のシフトが明けると、週の残りを一人きりで、峡谷の奥ふかくへ踏みいってすごした。過去に野営を経験した地点よりもさらに遠く、町から歩いてたっぷり二時間はかかる。そこまで行くと誰にも会わなかった。長距離の歩行でふくらはぎに血が行きわたり、肺は冷たい空気で満たされる。冬のあいだもずっと、北向きの岩穴ですごした。ほとんど日光がささず、したたり落ちる山水はつららに凍る。寝袋をもうひとつ手に入れ、わが身にたき火を禁じた。自分が何からできているのかを知りたいと思ったのだ。食生活も厳しく節制した。オーガニック、ビーガン［完全菜食］、ローフード。彼の肉体は、ナッツ類のタンパク質だけで冬を乗りきった。「これほど体調がいいと感じたことはかつてない」と記している。スエロの荒野におけるシンプルライフは、ソローが断言したとおり、人間が自然界でよく生きられることを証明したようだ。

スエロが検証しようとした第二の持論は、偶然と運命についてであった。自然界のいとなみを観察するほどに、自由意志などというものは人間の創作した神話にすぎないのではないか、将来について計画したり心配したりするのに時間をついやすのは愚行のきわみではなかろうか、と思われてくる。ビーバーやリスのように勤勉に働く例外も少数あるが、ほとんどの野生動物は先の計画をたてたりしない。そのときどきに手に入るもの——植物やほかの動物の死骸《しがい》——を食べ、自分が死ねば、持っているもの——自分の肉体——を与える。

イエス・キリストその人も自説を裏づけていると思われた。何年も距離を置いていた両親の信仰を、ここへ来てもう一度見なおすことになったのだ。〝山上の説教〟においてイエスは、のちのキリスト教の核となる原理を提示する――「敵を愛せ」「もう一方の頬をも向けよ」「人を裁くな、あなたがたも裁かれないために」「柔和な人たちは地を受けつぐ」。さらにイエスは、自然界にも言及している。

「空の鳥をよく見なさい。種も蒔《ま》かず、刈り入れもせず、倉に納めもしない。だが、あなたがたの天の父は鳥を養ってくださる。あなたがたは、鳥よりも価値あるものではないか」（マタイによる福音書第六章二六節）。つまり、神が鳥に食べ物を与えるとすれば、人間にも与えるのではないだろうか。ここでイエスの革命的なセリフが登場する――スエロの幼少期には強調されなかった教えである。「自分の命のことで何を食べようか何を飲もうかと、また自分の体のことで何を着ようかと思い悩むな。命は食べ物よりも大切であり、体は衣服よりも大切ではないか」（同二五節）。そしてとどめの一言。「あなたがたのうちだれが、思い悩んだからといって、寿命をわずかでも延ばすことができようか」（同二七節）

目の前が急に開けたようだった。心配こそが、それまでのスエロのあらゆる苦痛のもとだった。次に何が起きるだろうか。どこに住もうか。どうやって学資ローンを返済しようか。両親がどう思うだろうか。彼はつねに思い悩んでいた。ところがここで、ほかでもないイエスが述べているではないか。思いわずらいは何ももたらさない、寿命を一時間たりとも延ばすことはできない（欽定訳では「身長を一キュービット［約五〇センチ］増やすこともできない」）、と。

念入りな計画が愚行だとしたら、ただの偶然こそが神の采配なのだろうか。スエロがたてた仮説はこうだ。「偶然とは神である。偶然の心を知るには、すべての執着（事前の計画）を断ち、運にまかせて動く必要がある。信仰とは、偶然を受けいれること」。将来を自分でコントロールしようという姿勢を捨てる場合は、「すべてのできごとには意味がある」との考えが前提になってくる。

イエスに次いで著名なクリスチャンと言えるであろうアッシジの聖フランチェスコについて考えてみよう。一三世紀のイタリアでフランシスコ修道会を創立し、キリスト教に清貧の誓いを持ちこんだとされる人物である。この〝小さき貧者〟は、イエスのよく知られた教え――「もし完全になりたいのなら、行って持ち物を売り払い、貧しい人々に施しなさい。それから、わたしに従いなさい」（マタイによる福音書第一九章二一節）――に感銘を受けて、キリスト教における偉大な現世放棄者の一人となった。衣服がみすぼらしかったせいで人からさげすまれた様子が、彼の伝記『聖フランチェスコの小さな花』に描かれている。「すべてを捨て、悔い改めをして禁欲生活にはいり、多くの人たちから狂人扱いされ、親戚縁者や他国の者たちからも気違いとして嘲《あざけ》られ、石と土くれをもって追われる身となる」（『聖フランチェスコの小さな花』田辺保訳、教文館、一六頁）

聖フランチェスコは、〝神なる偶然〟の熱烈な信奉者だった。ある日、同輩の修道士マッセオと旅をしていると、シエナ、フィレンツェ、アレッツォに通じる四つ辻にさしかかる。二人はどの道を行くべきか迷う。「神さまのみ心にかなう道を」とフランチェスコ。どうしたら神のみ心がわかるのか、とマッセオは不思議がる。フランチェスコにはちゃんと方法がわかっていた。「聖なる服従の功徳により」とフランチェスコは唱える。「この四つ辻の、今あなたが立っている場所で、子どもたちのするように、ぐるぐる回りをしなさい。わたしがやめよと言うまで、やめてはいけない」

マッセオは言われたとおりにした。目が回ってふらふらになるまで回りつづけ、よろけては立ちあがりながら。とうとうフランチェスコが叫ぶ。「とまりなさい。そのまま動かずに。あなたの顔は、どちらの方角を向いているか」

「シエナの方角です」息を切らしたマッセオが答える。

「その道をたどるようにというのが、神さまのみ心だ」(前掲『聖フランチェスコの小さな花』五一〜五二頁)

とフランチェスコが言い、二人は歩きだした。

〝自然の中の生活が人間を強くする〟というソローの説と、〝偶然に従えば神に近づく〟という聖フランチェスコの信念。この二つの持論についてスエロがあれこれ思いめぐらすうちに、その両方を試す機会がおとずれる。

一九九七年、一人ぼっちですごした春が夏へと変わるころ、スエロは地元のギャラリーで二人のアーチストと出会う。サンフランシスコ生まれのレズリー・ハウズは当時三十一歳。モアブでアルバイト生活を五年ほど続けており、例の日本人向け英語試験の採点もしたことがあった。名門エクセター高校とカリフォルニア大学バークレー校を卒業し、作家、画家、俳優として真の才能に恵まれたレズリーは、〝モアブ渦〟に吹きだまる洗練された流れ者の好例である。かがやかしい経歴にもかかわらず、河川ガイドやウェイトレスとして働き、モーターボートの運転で生計をたてているラリーという男とつきあっていた。怒るとせっかちにまばたきするくせと、笑うときに鼻を鳴らすくせも、ダニエルには好ましく思われた。

もう一人の新しい友人メル・スカリーは二十七歳の画家。春休みにミシガン州からモアブにやって来て、エドワード・アビーの本を何冊か読み、協同組合をたずね、峡谷をハイキングし、この地を第二の故郷と呼んでいた。「見わたすかぎり何もないって、すごいわね」と友人に報告している。「ここは最高」。しばらくのあいだ、ユースホステルの外に置かれたトレーラーハウスに滞在した。窓のすきまから引いた延長コードの先には裸電球。水道はなかったが、雑用を手伝うかわりにタダで泊めてもらい、ホステルのトイレとシャワーを使うこともできた。ほどなくして三角屋根のボロ家に移り、四人のビーガンと共同生活を始める。この家では肉の調理が禁止されていた。鍋の持ち主の女性によれば、「肉食する人たちは地球《ガイア》を殺している」のだ。「そのうちツナ缶を開けるのも後ろめたく感じられてきて、私もベジタリアンになりました」とスカリー。「でも、肉食の是非について深く考えた末の選択というより、恐怖と罪悪感からそうしていただけ」

二人がスエロと出会ったとき、三人のあいだに魔法がはたらく。そのころスエロはバガヴァッド・ギーター［ヒンドゥー教のもっとも重要とされる聖典］を、スカリーはスターホーク［米国の魔女研究者、エコフェミニスト］を、レズリーはヴァージニア・ウルフ［英国の小説家、フェミニズム評論家］を読んでいて、それらすべてがうまくかみあったのだ。「ずいぶんひさしぶりの人間らしいつきあいだ」と彼は書いている。レズリーは二人に、前年の夏にアラスカのロッジでウェイトレスのアルバイトをした話をする。写真も持っていた。圧倒されるような山並み、緑色の河、空高く舞うハクトウワシ。高給をもらいながら、風の吹かない酷暑のモアブをしばらく逃れることができる。今年も二週間後に出発するつもりだ、と。「黒いズボンと靴さえ持っていけば、デナリ［アラスカ州中央部の郡。北米最高峰マッキンリー山の別名］で仕事にありつけるよ」とレズリーは請けあった。「シャツは支給されるから」

「私も行く」とスカリー。「一緒に行こうよ」と懇願する。

二人はスエロに「一緒に行こうよ」と懇願する。

スエロは峡谷の生活を楽しんでいたし、学費返済のためまじめに働いていた。だが、このとき心が動きはじめる。アラスカか。母なる大自然の中で自分の気概を試すにはうってつけの場所ではないか。それに〝偶然〟の話は？　この二人の女性との出会いにも何か意味があるのかもしれない。自分の計画になぜそれほど固執するのか。風に吹かれるままに動けばいいじゃないか。

翌日、彼はシェルターに休暇を申し出る。そして三人は出発した。

「これが旅の道づれのすてきな女性たちです」という絵はがきをダニエルは直後に出している。しかしながら、ことは当初考えていたよりも少し複雑であった。

レズリーが「プリンセスロッジ」――年金暮らしのクルーズ船客らが、デナリの眺望と軽歌劇のディナーショーをめあてにアラスカ鉄道で運ばれて来る――でまた働きたかったのは本心である。ただし、もうひとつ本音があって、彼女はそこの役者に熱をあげていた。一九一三年のマッキンリー初登頂の物語を再現する一座の男だ。頑丈なあごとがっちりした体つきで、登山隊のリーダー、ハリー・カーステンス役を演じ、見せ場ではタップを踏んでこう歌う。「お前さんの足を凍らすな／お前さんの足を凍らすな／何が何でも行かねばならぬ――頂上へ！」。ハリー・カーステンスへの恋心を成就させるには、もっと肝心な問題がありそうだが、彼女が何より気に病んでいたのは、キャニオンランズからカナダを経由してデナリにいたる五千キロの道のりだった。とにかく運転が大の苦手で、自損事故で車を二台オシャカにしているほどなのだ。「ダニエルをアラスカに誘ったのは、ひとつには、いい運転手になると思ったから」と、十五年たった今、告白する。「彼、すごく器用なんです」

そのころメル・スカリーも恋をしていたが、こちらはタップダンサーのハリー・カーステンスよりさらに見込みのない相手だということが、遠からず判明する運命にあった。はじめて出会ったその日から、彼女はどうしようもなく、熱烈に、心底、恋してしまったのだ。正真正銘の同性愛者ダニエル・シェラバーガーに。そして出発まであと二十四時間というときになって、三人が〝金の卵〟号――レズリー所有のドッジ社製バン――でスーパーマーケットの駐車場を徐行中、ダニエルの口から昔のボーイフレンドの話が飛びだし、スカリーは自分のおかした重大なあやまちを察する。「あのときは顔が真っ赤になりました」。二人に気づかれぬように顔をそむけたが、時すでに遅し。あともどりはできない。

「彼の心を変えられるかもしれないと思いましたか」と私はたずねた。

「ええ、まあ」と彼女。「若くて世間知らずでしたし」

プラトニックな関係ではあったが、スエロとスカリーは互いに夢中になった。「きみはかわいい子猫ちゃんのようないびきをかくね」と、はじめてキャンプした翌朝にダニエルは優しくささやく。レズリー一人がバンの上のせまい寝台に眠り、スカリーとスエロは下の座席で寝た。この貞節な恋人たちは、ブリティッシュコロンビア州の温泉にあおむけに浮かんでは、タバコを回しあい、宇宙に向かって煙をふかすのだった。レズリーは、自分がやきもちを焼いているのか、ただむかついているだけなのかわからなかった。

「どっちに曲がったらいいの」交差点にさしかかるとレズリーが聞く。

「スターホークによれば、東は風、南は火、西は水、北は土だって」とスカリー。

「偶然がわれわれの神さ」とスエロがつけ加える。

ようやく当番を終えたレズリーが枕を顔の上に乗せて寝台に横になると、スエロとスカリーがおしゃべりをしながら、どこまでも続くアラスカ・ハイウェイを走らせる。一番の喜ばしい共通点は、二人とも、すべてのできごとに意味があると考えていることだった。キリストからクリシュナまで、魔術崇拝《ウイッカ》「古代の多神教的女神崇拝の復興運動」からスパイラルダンス「古代宗教復興を唱えるネオペイガニズムの踊り」まで、すべての聖なる知識が、この見解を裏づけている。道中の出会いもまた同様であった。早朝にでこぼこ道を走行中、バンの車台の一部が道路にゴツンと当たり、急にかたむいたのを感じる。板ばねが折れていた。レズリーはおろおろするばかり。とりあえず道路わきの食堂に避難したそのとき、カナダ人男性が声をかけてきて、悪いところを見てくれる。「これなら直りますよ」と言うと、レンチを持ってバンの下にもぐりこみ、二時間かけて完璧に修理してくれた。三人は男性にお金をわたそうとしたが、一セントたりとも受けとらない。

「ほらね」とスエロ。「必要なときに必要な人があらわれたじゃない！」

「あの人が通りかかったことにも、やっぱり意味があったのね」とスカリー。

翌日、例によって宇宙の寛大さに関する活発な議論のあいだ居眠りをしていたレズリーが、運転席に顔をつきだして、生まれ順についての会話に加わる。スエロは末っ子、スカリーはまんなか、そしてレズリーは一番上だった。

「あとのほうに生まれた子どもが革命を起こすんだ」とスエロ。

「そのとおり、長男長女は絶対そんなことしないもの」とスカリー。

レズリーは、もよりの町まで六〇キロあるのを地図で確認すると、車の計器盤に目をやる。

「ちょっと、ガソリンが切れたよ」

前方に深い森へと続く細いわき道が見えた。

「あの道を行けば誰かいるかも！」とスエロが予想する。

誰もいないかもしれない。だが、実際ほかに選択肢はなかった。一行は幹線道路をはずれ、ギアをニュートラルに入れると、ゆるやかな傾斜のついた道を、森の奥へ奥へと惰性で下っていく。夜の九時で、あたりはだいぶ暗くなっていた。ガス欠になったのも、はたして理由があってのことだろうか。

「人間に関したできごとであれば、意味があって起こると私も思いますよ」とレズリーは私に訴える。「たとえば、ストレスが大きいと慢性の病気になるとか。だけどあの二人は、人里はなれた場所でガソリンが切れたら、誰かが丘のふもとでクッキーを焼いていると信じてるんです。私はそうは思わない」

ところが彼女はまちがっていた。というのも、ゆるやかな坂道を下りきったところでついに金の卵号が停止すると、農家の影が見えた。中から出てきたきこりらしき男性に事情を話すと、納屋から赤いガソリン缶を出して給油してくれたのである。

「母さんがオーブンからクッキーを出しているところなんだ」と男。

「入って食べていきなさい」

アラスカで最初にめざしたのは、キナイ半島にある漁村ホーマー。レズリーはそこの住民二人をなんとなく知っていた。その二人の男がゲイだという事実だけで、その町がどこかしらボヘミア的であるとわかる。地図で調べてみたら、ホーマーはデナリから丸二日分のまわり道だ。

「だいぶ遠まわりしたんですね」と彼女にたずねてみた。

「パリに行くのに遠まわりとは言わないでしょ」というのが彼女の答え。

金の卵号がホーマーに乗りいれるころには、三人組の放浪精神に入ったひびは大きな溝に成長していた。スエロとスカリーが滞在したがった素朴な農家は、牧草をたばねる仕事と引きかえに食事つきで泊まれる、典型的なアラスカ版キブツだった。五千キロの道のりのあいだ呪文のように唱えてきたユートピアが具現化したかのような。レズリーは一目見て、ちがう印象をいだいた。

「荒れはてたユースホステルで、皆がお互いに盗みをはたらきあっているようなところでした」。

彼女はスエロとスカリーの二人をそこに残し、ハリー・カーステンスを求めてバンで去る。

友情をはぐくみつつあった二人はそれから数週間一緒にすごした。スエロはサケ漁のトロール船で働いてみたいと思い、一緒に行こうとスカリーをしきりに誘う。しかし、彼女の側の大目的にまったく希望がないことは、いまや明白だった。「このとき気づいたんです。自分は好きになったゲイの男と一緒に漁船で働きたいわけじゃない、って」。二人は別の道を行くことにする。スカリーはホテルの仕事を見つけた。スエロは一人でホーマーに残り、これからどうしようかと考える。「お金はほとんど残っていない」とティム・ヴォイタシクに書き送っている。「けれど、偶然とのたわむれにスリルを感じている」

〝思いわずらうのをやめて空の鳥のように生きれば宇宙が養ってくれる〞という持論を試したい気持ちは、まだ消えていなかった。だが彼は恐れていた。「ティムよ、私は馬鹿げた考えに屈してしまった」と手紙の続きに書いている。「理想を棚上げにして、意気地をなくして、――今、自分自身と尊厳を、恥ずべきキナイの町のスナッグハーバー・シーフード社に売っている」

スエロが従事したのは、漁船の水槽に入ったサケを巨大な吊り網に移しかえて缶詰工場に搬入する作業。最底辺の肉体労働だ――汚くて、くさくて、ずぶぬれになる――賃金は安く、労災や失業保険などの保障もない。せま苦しい宿舎で、呼び出しにそなえて一日二十四時間待機しなければならない。

同僚たちと同様、スエロも条件に不平たらたらだった。「わずかな給料でむちゃくちゃに働かされて、ろくすっぽ寝られず、尊厳もなし。私の魂にとって、これがどんなによくないかがわかってきた。禅の修業か何かのつもりになれば、仕事自体には没頭できる。だけど、私より多くを所有しているからというだけで、くだらぬやつの指図に従わなければならないのには、精神がすりへってしまう」

ただし、スエロがほかの労働者仲間とちがうのは、自由時間のすごし方だ。「バガヴァッド・ギーター、老子の道徳経、山上の説教、それにグノーシス文書のトマス福音書[*14]の研究を続けている。ヘンリー・デイヴィッド・ソロー、ガンディー、トルストイの著作や研究書も拾い読みしている。こうして学んだ（と思われる）ことをつづる日記のページが、日に日に増えていく」

ひと月のあいだ、妥協した自分を憎みながら仕事を続け、このように悩んだとて一キュービットの身長も増えないと実感する。そうこうするうちにモーターボートが故障。ボスはかわりにティーンエイジャーの息子の小型ボートをチャーターするしかなく、スエロは十三歳の少年から命令を受けるはめとなる。ある日の勤務中、彼はエプロンをかなぐり捨てて職場を去った。

ヒッチハイクでキナイ半島を横断してスワードに移動するが、自然界と偶然に関する仮説を試そうという気持ちはますます強くなっていた。「自分のこれまでの人生でカネのためにしてきた仕事について、さらにはカネ以外の何かと引きかえに働いた経験についても、洗いざらい思いかえしてみたのだが」と、古い教会を改装した喫茶店で雨宿りしつつ、ヴォイタシクに手紙を書く。「どれもこれも絶対にまちがっているとしか感じられない……。そこから脱出する道はまだ霧の中だけれど、そこに道があることは直感でわかる。あとは霧の中に足を踏みいれるのみ。さもな

＊14　使徒トマスが記したとされるイエス語録集。伝統的キリスト教では正典と認められていない。

くば死だ」

決意を胸に、リザレクション山脈に歩みいる。「神の国を求めなさい。そうすれば、これらのものは加えて与えられる」（ルカによる福音書第一二章三一節）。聖書のこの文句を引用する人はごまんといても、何人が実際にそれを証明しようとしただろうか。最後の給料がまだ数百ドル残っていたが、神の摂理を試すつもりだったので、食料をわざわざ仕入れたりはしなかった。それでもまだ持ちすぎだと反省して、トレイルの起点で半分ほどをピクニックテーブルの上に置いてきたくらいだ。人間は何も食べなくても数週間生きられることを、彼は知っていた。「空の鳥をよく見なさい」とイエスは言った。「種も蒔かず、刈り入れもせず、倉に納めもしない。だが、あなたがたの天の父は鳥を養ってくださる」。しめっぽいバックパックをかつぐと、しっかりした足どりで森の中へ入っていく。

常緑樹から雨水がしたたり落ちてくる。ぬれた草むらとハンノキの密生林のあいだをぬって、曲がりくねった小道が続く。ところどころにヘラジカやクマの糞《ふん》が落ちている。木々のあいだから濃い霧がしみ出しているが、それが微風にあおられるたびに、空に向かってギザギザにそびえる雪山が見える。

そしてたしかに、父なる神は食べ物を与えたもうた。トレイルにそって歩いていくと、まるまるとふくらんだベリーがつるからこぼれんばかりに実っている。スエロは夢中になって口に詰めこむ。「森でラズベリーを食べながら、すごいことを学んだ」と書きつづっている。「このラズベリーは、地球がひっくり返るような法則を教えてくれたのだ。その単純な真理（大自然の力）は、スーパーマーケットで食べ物を手に入れているうちは見えてこない」。ブルーベリーも満喫した。丈が低く種がプチプチしたオレンジベリーは、特に栄養価が高い。

スエロは湖畔の二本の木のあいだにタープを張り、店で買った食べ物のたくわえをすぐに食べつくす。燃料もコンロも持っていなかった。どしゃぶりの雨がふる中、わずか数日で心に疑いがきざす。「自分はどうかしていると思いはじめた」と言う。「きまりが悪かった」。ほかのバックパッカーたちは、超軽量コンロで調理したグルメな食事を楽しんでいる。雑談を交わすことがあっても、山上の説教のメッセージを試すためにわざと自分を飢えに追いこんでいるなどとは言えなかった。

こんなのはまったく馬鹿げてる、と思う。空腹だった。またベリーを食べるしかないと考えるだけでも我慢できない。大学の人類学の授業を思いだす。人間は一人で生きるようにはできていないということだった。われわれは社会的な生き物である。人類学者たちはヒトを動物の社会と比較してきた。見方によっては、ヒトはサルよりもオオカミに近い。生物学的にわれわれは、人間どうしのつきあいに依存している。狩りの仕方もその一例である。力を合わせて一匹の獲物をしとめる。オオカミが群れを作るのと同じだ。スエロには、流れをさかのぼって湖にやって来る産卵期のサケが、文字どおり泡だっているのが見えた。もちろん釣りざおや漁具など持ってきていない。いいかげんに棒で突こうとしてみたが、うまくいかなかった。イヌイットが漁に使うフォーク状のヤスをこしらえる方法について、どこかで読んだのを思いだす。自分のポケットナイフを無言で見つめる。結局、社会的動物である私に本当に必要なのは、イヌイットがここにあらわれて魚突きを教えてくれることだ。

自己憐憫にのたうちまわっていると、そう離れていない場所でキャンプを張っていた若い男がぶらぶらとやって来た。「スペイン語《アブラス・エスパニョール》を話せますか?」

「スィ」スエロは反射的に答えてから、この偶然の一致について考えをめぐらす。舗装道路から二〇キロ、ラテン国家から七〇〇〇キロ離れた場所で、はじめて話しかけてきた男性が、自分の知っている唯一の外国語をしゃべるなんて。

男はにっこりして、スペイン語で続ける。「この地でとれるものを食べて暮らしてみようと思ってここまで来たんです。それで魚突きを覚えたくて。一緒にやりませんか」

スエロは跳びあがって喜び、心にきざしていた疑いは消えうせる。実験再開だ! 物事は疑いの余地なく、意味があって起きていた。

二人は棒の先を削ってとがらせ、サケが密集しているあたりをねらって突きはじめる。しばらく試行錯誤したあと、ポケットナイフをヤスの先にくくりつけてみた。まもなく、彼らは魚を野営場所に持ちかえって火であぶっていた。産卵期に入ったサケの身は盛りを過ぎていてそれほどうまくなかったが、切実に欲していたタンパク質だった。二人は火のかたわらに満足げに腰をおろす。

スペインはアンダルシアの山岳地帯からやって来た、二十歳のバスク人アンデル。スエロと同様、この土地で自分自身を試してみようという漠然とした考えを持って、アラスカまで旅してきた。二人は自然界と偶然について語りあうようになる。アンデルとは話が通じた。彼らは一緒に旅を続けることにする。アンデルの持参した調理用油一瓶をのぞけば、二人とも食料を持っていなかった。この油は、サケを直火であぶるのに飽きたとき、フライパンでソテーするのに役だつ。二人があらたに見いだした魚突きの才能に、アンデルのキノコ狩りの技とスエロのベリー類に関する知識のおかげで、食事は充実していた。

そのうえ彼らは、何か見えざる手に導かれているという感覚から逃れることができなかった。ある夜、いつものようにサケとキノコの夕食を終えると、食べられなくてつらいのは何かという話になる。アンデルはパエリヤとクリスマスディナーがなつかしいが、何より一番はコーヒーだと言う。深煎《ふかい》りのコロンビアをプレスで抽出して、クリームを入れたもの。スエロは感謝祭の七面鳥。詰め物をして、グレービーソースをかけて。それとスモアだ。

アンデルはスモアを知らなかった。

「ほら、マシュマロを――マシュマロってスペイン語で何て言うのかな――キャンプファイアであぶって、板チョコと一緒に、二枚のグラハムクラッカーではさんだやつだよ」

「何、そのマシュマロって?」

「白くて、ふわふわで、むちむちしていて、砂糖をふくらませて作るあれ」

「そんなの知らないな」

スエロはなんとかマシュマロを説明しようと、あれこれ表現を変えてみるが、うまく言いあらわせない。

「いつか見せてあげる」とスエロ。「見ればすぐわかるよ」

どしゃぶりだったので、食器は湖の近くに置いておいた。朝になって食器を洗いに行ったスエロは、食料品の紙袋が置いてあるのに気づく。それはぬれていなかった。ということは、一晩中外に置かれていたのではない。好奇心にかられて中をちらっとのぞくと、食料らしきものが見える。まったく合点がいかなかった。アンデルはこれを今の今まで隠していたのだろうか。彼は気にせずにおこうと思った。自分のタープに戻って、アンデルが水辺に皿をとりに行く様子を観察する。アンデルも同様に袋をのぞくと、スエロの方に苦い視線を送ってよこす。午前中いっぱい、互いによそよそしい態度ですごした。あれだけ生きるかてについて話しあってきたというのに、どうやら二人のうちのどちらかが、まるまる一袋分の食料を隠し持っていたらしいのだ。ついにアンデルが自分のタープから這いだしてきて言う。「あの袋はどういうこと？」

「きみのだと思ったんだけど」

「え、ぼくはあなたのだとばかり」

二人は中を調べるため、そっと袋に近づく。ぐるりとまわりを見わたす。ほかのキャンパーたちは朝一番に荷物をまとめて去っていた。残っているのは彼らだけ。

アンデルが袋に手を入れて、何かを取りだす。チョコレートコーティングされたエスプレッソビーンズ。

二人はぎょっとして目を合わせる。残りの中身も引っぱりだす。インド料理のレトルトパック――マドラス風豆カレーにパンジャーブ風ナスとホウレン草とチーズのカレー。タイカレーのペースト一瓶とココナツミルク缶。それに、一番下のスポンジみたいなのは何だろう。スエロがこわごわ取りだす。
袋に入ったマシュマロだった。

暮らしの余分なものをそぎ落として必要最低限に切りつめることで、スエロはそれまでになく強く、鋭くなり、知恵がついたと実感する。偶然に身をゆだねてみると、全宇宙が養ってくれるように思われた。だが、本当にそうだったのだろうか。

スエロとアンデルはリザレクション山脈から歩いて出ると、ヒッチハイクでマタヌスカ氷河州立公園へ向かう。途中、出会う人びとは驚くほど寛大だった。車に乗せてくれるだけでなく、自宅に泊め、温かい食事まで用意してくれる人もいた。最後の集落でいくばくかの基本的な食料を購入し、氷河の入り口で野営する。氷塊の下からあふれ出す青い水が、冷え冷えとした急流をなしている。ここから事態は悪化しはじめる。

「河を渡って向こう岸でキャンプしよう」とスエロが提案する。

歩いて渡るには深すぎて、流れも急だった。上流のほうへ行ってみると、氷河が河へと変わるあたりに、板氷がつらなって浅瀬のようになった場所を見つけた。二人にはアイゼンも登山装備もなく、氷河での経験もゼロだったが、渡れるものと判断した。冷たい河床を歩き、つるつるすべる氷によじのぼる。ブーツに冷たい水が入ってきたとたん、つま先の感覚が麻痺する。なめらかな氷河が波のようにうねり、何本もの細流と水たまりに水が荒々しく流れこんでいる。冷たい河床を、二人はつぎつぎとまたぎ越していく。ところが今度は、もっと幅の広い流れが姿をあらわす。澄みきった水はあまりにも透明で、どのくらい深いのか推測不能だ。おそらく五〇センチか。二メートルかもしれない。ジャンプするしか方法はない。スエロは勇気をふりしぼり、助走をつけて割れ目を跳び越す。向こう側の氷にベチャッと着地したと思いきや、すべり落ちて身も凍るような水たまりに胸までつかってしまう。あまりの水の冷たさに、一瞬呼吸ができなくなる。服とバックパックも水びたしになって七キロ重さの増した体で、なんとか爪をたてて氷によじのぼる。続けて同様にジャンプしたアンデルは、頭まで水をかぶってしまい、スエロに引っぱりあげられる。興奮と恐怖が波のように押しよせる中、途中さらに何度か水につかりながらも二人は流氷野を突きすすみ、とうとう岸を這いのぼって乾いた地面にたどり着く。ずぶぬれで、震えが止まらず、恐ろしかった。

火をたいて体を温め、服を乾かそうとするが、着火したかと思うとまもなく黒い雲が出てきて雨がふりはじめる。これでは服も乾きそうになかった。もう一度河を渡って元いたところに引きかえすには、体が冷えすぎている。雨粒が枝にバラバラと落ちかかり、アンデルと彼は火の上に身をかがめる。二人とも、早くどうにかしないと凍死する恐れがあるとわかっていた。

「雨宿りできる場所を探しに行ってくる」とアンデルが言いだす。彼はとぼとぼと森に入っていき、そのあいだスエロは、自分のウールのセーターの水気をしぼって火にかざす。しばらくしてアンデルが戻ってきた。

「山小屋があったよ!」と叫んでいる。「鍵もかかってないんだ!」

二人はぬれた道具をまとめると、潅木のあいだをぬって歩きだす。たしかにハンターの小屋が森の中にこぢんまりと建っていた。中に入ってみると、モミの薪の山と鋳鉄《ちゅうてつ》のストーブがある。まだ震えの止まらぬまま、紙やたきつけを丸め、薪を数本突っこむ。いくらもたたないうちに二人は、燃えさかる火の上で手を温めていた。屋根に雨がたたきつける音を聞きながら。

嵐は三日間続いた。スエロとアンデルはぬれた寝袋とウールのズボンを垂木《たるき》につるし、火に薪をくべつづける。ぬれた装備で冷たい雨の中を生き抜くことはできなかっただろうと思うとぞっとする。持ってきた食料をすっかり平らげる。このどしゃぶりでは木の実や魚をとりに出ることもできない。四日めの朝、雨足が弱まり、うす日がさしはじめる。頭上で、まぎれもないセスナ機のうなる音がした。旋回しながら、だんだんと近づいてくる。救助が来たのだろうか。二人はドアから飛びだして手をふる。かなり高度を落としているため、パイロットの叫び声が聞こえる。どうも悪態をついているようだ。機体がつばさを持ちあげたとき、はっきり聞きとれた。

「そこからとっとと出ろ!」パイロットがどなる。「そう、おまえらだ! おれの小屋から出て行け!」

パイロットはさらに上空すれすれまで高度を下げると、黒っぽい物体を窓から突きだす。

「あいつ銃を持ってる!」とスエロ。

二人はあわてて小屋に戻り、ドアをバタンとしめて床に伏せる。スエロの胸がドキンドキンと打つ。セスナのうなりと悪口雑言はしばらく続いていたが、ようやく機体が上昇していくと、一帯に静寂が戻った。

服は乾き、雨もやんでいたので、スエロとアンデルは荷物をまとめる。ペンと紙を探して、スエロはこの場所の持ち主にあてて感謝の気持ちを長々としたためる。無断で立ち入った非礼をわび、だがその軽罪によって命が救われたことも書きそえた。二人はバックパックを背負うと、これ以上の冒険はやめて安全な場所に引きかえそうと、急いで河まで戻る。

夏の豪雨が何日にもわたって氷河に注ぎつづけたため、膨大な量の古生代からの氷が融解して、河は二メートル以上に増水していた。透明な急流は、いまや泡だつ激流となり、川底の泥がかきたてられて灰色ににごっている。水かさが増しただけでなく、川幅も四〇〇メートル近くに広がった。泳ぐのは問題外である。

河ぞいを調べてまわると、一本のケーブルが両岸のあいだに張りわたされていた。はるか向こうの対岸に、ケーブルにつながれた手こぎ舟が見える。だが、それをこちら側へ持ってくる方法はない。それでも、白濁した急流の上で日光をちらちら反射して光るケーブルのほうが、河よりは望みがありそうだ。

スエロは鉄線を両手で握りしめ、バックパックの重みを肩に食いこませながら、両足のかかとを引っかけ、ケーブルにぶらさがった状態でそろそろと進む。続いてアンデルも。しかし、五、六メートル進んだところでスエロは、これがとんでもない思いつきだったと後悔する。鋼鉄製の冷たいケーブルが手のひらに食いこんで、その痛さときたら我慢できない。つかんだ手を放さずにいるだけでも精一杯である。そのとき、絶望の叫びをあげてアンデルがすべり落ち、はね返ったケーブルの勢いでスエロのこぶしもこじあけられた。手足をじたばたさせながら、二人そろって早瀬に落下する。氷のように冷たい水中に沈んでいくあいだ息を止めていたスエロは、水面に浮かびあがると同時に空気を吸うと、元の岸をめざして泳ぐ。さいわい、まだそれほど遠くまで進んではいなかった。二人は、出発地点から三〇メートル下流の川岸に這いあがる。アンデルはがっくり気落ちしてしまい、なぐさめようがなかった。

「もう、これまでだ」。彼は咳《せ》きこみ、すすり泣きを始める。「ぼくたちの命は終わった」

スエロは三十七歳、アンデルは二十歳。生まれてはじめてダニエルは、自分の中に父性本能がめばえるのを感じた。

「大丈夫さ」と、心にもないセリフを口にする。「これもすべて冒険のうちなんだ」

「死にたくないよ」とバスクの青年は泣きごとを言う。

「何が起きようと楽しまなくちゃ」と力説するスエロ。

生きて河を渡れる可能性は五分五分だった。二人で行けば、二人とも死ぬかもしれない。だけど、スエロが一人で行って死んだ場合、少なくともアンデルは別の方法をとることができる。それがどういう方法かはわからないが。

「心配せずにここで待ってて」とスエロ。「助けを呼んでくる」

さいわい暖かく、太陽も出ていた。ぬれた服を一枚ずつぬいでいき、バックパックの中身をすっかり出す。水を吸って体温を下げるだけの綿の衣類はすべてぬぎ捨て、頭からつま先までウールで身を固める。ブーツの中のソックス、ズボン、セーター、ニットキャップに手袋。それから、四日前に渡河した地点までさかのぼる。何が何でもこの方法——板状の氷のあいだを水が勢いよく流れているところを渡る——を強行する覚悟だった。最初の流れをどうにか歩いて越え、氷の上にあがる。今回、板氷のあいだで彼を待ちかまえていたのは、跳び越えられるような細い流れではなく、深い水の逆巻く壕《ほり》だ。泳いで渡らねばならない。

さあ行くぞ。そう心を決めると、胸まである水に飛びこみ、決死の犬かきで進む。氷の板の端に指を食いこませ、腹ばいで上陸。よし、悪くない。しかし、次の泳ぎはもっとやっかいである。今までがバスタブだとしたら、ここからはスイミングプールだ。氷に爪をかけるごとに向こう岸に近づいているはずでも、立ちあがって見わたすたびに、川幅がさらに広がったように感じる。それまでで一番大きなプールから手さぐりで氷にのぼったが、あまりにも勾配が急で、おまけにつるつるすべりやすい。うしろ向きに元の水の中へ落ちてしまった。渦に巻かれて水中に引きこまれ、息苦しさにあえぎつつザバーッと水面に浮かびあがる。水でいっぱいになったバックパックが、彼を水面下へ引きもどそうとする。

バックパックか、さもなくば命か。そう思った瞬間、即座にストラップから両肩を抜き、バックパックを流れにあけ渡す。背の重荷から解放されたスエロは、氷に爪をたててどうにかよじのぼり、ゼイゼイ言いながら倒れこむ。今度こそ、あともう少しのはずだ。けれども、ちがった。まだ半分も来ておらず、河のまんなかで氷塊に腰かけているのだった。

息をのみ、その場にひざを落とすと、うなだれて氷を見つめ、オイオイと泣きはじめる。アンデルに対して見せた自信はあとかたもなく消え去った。寒くて身震いし、恐ろしかった。上流のほうに目をやれば、氷河が生きている獣のように見える。大口をあけて自分を飲みこまんとする竜。私はここで死ぬのだ。

ところが、その場に伏してさんざん泣きじゃくっているうちに、ふと我にかえる。自分はとうとう今、文字どおり、何ひとつ所有せず、欲もしがらみもない境地に達したのだ。持ち物は今着ている服しかない。どん底まで来た。ただ、この身と自然界だけ。これこそ、ずっと到達したいと望んできた境地ではないか。そう気づいたとたん、突如として体じゅうの血管にエネルギーが駆けめぐる。私は生きている。人生に生きる価値があるかどうかと思い悩んだ歳月。神が人間に罰として生き地獄を与えたと考えていた年月。あんなのはナンセンスだった。私は生きたい！この目新しい欲求は、彼を力で満たしてくれた。

スエロはすっくと立ちあがり、氷の竜を真正面から見すえる。

「くそったれ、氷河め！」

プールを一つひとつ越えていく方法はやめ、頭から河に飛びこんで泳ぎだす。奔流にどんどん流されながら、ブーツで水を蹴り、かじかんだ手でクロールをする。だが突然、ミトンをはめた片手が岩をこすった。そして、もう片方の手も。目を開けるとハンノキのやぶが見えた。枝をつかんでぐいとわが身を引きよせ、岸に這いあがる。息を切らし、涙を流し、狂喜して。

喜悦に我を忘れそうになるが、スエロはまだ困難を脱したわけではない。森を小走りにぬけ、キャンプ場にたどり着くと、髪の白くなりかけた観光客の一団が、駐車したキャンピングカーのそばでピクニックをしていた。息を切らして興奮状態のスエロは、ずぶぬれのウールのボロ服姿で駆け寄る。

「すみません！」彼は呼びかける。「助けてください！」

陸に上がったヨットマンの一人が、かぶりついていたサンドイッチから顔をあげて彼を一瞥《いちべつ》したかと思うと、視線を戻して食べつづける。

うわぁ。突然のカルチャーショックを受けるスエロ。隣のキャンプサイトへと走った。

「助けてくれませんか?」と声をあげる。一同無言のまま。

三番めのキャンピングカーでスエロは、伸縮式の日よけの下につかつかと歩みよる。全身から水滴がしたたり落ち、震えが止まらない。「つい今しがた氷河を渡ってきました。低体温症を起こしていて、かばんも流されました。友だちが河の向こうにいて死にそうなんです。助けてください」

キャンプ客たちはひどくためらいながらも、彼を車の後部座席に入れてくれ、サンドイッチを与え、ロッジまで送りとどけると、そのまま走り去った。スエロはぎこちない足どりで中に入る。ブーツの中で足先がゴボゴボ水音をたてる。カウンターのうしろにいたのは豪快な開拓者タイプの男。口ひげにフランネルのシャツ、ベルトにナイフをさしている。どうすればよいか、この人なら知っているにちがいない。しかしスエロが近づいていくと、男は冷ややかな目でにらみつける。

あのときのパイロットだった。

スエロに口を開くすきも与えず、男は怒って立ちあがる。

「この大馬鹿野郎!」男はどなりつけた。「あれは私有財産だぞ。お前に立ち入る権利などないんだ」

スエロはのそのそとあとずさると、校長室に呼びだされた男子生徒のようにイスにへたりこむ。「お前ら本土四十八州のまぬけどもは」と説教が始まる。「アホくさい冒険とやらのためにアラスカまで押しかけてきて、いざ困ったことが起きるとおれたちに助けてもらえるものと思っていやがる」

スエロは怒りに満ちたくちびるが動くのを見ていたが、何も聞いてはいなかった。身のちぢむ思いだ。ほんの何分か前に竜を退治し、あの河を泳いでわが命を救ったばかりだというのに、もう今は、自分が意気地なしのちっぽけな存在に感じられる。氷塊の上で完全などん底を経験した瞬間を思いかえす。これでは今のほうがもっと悪い。実際、これなら死のほうがましだった。子どものころから執拗につきまとう、一番の弱虫という自己イメージに、終止符を打つ日は来ないのだろうか。いや、氷河に立ち向かうことができたのなら、この男にも立ち向かえるはずだ。

震える体でイスから立ちあがると、決然として男の前に進み出る。男の体臭がわかるほどの距離まで、二人をへだてる木製のカウンターにしずくがたれるほどの距離まで、じりじりと近寄っていった。

「あんたにどう思われようとかまわない」とスエロが口を開く。「助けが必要なんだ。私は低体温症を起こしていて、友だちは河の向こうで死にかけている。あんたの考えはひとまず置いて、助けてくれ」

その瞬間、流れが変わった。男は妻を呼び、食べ物と着替えを出してやるように言う。彼自身は、ケーブルカーを操作できる地質学者の知人に電話をかける。スエロをともなって河へ行き、ケーブルづたいに食料の包みを送り届ける。「がんばれ、もうすぐ助けがくる」というメモをそえて。地質学者が到着し、採鉱用のケーブルカーに乗せて喜色満面のアンデルを連れもどす。やぶに引っかかっていたスエロのバックパックまで回収してきてくれた。ロッジの主人は、二人の服や持ち物が乾くまでのあいだ滞在するようにと、部屋をあてがってくれる。翌日、主人は例の山小屋にでかけて行き、スエロが残した謝罪の手紙を見つけ、自分も悪かったとわびる。あの山小屋は以前から器物損壊の被害にあっており、煙の出ている煙突を機上から見たとき、スエロとアンデルをその犯人だと勘ちがいしたのだった。

危機を脱し、体も温まり、乾いた服を着た二人は、本土四十八州に戻るため、カナダ領ユーコンに向けて出発する。英雄は二頭の竜を退治してのけた。その旅路における試練を、またひとつ乗りこえたのである。

「自分の中の男らしさを発見しつつあるような心境だった」と十年以上たった現在、スエロは語る。「まず、氷河との対決によって肉体的な面での男らしさを。次に、ロッジの主人と相対したことで、自分は一人前の男であり、他人と対等に渡りあえるのだ、と気づいた。誰からも侮辱される筋あいなどない。そのくらいのことに気づくのがずいぶん遅いようだけれど、とにかく、そのとき気づいたんだ」

しかしながら、一九九七年の大半をついやした自然界と偶然に関する実験から得られた最大の収穫は、彼の心を長年悩ませてきた悪鬼——すなわちカネ——に対する分析の深まりであった。「お金に動機づけられた物事はすべて汚れていて、破壊の種を宿している。それがわかってきた」

と、その夏、アラスカから出した手紙に書いている。「だから葛藤が生じる。ゴッホが自分の絵を売ることができなかった理由は、そこにあるのだろう。作品を汚したくなかったのだ。誠実な職業などありえない。そんなのは形容矛盾だ。人類最古の職業とされる売春が、中では一番誠実と言える。人間文明の本性をさらけ出してごまかしがない、という意味で。これぞあらゆる職業の根源である」

第三部

11　お金という幻想

人間が才知を尽くして労苦するのは、仲間に対して競争心を燃やしているからだということも分かった。これまた空しく、風を追うようなことだ。

――聖書「コヘレトの言葉」

一九九〇年代の末期といえば、一見、金銭に幻滅を感じるにはまったくふさわしくない時期である。とにかく、世の中には金があふれかえっていたのだから。ソ連崩壊後、勝ち誇ったように君臨する資本主義を、アメリカは以前にもまして堅固に奉ずる。同性愛や妊娠中絶などに関しては文化戦争が白熱する一方で、経済の領域においては珍妙なコンセンサスが浮上した。ビル・クリントン［大統領任期は一九九三〜二〇〇一年］を親玉とあおぐ民主党員は、企業の最高経営責任者（CEO）らが過去数十年にわたってかかげてきた主張のために結集。クリントンと共和党優位の議会が結託して、産業の規制緩和、福祉国家の縮小、関税引き下げによる外国市場の開放に動く。一九九三年の北米自由貿易協定（NAFTA）批准、一九九六年電気通信法改正（放送分野の規制緩和）、一九九九年金融サービス近代化法（銀行業務の規制緩和）に、ITと金融のにわか景気がかさなった結果、国内総生産、株価、企業利益は歴史的急騰をみた。

スエロが最後のカネを手ばなした二〇〇〇年は、ドットコムバブルが頂点に達し、ナスダック総合指数が過去最高を記録した年でもあった。同年の『フォーブス』誌は、「空前の額のマネーが富裕層に集中している。米国の長者番付上位四百人の合計資産は、昨年の一兆ドルからさらに増えて一兆二千億ドルになった」と伝えている（もしもこのときスエロに、例の三〇ドルを電話ボックスに置いたりせず一片の土地の購入にあてるだけのおツムがあって、バブルがはじける前にその超極小不動産を売りぬけていれば、今ごろ一〇〇ドル超の純資産を手にしていたのに！）。番付首位はビル・ゲイツ。その資産総額はいっとき一〇一〇億ドルを上回り、世界初の一千億ドル長者とさわがれた。一方、ゲイツのビジネスパートナーのポール・アレンは、全長一〇〇メートル近く、ヘリコプター二基分の発着場とムービーシアターを擁する五階建ての超豪華ヨットを、一億ドルで購入予定。そのほか、この年の特記すべき経済ニュースには——電話ボックスでスエロの現金を発見した誰かさんのボロもうけに加えて——史上最大の企業合併もあり、タイム・ワーナーとAOLのあいだで動いたカネは一五二〇億ドルにものぼった。

同様のにわか景気はレーガン時代にも見られた。しかし、あの時代の大物投資家——アイヴァン・ボウスキー、マイケル・ミルケン、チャールズ・キーティングら——は、ハリウッドの名悪役ゴードン・ゲッコー［一九八七年の映画『ウォール街』に登場する冷酷で貪欲な投資家］の信条〝強欲は善〟に集約されるような、極悪非道の気配をただよわせていた。評論家トーマス・フランクは『神の下の単一市場（*One Market Under God*）』で「八〇年代には、ともすれば、お金が邪悪なものだと思われていた」と述べている。「コカインまみれの悪魔的虚栄や、敵対的買収行為や、貯蓄貸付組合[*15]によるぼったくりの道具である、と」。そのうえ、この八〇年代をとおして、ジミー・カーター［元大統領。レーガンの前任者］、ウォルター・モンデール［カーター政権時の副大統領］、マイケル・デュカキス［元マサチューセッツ州知事］などのへそまがり屋が列をなして、〝強欲は善ではない〟〝高額の税金をおさめ、寒い季節には屋内でもセーターを着るのが正しい生き方だ〟と主張しつづけていた。

こうした政治家たちの大統領選における闘いぶりが示すとおり、彼らに賛同するアメリカ人は少数派にとどまった。それがさらに九〇年代に入り、新しい民主党政権が誕生するころには、強欲に対する抵抗もきれいさっぱり消えてなくなった模様である。ビル・クリントンの下で、党員は自己矛盾的な態度をとることができた。ゲイの友人がいたりローリン・ヒル［黒人女性R&B歌手］の最新アルバムを聴いたりする点では進歩派を名のってもおかしくない人たちが、同時に〝財政的保守〟の立場からNAFTA——十年前であれば、まぎれもない植民地主義と非難されたはずの協定——を臆面もなく支持するのだ。ゲイツやリチャード・ブランソン［英ヴァージン・グループの創設者］、ラリー・エリソン［米ソフトウエア大手オラクルの共同設立者］ら、実業界の大立者がもてはやされる。「現代の億万長者は、部下をこき使う規律家でもなければ、ウォール街で株価を操作する相場師でもない」とフランクは指摘する。「人びとを金権で統治する者たちは、ネクタイやスーツなど必要としない。平社員とも気さくにおしゃべりし（中略）株価の押しあげを善意でおこない、全員が利益の分け前にあずかれるよう配慮する」

新しいコンセンサスの中心には、お金自体に知恵が宿っているという確信が存在した。誰もがお金をほしがる、よってお金は善である、という理屈だ。おせっかい焼きの政府がよけいな口出しをやめさえすれば、われわれ皆が富みうるおうであろう。「デッドヘッズ[*16]からノーベル賞受賞経済学者まで、超保守主義者から新世代の民主党員まで、九〇年代米国のリーダーたちは、市場が人民のシステムであり、(民主的に選ばれた)政府よりもはるかに民主的な組織形態であると信じるようになった」とフランクは結んでいる。

かつてない金銭的利益を手にした自由主義者がいくらかの良心の呵責を感じたとしても、〝慈悲ぶかきアメリカが国外の広い世界に富を分配している〟と信じることによって罪の意識はやわらぐ。世界銀行、国際通貨基金などの国際機関は、第三世界に対し、農工業の発展やインフラ整備のための資金を注ぎこんだ。すべてのボートが上げ潮に乗れるように[*17]、というわけである。一九九五年には、貿易促進を目的として、一二八の国と地域が加盟する世界貿易機関(WTO)が発足。貿易の恩恵は最貧国にまで行きわたるはずだと期待された。

＊15 住宅ローン貸付を主業務とする米国の中小金融機関。八〇年代の規制緩和に乗じて業務拡大した結果、多くが経営危機におちいった。
＊16 米国の反体制派を象徴するロックバンド「グレイトフル・デッド」の熱狂的ファンの呼称。ビル・クリントンもその一人だった。
＊17 景気が上向けば皆が恩恵を受ける、という意味でJ・F・ケネディ大統領が好んで使った「上げ潮がすべてのボートを持ちあげる」より。

だが、株式相場が高騰し、金庫が満たされるにつれて、こうしたコンセンサスに亀裂が生じてくる。ラルフ・ネーダー［消費者・環境保護の運動家］からロン・ポール［政治家。保守派のティーパーティー運動を主導］まで、左右両陣営の論客は見のがさずにおかなかった――平均的アメリカ人は、この歴史に残る上げ相場の恩恵などこうむっていないことを。一九七〇年ごろ史上最小に落ちついた所得不均衡は、いつの間にかまた〝金ぴか時代［一八六五年の南北戦争終結から一九世紀末にかけての急激な経済成長期］〟の水準に戻っていた。一九八〇年から二〇〇五年のあいだの米国人の所得増加分のうち八〇パーセントが、上位一パーセントの富裕層のふところにおさまっている。『ビジネスウィーク』誌によると、CEOらの報酬は、一九九〇年には一般労働者の賃金の八十五倍、一九九九年にはなんと四七五倍。米国の農場や工場を襲ったグローバリゼーションの波が、中産階級の職を奪ったのである。

一九九〇年代に一部のアメリカ人の収入が以前より増えたのは確かだが、その所得増はかならずしもパイの分け前が大きくなったことを意味しなかった。親の世代と同程度の購買力を維持できた世帯も、多くの場合それは、いい仕事につけたからではなく、海外製の安価な商品と夫婦共稼ぎのおかげだった。経済政策研究所の報告によれば、一九九九年の米国人の年間労働時間は、十年前とくらべて六週間も長い。福利厚生や退職金制度のつく正社員のポストが、派遣社員やパートに置き換えられていく。こうした非正規雇用者は、健康保険にしても退職年金の積み立てにしても自腹を切らねばならない。もしくは、どちらもハナからあきらめるか。

結果的に、平均個人貯蓄率は減少の一途をたどり、一九九九年にはいっとき赤字に落ちこむ。

言いかえれば、いまや米国国民は借金によって、親世代が現金払いでいとなんでいた生活水準を維持しているということだ。九〇年代を象徴するきらびやかなSUV車、次から次へと建設された豪邸などは、銀行のローンで購入される。企業利益と株価の歴史的な高まりとはうらはらに、実質賃金は下落していた。貸す側よりも借りる側が多数派であり、この人たちの純資産はゼロまたはマイナス。この十年の繁栄は見せかけにすぎなかったのである。

最初に反旗をひるがえしたのは左派の人間で、一九九九年秋のこと。労働組合、環境保護運動家、社会正義の擁護者の連合体が、設立から四年たったWTOにねらいを定めた。十一月にはシアトルで閣僚会議が予定されている。クリントンら政治家やトーマス・フリードマンら評論家がふりまくニューエコノミー礼賛の辞もむなしく、環境保護主義者たちはWTOに不信の念をつのらせていた。そもそもWTOとは、選挙で選ばれたわけでもない一国際機関である。そういう合法的支配権を持たない存在が、主権国家において公選議員が制定した国内法に平然と干渉しているのだ。たとえば、米国の絶滅危惧種保護法は、網で捕獲されたエビの輸入を禁じていた。誤ってウミガメを殺傷する恐れがある漁法だからだ。アジア各国は、この米国法に対する異議をWTO調停委員会に申し立て、エビ漁業者への支持を取りつける。米国は譲歩を余儀なくされた。

労働組合にも、この閣僚会議に反対する当然の理由があった。WTOは国際貿易の〝自由化〟を使命のひとつにかかげているが、これは企業が国外に工場を設立できるようにすることを意味する。今日われわれが当たり前だと思っている待遇――週四十時間労働、残業手当、労災補償、児童労働廃絶――を、労組は過去一世紀かけて勝ちとってきた。それなのに、企業幹部は国内工場をあっさり閉鎖すると、そのような法律のない第三世界の国ぐにへ生産拠点を移しており、組合員の仕事自体がどんどん消えていっている。

という次第で十一月三十日には、ヘルメット姿にウミガメの着ぐるみ、曲芸師に人形つかいまでまじえた種々雑多な群衆がシアトルの会議場周辺の道路にあふれだし、WTO閣僚らの会合開催に抗議するばかりか、実際にその一部を阻止してしまう。野放図なグローバリゼーションに対するかつてない効果的な一撃であり、さらには、アメリカ史上もっとももりあがりを見せた、経済問題を争点とする市民的不服従の表明であった。

国際的金融政策への抗議が港湾労働者と森林保護活動家を結びつけたことにも驚かされるが、真に奇妙なのは、そうした左派寄りのグループと極右までもが、似かよった反感によって足なみをそろえつつあった事実である。一九九四年、ジョン・バーチ協会［米国の反共極右政治団体］会員のG・エドワード・グリフィンが『マネーを生みだす怪物』を自費出版した。連邦準備制度を告発した六〇〇ページの大著である。彼の論旨はこうだ。米国の中央銀行である連邦準備制度理事会は単なるカルテルにすぎず、議会公認のもと合法的に作りあげた市場独占は、かならずや米国とその市民を破滅に追いやるだろう。現在二十五刷に達し、日本語、ベトナム語、ドイツ語に翻訳された本書は、政府による企業救済や悪循環におちいる国家債務に憤懣《ふんまん》やるかたない投資家、ティーパーティー運動家らのマグナ・カルタとなった。ロン・ポールとウィリー・ネルソン［カントリー音楽界の大御所］が推薦文を寄せている事実からも、この本がいかに幅ひろい層の関心を呼んだかがうかがい知れる。二〇一〇年に近所の公共図書館で閲覧を希望したところ、二十五人の予約が入っていると言われた。

歴史上のあらゆるできごと――セオドア・ルーズベルトが進歩党《ブル・ムース》から大統領選に出馬したことから、ルシタニア号沈没、一九二九年のウォール街大暴落、ソビエト連邦崩壊、アースデイの制定まで――を社会主義者の陰謀と見るグリフィンの姿勢には、いささかうんざりさせられるかもしれない。しかし、金融政策に関する平易な批評はわかりやすく、また読む者を慄然《りつぜん》とさせる。「人々の労働を足し合わせたものは全部、不換紙幣を創出している人々の懐に入る」と述べるときのグリフィンは、妙にカール・マルクスその人を思わせる。「これが、社会の大多数が金融貴族という支配階級のために年季奉公の召使として働く現代の奴隷制である」(『マネーを生み出す怪物――連邦準備制度という壮大な詐欺システム』吉田利子訳、草思社、二四二頁)

今日の経済評論家にしては珍しく、グリフィンは「マネーとは何か」という疑問に向きあうところから始める。そもそもの発端からマネーは交換手段であった、と彼は言う。もちろん、マネーが登場する前には物々交換がおこなわれていた。養鶏農家が十二羽のニワトリを、穀物農家の小麦一ブッシェルと交換するとする。村の規模が大きくなり、取引が複雑化すると、日用品の直接取引は現実的でなくなっていく。十二羽のニワトリを財布に詰めこもうとしてみればわかるだろう。そこで、ビーズや貝がらが交換取引のしるし――マネー――として使われるようになる。アメリカの入植地では、タバコの葉が貨幣として使用された。日持ちがよく、軽量で、輸送が簡単だったからである。一番の利点は、インフレになった場合に損を避けられること。支払いに使うのをやめて、タバコとして吸えばいいだけだ。

こうした商品貨幣のうち、もっとも耐久性にすぐれているのが、貴金属であった。金、銀、銅の利点は、稀少性《きしょう》（よって市場にあふれることがない）、保存性、そして輸送、計量、分配の容易さである。金属貨幣は、何世紀ものあいだ比較的うまく機能しつづけ、ごく最近まで使われていた。だが、このシステムの終焉は、すでに揺籃期《ようらん》にきざしを見せていたのだ。自宅で安心して保管できる以上の金《きん》をためこんだ人は、堅牢な金庫室を求めはじめる。そこで、少額の手数料を支払って、金細工師の倉庫に財産を置かせてもらう。金を預かるときに倉庫の持ち主は、〝持参者の要求に応じて支払う〟と記載された預り証を発行した。紙幣の誕生である。まもなく人びとは、この預り証が額面どおりの金と同じ価値を持つこと、そして実際に倉庫に持っていけば金そのものと交換できることに気づく。となれば、金は安全な倉庫にしまっておいて、この預り証貨幣を商品やサービスと交換するほうが安全だ。

問題はここから始まる。金細工師には、ひと財産の金がみすみす倉庫で遊んでいるように思えてくる。証書がマネーとして信用されているかぎり、金の現物と交換に来る人はめったにいない。顧客の金を貸しだして利息をとれば、賢い金細工師はさらに利益を得ることができるのだ。こうして、近代の銀行が生まれる。たとえば、鍛冶屋が金貨一〇〇ドルを預け、一〇〇ドルの預り証（つまり紙幣）を受けとったとしよう。銀行はすずしい顔でこの一〇〇ドルの金貨を農夫に貸しだす。農夫は重たい金属を詰めこんだ袋を引きずって歩きたくないので、この硬貨をすぐまた預けて、一〇〇ドルの紙幣を受けとる。にわかに、金貨の二倍の紙幣が存在することになった。もしも農夫と鍛冶屋が同時に銀行にあらわれて金貨を要求したならば、二人合わせて二〇〇ドルの証書に対して、一〇〇ドルの金貨しかないと知らされるだろう。マネーサプライを人為的に倍増することによって、銀行はその価値を半減させてしまった。こうなると鍛冶屋と農夫は、持っている紙幣を一ドルあたり五〇セントと引きかえるしかない。このシナリオを千倍、あるいは百万倍すれば、取りつけさわぎになる（また、銀行の陰謀のせいで農夫が五〇ドルを失っても、借り入れた一〇〇ドル全額に対する利息を払わねばならないことにはかわりがない。どちらにしても銀行が得をするようにできている）。

紙幣が額面の金銀の一部の価値しか持たなくなったこのシステムが米国で採用されたのは、二〇世紀に入ってからだ。ときの議会によって連邦準備制度理事会（ＦＲＢ）が創設され、金銀その他の実体ある品に直接結びつきのないドル通貨を際限なく印刷する権限が与えられる。これはまったく信じがたい構想だが、ようするに壮大なニセ金づくりなのだ、とグリフィンは述べる。不景気になると、ＦＲＢはただ通貨を印刷し、（利息をとって）合衆国財務省に貸し付ける。財務省はこのカネを、郡や州の道路部、軍事産業、そしてもちろん（利払いとして）以前に借金した銀行や投資家にばらまく。これが国債である。米ドルは、本物のお宝——フォートノックスの金塊《きんかい》貯蔵庫にある延べ棒など——と引きかえ可能なわけではなく、財務省からＦＲＢへの単なる借用証書にすぎない。議会で一兆ドルが必要になったら、ＦＲＢが魔法の杖をふるだけでマネーがあらわれる。有権者に相談する必要も、増税する必要もない。マネーは瞬時にして姿をあらわし、一兆ドルが台帳に追記され、国債が積みあがる。

「わたしたちが考えているマネーとは壮大な幻想なのだ」とグリフィンは結論づける。「実体は債務、借金である」。実際のところ、「全員が借金を返済したらもはやマネーは存在しなくなる」（前掲『マネーを生みだす怪物』二三五〜二三六頁）。

『ネイション』や『ローリング・ストーン』誌の政治記者ウィリアム・グレイダーは著書『神殿の秘密（*The Secrets of the Temple*）』において、政治的スペクトラムの反対側から連邦準備制度を批判し、同様の結論に達している。「なかんずく、お金は信仰に依存する。暗黙かつ普遍的な社会的同意——実に不思議なもの——を必要とするのだ。お金を創造して使用するには、各自が信用し、全員が信用しなければならない。そうなってはじめて、つまらぬ紙切れが価値をおびてくる」

われわれのお金が金属から通貨に、そしてクレジットカードやオンライン取引に移行するにしたがって、この幻想はさらに明白になっていく。「紙ですらなくなったお金は、純粋な抽象概念となる。離れた場所に置かれたコンピューターの、メモリのどこかしらに記録された数字に」とグレイダーは述べる。「コンピューターの中にあって誰にも見ることができない。持ち主にも、担当の銀行員にも」

いくら信用があるとはいえ、なぜわれわれはこういうニセのドルを相変わらず、たとえインフレで価値が下落しようとも、受けいれつづけるのだろうか。それは法律で決められているからだ。政府は、このおかしなお金を、公私にかかわらずあらゆる債務のための法定通貨に指定している。受けいれなければ〝犯罪〟になる。給料を現金や小切手や口座振り込みではなく金の延べ棒でくれ、などと要求したら、人事部の嘲笑を買って、追いかえされるにちがいない。われわれが使っているような、それ自身に本質的な価値はないが法令で定められたお金を、不換紙幣と呼ぶ。グリフィンによれば、文明の防護壁に生じる最初の亀裂である。「すべての連鎖は、中央銀行が創出する不換紙幣に始まり、それが政府債務につながり、インフレを起こし、経済を破壊し、人々を貧困に陥れ、政府権力拡充の口実にされ、全体主義へと突き進んでいく」（前掲『マネーを生みだす怪物』六六四頁）

あるいは、グレイダーのことばを借りると、「社会の中でお金に対する信用が失われたときは、裏で、社会そのものに対する信用が失われているのだ」

自身のリベラルな政治姿勢にもかかわらず、スエロもまた『怪物』のとりこになった。「グリフィンの著作は保守派の受けがいい。保守的な（ときに私の神経を逆なでするような）記述が多いから」とスエロは説明する。「そのせいで本書の美点が進歩的な人たちに見のがされがちなのは残念である。この本が最後のひと押しとなって、私はカネを手ばなすしかないと確信したのだ」。グリフィンの結論は、シアトルの街路を封鎖した活動家たちの見解とも共通する。銀行業は詐欺であるという主張に彼も与《くみ》するが、こうした批判は聖書時代にまでさかのぼることができる。旧約聖書では貸金業——カネを貸して利息をとる行為——が禁止されている。また、金貸しが神殿で商売をしているのを見つけたイエスが、「こう書いてある。『わたしの家は、祈りの家と呼ばれるべきである』。ところが、あなたたちはそれを強盗の巣にしている」と言って机をひっくり返し、彼らを神殿から追いはらったのも、有名な話である（マタイによる福音書第二一章一二〜一三節）。クレジットカードや住宅ローンで利息の支払いに慣れてしまったアメリカ人は、貸金業がかつては非常に悪質な行為とみなされており、カトリック教会によって一二世紀以上にわたって禁止されていた、と知ったら驚くかもしれない。ウィリアム・グレイダーは、中世の貸金業者について、こう書いている。「いくら富裕な商人で、教会でめだつ存在であろうとも、破門され、キリスト教会墓地への埋葬が拒否された。強盗、売春婦、異端者などと同じ扱いを受けたのである。（中略）労せずして得る利益は道徳上の罪とされた。金貸しが売り物にしたのは時間であり、時間は神にのみ属するのだ」。米国では数世紀前から金利の徴収が容認されるようになったが、ほとんどの州において、一〇パーセント前後の上限を設定した高利禁止法で、それ以上の利率を課すことは禁止されていた。ところが、一九八〇年の連邦議会でこうした州法がくつがえる。以後数十年のかたよったバブルの要因となる、多岐にわたる規制撤廃の一環であった。

「銀行がなくなれば、世界中の貧困はほぼ解決するだろう」とスエロ。「つくづくそう感じる。今のシステムでは、労働者から非労働者へ、貧乏人から金持ちへと物が流れるようになっている。それが、金利の発生する銀行業務の本質だ」

だが、スエロが金銭に対して覚える抵抗は、金貸しが詐欺行為であるという確信にとどまらない。グリフィンやグレイダーと同じく彼も、カネは人間の想像の産物、皆が合意したおとぎ話である、と考える。おとぎ話であること自体に害はないが、問題は、あまりに多くの人がそれを現実視している点だ。「それゆえ、お金には不滅の力という錯覚がつきまとう。未来を制御して時間そのものに打ち勝とうとする心理的手段なのだ」とグレイダーは言う。「死後の生があるかどうか、誰にも確かなことはわからない。けれども、お金はまちがいなく、自分が死んだあとも生きつづける」

時間の性質に関するスエロの長年の考察と、彼のカネへの抵抗感とが、ここにおいてうまくかみ合う。原理主義者である両親が、千年王国を信じることによって直線的時間の悲劇――われわれ人間がかならず迎える死――に対抗できると信じたように、資本家たちは、複利の奇跡をとおして、永遠の命を持つ財産を創造できると信じている。しかし、両者に共通する〝時間は始まりから終わりに向かって直線上を進む〟という前提を疑っているスエロは、どちらの救済策も拒否する。

「私はお金が悪いとも良いとも思わない。だって、幻想に悪いも良いもあるだろうか」と彼は書く。「だけどヘロインや覚醒剤についても、悪いとも良いとも言えないと思う。お金と覚醒剤と、どちらのほうが習慣性が強くて、人を衰耗《すいもう》させるだろうか。幻想に執着すると、自分まで幻想と化し、リアルでなくなってしまう。幻想への執着は偶像崇拝だ。中毒だ」

スエロは批判をさらに一歩進める。彼の考えによれば、お金は病気そのものではなく、ひとつの症状にすぎない。もっと深いところには、昔も今もかわらない、資産だの負債だのにこだわる人間の習性があって、お金はただ、それを記録するもっとも便利な手段というだけである。

彼は、諸宗教の聖典や、トルストイ、ソロー、ガンディーの哲学を読みくらべてきた。「これらの、それぞれにタイプの異なる聖典や文筆家も声をそろえて述べている。真理の道は無所有の道だ、と」。清貧はわが誇り、とムハンマドは言う。われらは一物をも所有していない。大いに楽しく生きて行こう、と言ったのはブッダ。そしてイエスの教えはこうだ。「もし完全になりたいのなら、行って持ち物を売り払い、貧しい人々に施しなさい」（マタイによる福音書第一九章二一節）。これをスエロなりに解釈すると、「基本的に、偉大な賢人ほど社会の最下層にいる。つまり放浪者だ」。悟りを開いた人とは、負債からも資産からも自由になった人なのだ。

　無所有の中に真理があるという点で預言者らのメッセージが一致しているとしたら、信心ぶかさを誇る人たちの世界が、それとはかけ離れた、銀行と金利、資産と負債に牛耳られる社会となってしまったのは、いったいどういうわけだろうか。「かつて、貧乏はクリスチャンの美徳と考えられていた。この世の価値にとらわれることなく来世に意識を集中しているしるしとみなされたからである」と、ヴァイン・デロリアは『神は赤い』で述べている。「宗教改革以後は何世紀ものあいだ、貧乏は怠惰などの罪のしるしであり、堕落した人間の証拠だとみなされた。（中略）米国の白人クリスチャンが裕福になるにつれ、相当数の信者が急激に財産を増やした後ろめたさへの釈明として、管理者責任《スチュワードシップ》の概念が生みだされる。すなわち、こういう理屈だ。何も私たちが強欲なのではない。ただ、神の恵みによって富が与えられたのだ。私たちはそれにこたえて、よき管理人のつとめを果たすべきである」

　スエロにとってこの問題は、連邦準備制度やＷＴＯどころか、貨幣の発明よりも古い。われわれの金銭への依存は、原罪に、あるいは神々から火を盗みだしたプロメテウスの傲慢さにも通ずる。「捕食動物も獲物も報復の意識など持ちあわせず、やり返したりしない。返済や負債は宇宙の領域に属することがらであって、個々の生物がどうこうする問題ではない（「復讐はわたしのすること」と主は言われる（ローマの信徒への手紙第一二章一九節）。だのにわれわれ人間は、返済と負債とを神々から盗みだした。私たちはもはや無償で与えたり無償で受けとったりできない。つねに貸し借りを意識しながら生きている」

ほかの動植物はそうではない。荒野での暮らしからスエロが学んだとおり、自然界にバーターは存在しないのだ。ラズベリーの実をとるハイイログマには、ラズベリーの木にお返しをする義務などない。シカの死骸をついばむカラスは、当の死んだシカに対しても、シカという種全体に対しても、そのシカを最初にしとめた捕食動物やひき殺した車に対しても、債務を負うことはない。同様に、授粉するミツバチは花からの支払いなど期待しない。スエロの考えでは、自然界は〝贈与経済〟で回っている。動物たちは手に入るものを遠慮せず無償で受けとり、自分の持っているものを惜しげなく無償で与える。

労働をたっとぶ文化にとって、これは困った見方である。人間は、ワシ、ライオン、クマなどの捕食者を高く評価する傾向にある。旗やコインに描かれるのはこうした動物だ。それは、これらの動物の持つ力や威厳のためでもあるが、食べるために〝働く〟からでもある。またわれわれは、ミツバチやビーバーらの働き者にも好感を持つ。だが、コヨーテやハゲワシやフジツボが一ドル硬貨《シルバー・ダラー》に描かれることはないだろう。死肉をあさる動物、他者に寄生する生き物だからである。何のお返しもせず、〝働き〟もしない。よって、人間の尺度からすれば劣った生き物なのだ。

しかし、スエロは考える。たしかにコヨーテは、不足時にそなえて死肉を備蓄しはしないが、だからといって仲間に分配もしない。メキシコの飢えたコヨーテやアフリカで腹をすかせている類縁のジャッカルのために、月々の獲物から十分の一を税としておさめたりもしない。それでもコヨーテはなんとか生きている。しかも、高貴だと思われている捕食者と同じくらい重要な役割を、自然界の中で果たしている。人間はただ、労働に関する自分たちの強迫観念を、動物界に投影しているだけなのではないだろうか。実際の動物界には、どちらがえらいかという上下関係などありやしないのに。

「この働け働けという強迫観念も、私たちが当然視して疑わない返済義務も、実は邪悪で破壊的なのだ」とスエロは結論する。「山上の説教を読めば読むほど、貨幣制度──負債と返済義務のシステム──から私たち自身を解放するための教えだと思われてくる」

アラスカの大地が与えてくれるもののみを食べてすごした一九九七年の夏は、お金と無縁の生活も不可能ではないという感触を得るはじめての経験となった。本土四十八州へ戻る旅で、その感触はさらに強まる。アンデルと別れるころ、スエロの手持ちの現金は五〇ドルに減っていた。例によって持論を試そうと、ヒッチハイクで出発する。さあ、このかぎられた資金で無事帰れるのかどうか。親指を高く上げてユーコン準州を横ぎり、ブリティッシュコロンビア州を通って、ティム・ヴォイタシクをたずねるため内陸のオレゴン砂漠へ向かう。今回も人びとの気前のよさ──車に乗せてくれ、食事をごちそうしてくれ、自宅に泊まるようすすめてくれる──に驚嘆しながら。そしてとうとうモアブにたどり着いたとき、残金をかぞえてみた。

四五ドル。

二週間の旅で使ったのは、たった五ドルだった。買った物はと思いかえせば、チョコレートバーに、コーヒーが数杯。なくてもたいして困らない物ばかりだ。突然、彼の机上の論理が現実味をおびてくる。

だが、こうした思想がまとまりを見せはじめても、まだ実行に移す用意まではできていなかった。「自分自身でこれを心から信じる必要がある」と書いている。「あきらかに今の私はまだ信じるにいたっていない。いまだに、しょっちゅう信念を失っては債務意識の奴隷におちいっている」。この問題に突きあたった理想主義者は、彼がはじめてではない。「わしのようなメディスンマンですら、今ではなにがしのお金を持ち歩かなくてはならない」とレイム・ディアーも述べている。「なぜならお前さんたちが、このわしを勝手に、自分たちの信じこんでる世界にむりやり押し込めているからだ。とてもじゃないが、そこではお金がなくては暮らせない」（前掲『レイム・ディアー——ヴィジョンを求める者』一一二頁）

スエロは金銭の呪縛から逃れる努力を始める。第一の問題は、返済の終わっていない学資ローン。何年か前に、支払いを中断したことがある。すると、集金代行業者は両親にほこ先を向けたのだった。ローンを組むときに連帯保証人として署名しているため、本人が返済を怠ると、もうすぐ七十歳をむかえる両親が支払わねばならなくなる。この借金の返済が、家賃を払わず生活するようになった最初の動機でもあった。今回モアブに戻った彼は、家を借りてから嫌気がさして退去するというお決まりの儀式をあえてくりかえすことさえせず、まっすぐ峡谷に行ってキャンプを張る。以前働いていたシェルターの仕事に復帰し、元本をじょじょに切りくずしていく。なるべく、月々の最低支払い額の二倍、三倍を返済するように努めた。コンラッド・ソレンソンの食料品店でもボランティアを再開する。「協同組合に働きにくるのは、食べ物があてであって、お金めあてではない。交換取引ではあるけれど、少なくとも一歩前進している。バビロンからぬけだす第一歩だ」

次の夏がくる前に、学資ローンを完済した。「請求書なし、家賃なし、保険も車もなし。運転免許《ライセンス》ともナンセンスとも無縁だ」とティム・ヴォイタシクに報告している。あと一息というところまで来た。でも、最後の一歩をなかなか踏みだせない。そこで、自分の知恵を人と共有すれば最終的な決心が固まるかもしれない、と期待する。

何年も前の姉あての手紙で、執筆が自分の天職だと宣言したことがあった。そして今ようやく、腰をすえて取りくめるだけの態勢がととのった。「宇宙の神秘についての論文というか、まあそのようなものを、まだ書きつづけている」。ところが、頭の中の考えははっきりしているのに、いざ紙を前にするとうまくいかない。「このメッセージを、子どもにも――あるいはわからず屋の大人にも――わかりやすく、同時に、どんなに実利的な科学者の関心もひけるような形にしたい。要は基礎的な生態学だ。宗教の中心に存在する、純粋で単純な生態学なのだ」

それなのに、伝えたい内容を簡潔に表現しようといくら試みても、ごちゃごちゃしてわかりにくくなってしまう。それで、ティム・ヴォイタシク以外の誰にも、書いていることを話さなかった。極端で奇妙で未熟な理論であると、自分でもわかっていた。「この思想を人に、たとえばここモアブで、伝えはじめようという考えが頭から離れない。だけど、自分がまだどれほど偽善の奴隷であるかもよくわかっている。だから、もうしばらく砂漠にこもって、気骨を養い、自分を鍛え、意気地のなさを克服できるようにならなくては」

ふと、問題は伝えたい内容でなく方法にあるのかもしれない、と思いつく。「書くのはどうもうまくいかない」とティム・フレデリックにあてた一九九八年の手紙につづっている。「じかに語りかける必要があるのだ」。スエロは、地域のレクリエーションセンターで連続講演会を企画する。一時間六〇ドルで会場を借り、町じゅうにチラシを貼ってまわった。「世界宗教に通底する精神」というのが初回のテーマである。入場料一ドル。

講演の準備段階でも問題に直面する。郵便局の掲示板に告知のチラシを貼ったところ、翌日にははがされていた。映画祭のポスターの横にピンでとめたのだが、そのポスターは残っている。もう一度貼りなおしたチラシも、翌日になると姿を消した。これはおかしい。どうなっているのかと局員に問いただす。すると、商業的な催しだからはがしたと言う。映画祭は営利目的ではないとのこと。

「で、でも、たったの一ドルですよ」とスエロは口ごもる。「しかも、それでは会場費すらまかなえそうにないのに」

「規則は規則ですから」

自分の思想でお金をとるのは金輪際《こんりんざい》やめようと誓った。

講演会の夜。スエロは会場に折りたたみイスを並べる。メモを読みかえしていると、何人かのよく見知った顔がぽつぽつとあらわれた。まだ空席が多い。そのうちに両親が到着する。フルータからはるばる運転して来てくれたのだ。結局、聴衆は総勢五名。誰もいないよりいい。老荘哲学、仏教、ヒンドゥー教、そしてキリスト教について話をする。両親からいくつか質問が出た。鋭いけれど、議論を提起するような質問ではない。全体的にかなりうまくいった。とはいえ、わずか五名である。講演会は失敗だったと結論せざるをえない。そのうえ五五ドルの赤字だ。その後、わざわざ第二回の講演会を開こうとはしなかった。

彼はだんだんと、思想というものに対してもどかしさを感じるようになる。「自分の哲学なんて、ほとんどが頭の中の概念にすぎないと思うと、つくづくいやになる。何かしらの力、エネルギーが必要だ。思想に有頂天になっているだけでは不十分なのだ。文章にするだけでは不十分なのだ」。結局のところ彼の才能は、思想をことばで表現することにではなく、思想を生きることにあるのかもしれない。「賢人は放浪生活を究極の芸術に変える」と彼は書いた。彼の精神修養の旅路に、金銭の放棄が不可欠であるのは明らかだった。しかし、まわりを見まわしても、どうしたらそんなことができるのかさっぱりわからない。落ちぶれた路上生活者と荒野の遁世者《とんせい》をのぞいて、米国にお金を使わずに生きる伝統は皆無であった。

そこでスエロは、彼の旅の次なる局面に乗りだす。東方へと。

12　東方へ、そして家に帰る

聖典は神にいたる道を指し示すだけである。
いったん道がわかってしまえば、もう書物は役にたたない。

——聖ラーマクリシュナ

一九九八年、モアブで空回りを続けていたスエロは、協同組合の図書室で、一九世紀のヒンドゥー神秘思想家ラーマクリシュナに関する本と出会った。ラーマクリシュナは無学な男だったが、半覚醒状態におちいっては神に接する体験をかさねたという。ただの精神錯乱とみなす人も多かった中で、彼を人間の姿をした神の化身とあがめる人びとが集まってくる。この預言者は、弟子の寄進による寺院で簡素な生活を送ったが、これらの弟子たちがのちにヒンドゥーの教えを米国にもたらし、一九〇六年には米国初のヒンドゥー教寺院をサンフランシスコに建立することになる。

スエロは深い感銘を受ける。伝記によると、ある日弟子が、金銭を嫌悪する師を試そうとして、ベッドの下にこっそり一ルピーを置いた。やがてラーマクリシュナが寝室に引きあげる。「彼はベッドにさわるやいなや部屋から飛びだした。実際にからだに痛みを感じたのである」

慈善団体で働いたときにスエロが悩まされた徒労感についても、ラーマクリシュナは明快に語っていた。「この世界を助けるなんて、よくもそんなことが言えたものだ」と。「それは神のみにできること。まず、あらゆる自我を捨てなければならない。そうすれば母なる神が、すべきことを与えてくださるであろう」

一九九九年一月、スエロはモアブをたってインドに向かう。のちの彼がヒンドゥー教の行者《サドゥー》を思わせる生活を選ぶからには、ラーマクリシュナの本に触発されて意識的に師の祖国への巡礼に出たと解釈したくなる。だが実際は、マイケル・フリードマンの誘いがなければインドに行くこともなかったらしい。この友人はインドの大学で一学期をすごした経験があり、医学研究のために再訪を望んでいた。「なりゆきが私の導師だから」とスエロ。タイミングのよい誘いを吉兆と見て、今回もなりゆきに身をまかせた。コネチカット州のフリードマンの家をたずね、一緒にタイ行きの格安航空チケットを購入。タイを経由すれば、インドまで安くたどり着ける。インドには二か月ほど滞在するつもりだった。

直前になって、病気のためフリードマンの出発が遅れる。ダニエルが一人でバンコクに飛び、ひと月ほどでフリードマンもあとを追う約束になった。ポケットに千ドルをしのばせて現地に到着したダニエルには、一人の知り合いもいなければ、タイ語の知識もなかった。ねずみの巣食う安宿にチェックインする。「二か月間、つぶせる時間があった。ちょっとハイな気分だった」

十年前にキトをはじめておとずれたときと同じく、まず足を向けたのは礼拝施設だ。「寺院はとても美しい。まだ内部を見る機会はないけれど」と書き送っている。この旅から、ダニエルは手書きの手紙をやめて、電子メールの一斉送信機能を使いはじめた（これはその後、ブログへと発展していく）。受取人たちにこう説明している。「このメールのあて先リストに含まれている友だちや家族には、異教徒もいれば、不可知論者や無神論者も、敬虔なクリスチャン、無関心な人、普遍救済論者《ユニバーサリスト》、仏教徒、クエーカー教徒もいる。ゲイもそうでない人もいるし、バイセクシュアルも、まだほかにもいるかもしれない。その一人ひとりが、私の心の一面や、解決に努めてきた自分の中の矛盾のあらわれなのだ」

ある日、たまたま通りがかった有名な寺で、日記帳に向かって静かに仏像をスケッチしていた。それまで何年も東洋の宗教を学んできたが、実践した経験はなかった。けれども、ラーマクリシュナについて読んだばかりだったので瞑想に関心がわき、西洋人でも習えるところがないものかと思う。案内の係員にたずねてみると、仏教徒が祈りの生活を送る寺院兼僧坊ワット・マハタートを紹介された。

バンコクの混沌とした街路にくり出したはいいが、すぐ道に迷ってしまう。あたふたと行きつ戻りつするうち、もはや寺院を探す気もなくして、ただ宿への帰り道を見つけようとやっきになる。高い石壁にそって歩いていると、隠し扉がひょいと開いて、オレンジ色の衣をまとった僧があらわれた。あやうくぶつかりそうになる。僧はスエロのひじをつかむと内側に引きいれ、扉をバタンと閉める。そこは緑の美しい庭園だった。

「どこへ行くのか」と英語で僧がたずねる。

「ワット・マハタートを探しているのです」

「では」と言うと、僧はにっこりと手を広げて庭を指し示す。「着きましたね」

スエロはもう、こういう一致には驚かなかった。またしても偶然に導かれたのだ。「私の意思では——人の意思なんていうものが存在するなら——インドに行くはずだった」と彼は回想する。「それだってマイケルに誘われなければ思いつきもしなかったけれどね。ともかく私の考えでは、サドゥーをこの目で見て、できれば自分もサドゥーになって、ヒンドゥー教を探究するつもりだった。ところが、仏教にすっかり心をうばわれてしまったのだ」

アーチャン・スメートと名のった僧に、スエロは瞑想を習いたい旨を告げる。

「私についていらっしゃい」。スメートは彼を一本の菩提樹のそばへといざない——ブッダは菩提樹の下で悟りを開いた——仏教の根本原理である四聖諦《ししょうたい》と八正道《はっしょうどう》についてかいつまんで説き聞かせた。「では、一緒に瞑想しましょう」

僧は足を組んで座り、スエロもそれにならう。具体的に何をすればよいのかわからなかったし、僧からも説明はなかったので、ただ黙って二十分間座りつづけた。それから僧は、菩提樹からつんだ葉に自分の名を書くと、先ほどの扉のところまでスエロを見送り、明朝五時にまたいらっしゃいと告げる。ダニエルはどうにか宿へ帰りつく。翌朝、僧に会いに行くと、何人かのタイ人が瞑想している部屋に連れて行かれ、「さあ、入りなさい」とうながされた。座って皆のまねをするスエロ。タイ語で説教がおこなわれるあいだも座りつづける。「誰も私のことを特別気にかけるふうでもなかった」

それから数日して別の僧から、ここで何をしているのか、と聞かれる。

「瞑想を学んでいるのです」

「誰があなたをここに？」

「アーチャン・スメート」

「アーチャン・スメートですって？　本当に？」

「ええ、アーチャン・スメートです」

「タイに戻っておられたのか」

スエロは出会ったいきさつを語り、証拠として僧の署名入りの菩提樹の葉を見せる。

「あなたはとても運がいい」と相手の僧が言う。「アーチャン・スメートに謁見《えっけん》したくて何年も待っている人はいくらでもいます。タイで一番高名な僧ですから」

その謎めいた高僧に再び会うことはなかったが、瞑想の訓練は続けようと決心する。二人目の僧からもっと英語話者向けの道場を紹介されたスエロは、三等列車に乗って山岳地帯へ行き、一か月間の修練コースに申しこむ。結跏趺坐《けっかふざ》［両足の甲を反対側のももの上に置く座り方］での瞑想を一日十時間。正午を過ぎたら固形物を食べてはいけない。無駄なおしゃべりは禁止。

スエロは意外に強情な弟子だった。結跏趺坐の姿勢は非常につらいうえ、退屈でしかたがない。一週間がたつころ、教師のタナットとケイトに愚痴をこぼすと、タナットが答える。「ああ、それは力の入れすぎだ」

「これほどの課題や指示をお与えになっておきながら、やりすぎだとおっしゃるのですか。もうくたくたで、気分が悪くなってきました」

「それはいい」とタナット。「心とからだの毒素が排出されている証拠だよ」

スエロは不満を覚えていた。ある日、瞑想の時間に横になって寝てしまう。道場の序列もいやだった。尼僧が食事のしたくをしているのに、男の僧たちは一日中ただ突っ立って、喫煙やおしゃべりに興じている。礼拝時は僧が壇上に座り、弟子は床に、そして尼僧は部屋の後方に座る。説教者は、ここがいかにブッダ直系の由緒正しい僧院であるかを誇り、唯一本物の仏教と呼べるのは自分たちだけで、よそはインチキばかり、と言う。スエロはプリマス・ブレザレンに戻ったような気がした。修練開始から三週間後、荷物をまとめるとタナットの部屋に押しかけ、今すぐここを出て行くと宣言する。

「ブッダにお辞儀するのを忘れたね」

「ブッダにお辞儀などしたくありません」

「どうしてだね」

「あれはただの木像です。そんな所作はあなたを満足させるためにしているだけ。まごころから出た、心の底からの行為ではありません。しかも、ブッダにお辞儀するなんて、ブッダ本人の教えに反しています」

タナットは一瞬考えてから口を開く。

「きみの言うとおりだ。心の中でブッダにお辞儀していると考えればいい」

タナットに説得されて、スエロは道場にとどまることにする。瞑想は上達していった。ある日、至福を感じたかと思うと、次の日には気分が悪くなり挫折感を味わう。「万物のはかなさを学びとっているところなのだ」とタナット。「きのうは順調に進んでいたのに、今はちがう。それは叡智《えいち》の境に入りつつある状態だ」

やがて教師たちから、睡眠をだんだん減らすようにとの指示を受ける。就寝時間を遅らせ、起床時間を早める。「それが一番つらかった」とスエロは回想する。「へとへとだったし、疲労にうまく対処できていなかったから。睡眠を削れというのは、一番聞きたくないことばだった。だけど辛抱づよくやりぬいて、ついには、まったく眠るなと言われる段階まで到達した。一晩中眠らずに、歩く瞑想と座る瞑想をくりかえしなさい、と」

瞑想の目的は、つねに今のこの瞬間に立ち返ることであった。その夜、タナットは彼に公案——黙想するための句——を与える。「これまでに経験したことも見たこともなく、今後二度と経験することも見ることもないものを見つけなさい」

結跏趺坐で座っていると、ずっと昔の、キリスト教的信仰をまだ持っていたころの思いが頭に浮かんでくる。「生まれ育ちや幼少期の体験、そのころの気持ち、自分の宗教に見いだしていた強烈な安らぎについて考えはじめた。私はそれらすべてを捨ててしまったのだった。けれども、中核に存在したあの強烈な安らぎを否定することはできない。わが魂の奥底に触れたのは、自分自身の宗教だった」。イエスのことばを思いおこす。「だから、明日のことまで思い悩むな。明日のことは明日自らが思い悩む。その日の苦労は、その日だけで十分である」(マタイによる福音書第六章三四節)。謙虚、赦《ゆる》し、黙想に関するキリストの教えがブッダの教えによく似ていると気づいたのは、スエロが最初ではない。しかもこの、瞬間を生きるという思想は、どちらの教えよりもさらに古い時代から存在した。ヘブライ語で神を意味する〝ヤハヴェ〟という語は、直訳すれば〝永遠の現在〟となる。大学時代から頭ではわかっていたことだが、どんな宗教も、その中核において同じ真理を語っている。今、深い瞑想の中で、彼はそれを実際に感じとった。しかし、彼の修行はまだ終わっていなかった。

「最初の夜のあと、『ああよかった、これで終わりだ』と言ってしまったよ」とスエロ。「ところが次の日の夜、また一晩中目を覚ましているよう命じられた。うとうとしかけたら、そのたびに表に記入するように、とも言われた。あそこでは〝上昇と下降〟と呼んでいたね。とにかく、こっくりするたびに小さなしるしをつける動作に集中せよとの指示だった。こうした課題のもろもろに、つぎつぎ与えられる公案。もう疲れきってうんざりしていた。あまりに負担が大きかった。こんなのはまったく不自然だ。結跏趺坐の姿勢で表に書きこむ努力を、夜半過ぎぐらいまで続けていた。が、ついにその紙切れをかたわらに押しやる。もうこれ以上、この姿勢で座っていられなかった。何もかも知ったことか。組んだ足をほどくと、ひざに頭をのせてぐったりとうなだれてしまった。

そのとき突然、すべてが静かになったんだ。完全な至福。一切ががらんと空っぽの青色に変わった。ただ、ひざに頭をのせた人間の姿だけが見える。あれは誰だろう。私なのか、それともブッダだろうか。誰とも見当がつかない。全《まった》き静寂。青い光。感覚もなく、思考もなく、何もなかった。その次に頭にうかんだのは、『帰らなくては』ということだった。なぜかはよくわからない。

頭を起こすと元の部屋にいた。外の鳥のさえずりがひとつ残らず聞こえる。立ちあがってみると、生涯で一番よく眠ったような感じがした。からだにエネルギーが満ち、頭がはっきりしている。笑いがこみあげてきた。誰かに見られているような気がしてならなかった。そうか、これはトリックだったんだ。あれやこれやの試練もゲームも全部、私にやめさせるための。なぜなら、ようするにそれが本当の目的だから——あきらめる瞬間を経験させることが。驚きだね。まったくおかしかった。声をあげて笑った。部屋を出て僧院内を歩きまわった。まっ暗で、いつもと同じ静寂の中を、笑いながら。『さて、これで終わった。ここに学びにきたのはこれだったんだ』と思う。あのような意味のないことばかりやらされたわけが、これでよくわかった。意味などなくていいんだ。意味のないことを経験してみなければ、意味がないかどうかも理解できない。だから、それはやる意味がある。

ともあれ、自分の居室に戻った。丸一か月間、私たちはシャワーをあびてはいけないと言われていた。小さなシャワーがひとつだけあった。そこに飛びこんでからだを洗う。五時までにはまだ二時間あったので眠る。目ざめるとすばらしく気分がよかった。跳びはねたりスキップしたりする。教師たちの部屋へ行くとケイトがいた。『昨夜はどんなぐあいでしたか』。私は満面の笑みをうかべてケイトに報告する。一緒に喜んでくれるものと思っていたのに、彼女はずいぶんと深刻な顔つきになる。タナットが出てきて腰をおろした。二人は小声で話しあう。

それからタナットが口を開く。『いや、こんなに早くこういうことが起きるとは予想外だった。きみは非常に運がいい。だけど、これは大変やっかいなことかもしれない。こういう経験をする人はそう多くない。きみがもう一度これを経験しようと思っても難しいだろう。これは今この瞬間にかかわること。過去を思いだしてもう一度経験しようと努めても難しいのだ。それどころか危険だ。実際、きみにはもう一晩寝ずにいてもらおうと思っていたのだよ。シャワーをあびて床につくべきではなかった。だが、まあいい。今すぐここをたってもいいし、もう一晩いてもいい。きみにまかせよう。どちらでもかまわない』。タナットは私のために喜んでくれているようだった。

私はもう一日滞在し、夜どおし目を覚ましていた。非常によい気分だった。真夜中に歩く瞑想をしていると、タナットがあらわれる。居室に誰かが来たのは、それがはじめてだ。彼は中に入ってくる。私が歩きまわって瞑想しているそばで彼は言った。『もう時間は問題でないようだね。歩いているきみには、一時間たったのか、それとも五分だったのか、区別がつかないのだ』」

ジョーゼフ・キャンベルにスエロの物語を語らせたら、英雄は神との和解に達したと言うかもしれない。彼は永遠の現在を見いだした。それも、十年前の毒ベリーによる幻覚の地獄とはうって変わって、今回は天国であった。「近代的な人間としての英雄は死んだ」とキャンベルは書いている。「だが、永遠の人間として――完成された、特定の個にとらわれない、普遍的な人間として、彼は生まれ変わったのだ」

スエロには、人生が変わる経験をしたとはわかっていたが、それを何と呼んだらよいのかはっきりしなかった。「特定の宗教に入信するつもりもまったくなかったし、自分自身が何者だと名のるつもりもなかった」とスエロ。「ただ、仏教を奥底まで探究したかったのだ。あらゆる宗教から真理を引きだして、ともに進みたかった」

逆説的ながら、その奥底で彼が見いだしたのはキリスト教であった。「だから考えさせられた。全部を丸ごと捨ててしまうのはよくない、そこに含まれている真理とそれ以外のものとを取捨選択しなくては、とね。それができない唯一の理由は、人からどう見られるかが心配なのだ。偽善者の仲間だとは思われたくない。そういう誤解は多い。教えこまれてきた真理を奉じ、自分たちのルーツにおいて善とされていることを受けいれても、偽善的に見られずにいられるものだろうか。自分も狂信的な原理主義者にされてしまわないだろうか。そう恐れているのだ」

僧院を出て最初にしようと思っていたのは、インドに行ってサドゥーになることだった。四月になってマイケル・フリードマンが到着すると、二人は飛行機でカルカッタに飛び、三等列車で大陸を横断しつつ、仏教寺院、ラーマクリシュナ寺院、マザーテレサの施設をたずねる。ダニエルは、何世紀も前と変わらない暮らしをしている何人かのサドゥーに会う。何も所有せず、洞窟や森や寺院に住み、他人の施しで生きている。この男たちは、まったくの裸か、腰布だけを身につけ、あごひげを長くのばし、頭髪はドレッドヘア。からだに灰を塗りたくったり、顔を派手な色にペイントしたりした者も多い。自己の肉体に頓着しないあかしに、釘の植わったベッドに横臥《おうが》する、両手を頭上高く上げた姿勢を何日も続けるなどの苦行をおこなう者もいる。

聖人たちですら金銭の触手を逃れえていないことに、スエロはすぐに気づく。自称サドゥーの多くはペテン師で、にせの聖遺物を見せたりインチキの儀式をとりおこなったりして、お金をだまし取っていた。スエロはガンディーと似た感想をいだく。聖堂をたずね歩いたあと、ガンディーはこう評している。「巡礼者たちの敬虔さよりも、注意散漫、偽善、だらしなさを観察しに来たようなものだ。そこに押しかけるサドゥーたちの群れは、現世のぜいたくを楽しむためだけに生まれてきたかに見える」。スエロはヨーロッパ人サドゥーにも出会い、一緒に数日をすごす。ところが、彼がスイス銀行の口座を持ち、たまに貧困生活を一時休止したくなると預金に手をつけていると知って、スエロは幻滅した。インドの寺院は聖地というよりも、いかさま師であふれかえった遊興場のようだ。ガイドやタクシー運転手がいとこのやっている茶店に連れて行ってお金を使わせようとするたびに、スエロはしかりつける。何も売りつけないと約束した宿屋の主人に絹製品の店へ連れて行かれたときには、怒りを爆発させた。

「買いたい物などないよ」と吐きだすように言う。興奮と夏の熱気で汗が吹きでる。「お金はほとんど持っていないし、だまされるのにもうんざりだ。インドのどこに行っても、誰かがだまそうとする。それにここはヴァラナシ、聖なる神の町のはずじゃないか。それなのに、目にするのは腐敗と強欲、それに搾取工場で働く子どもたちばかり。その片棒をかつぐのはいやだね」

スエロは主人に宿に連れて帰るよう要求する。荷物をまとめはじめた彼に、主人は行かないでくれと懇願する。スエロは、バガヴァッド・ギーターの文句を引いて責めたてた。「ギーターは教えている。あなたの行為の結果を放棄し、見かえりを期待せず、無償で与えよ、と」

主人の顔は自責の念で曇る。涙を流して「どうか行かないで」と哀願する。「悪かった。二度としないから」

だが、極度に興奮したスエロは、聞く耳を持たなかった。「私は自分の言ったことを守らねばならない。あなたが何かを売りつけようとしたら宿を出ると言ったのだから、そのとおり実行する。つぐないをしたければ、あなたも今後は言ったことを守ってくれ」そう言いすてると、英雄は震える脚で床を踏み鳴らしながら、新しい宿を求めて汚辱の町なかへ去ったのである。

旅行者にたかる商人と六月の酷暑から逃れるため、フリードマンと別れて、バスでヒマラヤへ向かう。めざすはチベット仏教徒の居留地である。間借りしたのはヒンドゥー教徒の家。「泥を塗り固めた家で、屋根はスレートぶき。水道はない。ここは、マクロードガンジの町の上にあるバグスー村からさらに山道をのぼった、ダラムコットという集落だ。マクロードガンジのずっと下には、もっと大きいダラムサラの町が広がる」。冷涼で雨がちな山岳地帯は、非常に住み心地がよかった。「どちらを向いても、見わたすかぎりの段々畑が山すそまでのびている」とつづっている。「しかも、そこらじゅうに猿がいる！（お察しのとおり私は猿好きなのだ）」

僧を相手にボランティアで英語の個人指導をしつつ、仏教の勉強を一か月続ける。「チベット人は信じられないほど平和的で、幸福そうで、気どりのない人たちだ。今までに出会ったどんな民族よりも」と評している。「寺院や僧坊に行けばはつらつとした雰囲気に満ちているが、かといって非常に誠実な感じも損なわれていない。これまでに接した他宗教によくある、えらそうな感じや、仰々しくもったいぶったところが、ほとんど（というかまったく）ないのだ」

英語を教わっている僧が一冊の本をくれた。一二世紀のチベットの聖人ミラレパに関する本だった。なかなか手ごわい内容で、初学者向けとは言えない。「まず、人間以外の存在の征服に関して。師はチョンルンの赤岩において、魔王ビナヤカに、自身のラマを知る六つの方法についての教えを与えた」という調子だ。それでも、スエロはこの本に魅了される。洞窟におもむくとき、ミラレパは次のような誓いをたてた。

シッディ（秘められた力）を成就するまで、この寂静の地に堅く踏みとどまらん
飢えに死のうとも、施《ほどこし》や死者の供物《くもつ》を求めに行くまじ（中略）
寒さに死のうとも、衣を乞いに下りて行くまじ
悲嘆と悲しみに死のうとも、世俗の享楽を求めて下りて行くまじ
病に死のうとも、薬を求めて下りて行くまじ
身《からだ》の一つの所作も、いかなる世俗の目的に与えまじ
そして身《からだ》と口《ことば》と意《こころ》をブッダフッドの成就に捧げん

（『ミラレパ――チベットの偉大なヨギー』おおえまさのり訳編、めるくまーる）

そのうえ、この聖人は、一か所ならず二十もの洞窟に暮らしたのである。スエロは山をのぼって、それぞれに名前のついた伝説の洞穴――〝馬の歯の白岩〟〝すばるの星影〟〝悟りのラグマ窟〟〝天空の幟《のぼり》〟〝ベッツェの感覚的快楽〟〝孤独なカッコウ〟――を泊まり歩いた。なんと神秘に満ちあふれ、詩的な力が感じられることか。洞窟は、ただのしめっぽい岩穴ではなかった。〝蓮華《れんげ》の岩屋〟なのだ！

サドゥーには期待を裏切られたが、このまま東洋に残るべきか、まだ迷っていた。ダラムサラの町に戻ると、ダライ・ラマが滞在中であると聞きつけ、法話を聞きに行く。

「西洋人のみなさん」とダライ・ラマは語りかける。「チベット仏教を学ぶため、わざわざ遠くからおいでになったのは感心なことです。しかし、隣の芝生はつねに青く見えるもの。どの文化も、どの宗教も、真理を教えています。それなのに人はいつも、自分自身の育った文化よりも異文化のほうがすばらしいと思ってしまうのです。あなたがたの中には、チベット仏教を学んで僧になるのが向いている人もいるでしょう。でも、全員がそうだとはかぎりません。ほとんどの人は、自分がいる場所とはちがった何かを探しているだけです。そういう人は、お帰りになって、ご自身の文化の知恵や伝統を学んだほうがよろしい」

スエロはそのとおりだと思う。はるばる海を越え、砂漠を越え、山をのぼってラマのおひざ元までやって来たのも、結局のところ、私に必要なのは家に帰ることだと気づくためだったのだ。それこそが、若き日の信仰の再発見が、道場ですごした時間の成果であった。遠ざかっていた自分自身のルーツに、今こそ立ち返る必要がある。「皮肉な話だが、これまでほかの宗教を探究してきた目的は、キリスト教についての理解を深めることだった」とそのころ書いている。「仏教徒やヒンドゥー教徒や何かになることではなかったのだ」。また心情的にも、帰国の必要性を切実に感じていた。インドにいるうちに金銭を手ばなしたら、もう二度と家族に会えなくなる。そんなのは考えただけでも悲しすぎる。それに第一、俗界を離れた僧の暮らしには関心がなかった。チベット人には敬意をいだいていたが、その神学にいささか引っかかりも覚えた。「仏教徒とクリスチャンがどちらも、この世を〝逃れるべき悪〟ととらえがち」な点についての不満である。

スエロは、いくら苦難や堕落に満ちた世の中であっても、この現実世界に関与したかった。「サドゥーにはなりたいと思った」とスエロ。「だけど、インドでサドゥーになったところで、自分のためになるだろうか。真に信仰を試すつもりなら、地球上でもとりわけ物質主義的で拝金主義的な国に帰って、そこでサドゥーになるべきだ」

こうして、われらが英雄の旅路の最終段階が始まる。すなわち〝帰還〟である。「よって、彼の第二の重要な任務は、変貌した姿でわれわれの世界へ帰還し、あらたな生について学んだ教訓を伝えることである」とキャンベルは書いている。「帰還した英雄が最初に直面する困難は、偉業の達成という心底満たされるビジョンを経験したあとで、かりそめの哀楽、凡庸さ猥雑さを、この世の現実として甘受しなければならぬことだ。なぜ、こんな世界に復帰しなくてはいけないのか。情欲にかまけている男女に向かって、あの超越的な至福体験をもっともらしく語ったり、関心をひこうと努めたりして、何の意味があるのか。夜にはこのうえなく重要に思われた夢も昼になればただ馬鹿げて見えるように、審査員のさめた視線の前では、詩人も預言者も白痴の役回りを演じて終わるだけかもしれない。こんな世の中など丸ごと悪魔の手にゆだねて、ふたたび天の岩屋にこもり、戸をしっかり閉ざしてしまうほうが気が楽だ」

たしかに、ヒマラヤの天国のような岩屋住まいを選ばなかったスエロは、この凡庸な世界に帰還した結果、信念を試されることになる。当時、みずからを英雄視してなどいなかったし、自分の人生行路に意味があるとも思わなかった。ただ頭が混乱していただけである。さらに丸一年、優柔不断のうちにときをすごす。また無一文になった彼は、冬のあいだダミアン・ナッシュのソファを寝床とし、古巣の職場でパートタイムの仕事を再開。アラスカ時代の友人レズリー・ハウズがシアトルに引っ越すのを手伝い、彼女がWTOデモで催涙ガスをあびた体験談を聞く。女性のためのシェルターの正職員ポストに応募するが、採用にはいたらなかった。

そうこうするうちに、金銭とのつきあいにおける最後の屈辱を経験する。当時はまだ車を所有していた。打ち傷のあるホンダ・ハッチバックで、白地の両側面には、以前自分でペイントした黒いカラスの群れが舞っている。ボルダーにティム・フレデリックをたずねる途中、このおんぼろ車が動かなくなった。なんとかなだめすかしてホンダ車のディーラーに持ちこみ、検査してもらう。整備士によればタイミングベルトの交換が必要とのこと。六〇〇ドルかかるという修理代は、車自体の値打ちより高い。スエロは断った。もっと安い修理工が、きっと見つかるだろう。兄さんがタダで直してくれるかもしれない。「お好きなように」と整備士は言った。「ただし、検査代七五ドルはいただきますが」

「それは倫理にもとる話だ」とスエロは抗議する。「見るだけでお金を取るとは言わなかったのに」

「わが社の方針でして」と整備士。

ティム・フレデリックは、この窮地から友を救いだせるならと、ためらわず自分のクレジットカードをさしだした。

「財布をしまってよ」とスエロ。これは道義上の問題なのだ。ヴァラナシの宿を引きはらったのと一緒の論理である。双方一歩も引かずににらみあい、スエロはますます神経を高ぶらす。もう一人の整備士が出てきて提案する。この動かない車を私が一〇〇ドルで引きとりますよ、と言うのだ。だがお金を受けとるのは、倫理に反したディーラーのやり口を肯定するようで、変節に等しい行為と思われた。ダニエルは彼らのお金がほしいのではない。誠実な態度をとってほしいのだ。

ついに彼は「車はタダであげます」と言うと、荒々しい足どりでその場をあとにした。モーターつきの乗り物を所有するのは、これが最後になるだろう。

二週間後、彼はふたたび路上にいた。ヒッチハイクで国じゅうをめぐり、友人らをたずね、あまりお金をかけずに暮らす。この堕落した世界で倫理的に生きる方法――タイの道場で見いだした永遠の現在に近づく手だて――はただひとつ、金銭の放棄しかない。彼はそう感じていた。スエロは、負債を負うのも負わせるのもいやだった。キリスト教のことばで表現すれば、「わたしたちの負い目を赦してください、わたしたちも自分に負い目のある人を赦しましたように」（マタイによる福音書第六章十二節）という心境である。バガヴァッド・ギーターにならえば、自分自身の行為の結果から解放されたいのだ。見かえりを期待せず無償で与えること。それによってのみ、西洋の直線的時間の概念から自由になれるだろう。債権も債務も、われわれを過去や未来に執着させる。ブッダのことばで言えば、スエロは、執着のもつれを断ち切りたかった。輪廻《りんね》転生から解脱して、永遠の現在にとどまりたかった。

だが、ただカネの使用をやめるだけのことが、なかなか難しい。物質的な快適さのほとんどを手ばなすだけでなく、慣れ親しんだ自由もあきらめなければならない。車の運転には免許が必要で、免許にはお金がかかる。海外旅行にはパスポートが必要で、パスポートにはお金がかかる。しかし、そこが重要な点だ。われわれはあまりにも深くからめとられているので、完全な拒絶以外に出口はないように思われる。金銭の放棄は、法律にすら触れかねない。たとえば、彼が税金を滞納したらどうなるか。彼がもくろんでいるのは、長期にわたる市民的不服従の行為なのだ。スエロは一人きりで始めるのが怖かった。

聞くところによると、オレゴン州に農業共同体があるらしい。住人らは作物を育て、共同で炊事し、お金の必要ない暮らしをしているとのこと。そういう場所が自分に合っているのかもしれない。スエロはすぐさま、訪問を打診する電子メールを二度送ったが、返事は来なかった。そこで、バックパックをかつぐと、親指を立ててユージーンへ向かう。たどり着いたのは、広大な農場の中の荒れはてた古家だった。

「メールを送った者ですが」と告げる。

誰もメールを見た覚えなどなかった。「ここにいたいなら」と彼らは声をそろえる。「もちろん、どうぞ。仕事にかかってよ」。週の労働時間は四十時間と決められていた。適正だと思う。だけど仕事内容は、ジャガイモを掘って豊かさを分かちあうばかりではなかった。タンポポ抜き、車道の清掃、落ち葉かきといった、遊んでいないと示すためだけにするような作業が多い。そのうえ、食料の自給さえもできていないことが判明する。日々の収穫物は、せいぜいサラダくらいにしかならない。農場はベンチャービジネスで生計を立てていたのだ。もよりの町で経営するカフェと、郵便局から請け負う配達。このコミューンは、債権と債務のおかげで成り立っていた。

おまけに、ちっとも楽しいと思えなかった。住人たちは陰気でとっつきにくい。全員が四十時間ずつ働くが、なまけているところを見つかると、罰としてもっと働かされる。すべての労働の目的は、作物の増産ではなく、手を休めないことにあるようだった。なまけ者、生産性の低いメンバーだと周囲に思われないために。このユートピアの住人たちは、過去にプロテスタント精神を捨てさったように見えて、その勤労倫理は守りつづけているらしい。

スエロはアフリカのクン族を思う。地球上でも特別過酷な環境に暮らしながら、一日にたった二時間働けばよい。残りの時間はのんびり好きにすごす。それなのに自分は、世界的に見てもかなり肥沃な地域にある農場で、奴隷のようにあくせく働いている。いったいどこでまちがってしまったのだろう。

数週間後、スエロは荷物をまとめて農場をあとにした。執着のもつれは、まだ解きほぐされぬまま。ヒッチハイクで、シアトル北部に住む姉のもとへ。別れた夫とよりを戻した今も、ペニーの厳格な原理主義者ぶりは揺るがず、弟がキリスト教から離れていくのを良しとしなかったが、信仰や生きる意味の探求について、親身になって話を聞いてくれる。彼は人生の棚おろしをしてみた。このとき三十九歳、キリストが十字架にはりつけになった年より六歳上、マルティン・ルターが九十五か条の論題を提示した年からも六歳上、そしてマーチン・ルーサー・キング・ジュニアが暗殺されたときと同い年だった。自分はどんな実績をあげたと言えるだろうか。外国での冒険が何度か。洞穴ですごした数年間。困窮者におせっかいを焼く仕事をいくつか。

そろそろ身のふり方を決めなければならない。ひとつは、有給の職を得て、普通の人生を送る道。屋根の下で暮らし、請求書と、借金と、それにともなうさまざまな道義的妥協とつきあっていくことになる。もう一本の道の先では、ロマンチックな探求が手まねきしている。奥ぶかい荒野で、深遠な祈りのうちに、ラマ僧の膝下《しっか》で、生みだされる探求が。これぞ、英雄や預言者の行く道だ。でもそんなのは、単なる夢物語ではないのか。独力でこの現代文明を否定するなんて、コロラド州グランドジャンクションのダニエル・シェラバーガーよ、お前は何様のつもりか。この道は、疎外感、苦難、嘲笑に満ちている。こんなバカバカしいお遊戯は忘れたほうがいいのかもしれない。発奮して就職したほうが賢いかもしれない。ときは二〇〇〇年。アメリカ経済はおおいに活気づいている。誘惑は大きかった。当時、それにあらがうことは不可能だった。

流暢《りゅうちょう》なスペイン語と平和部隊の経歴がものを言い、シアトルで職がみつかる。ヒスパニック系住民のために、役所関係の煩雑な手続きを代行する仕事である。初日の朝、姉の車で出勤するが、交通渋滞に巻きこまれて二時間動けなくなる。それから、カオスの中に足を踏みいれる。ひっきりなしに電話が鳴り、目に見えない相手が早口のスペイン語でまくしたてる。しょっちゅう、もう一度言ってくれませんかと聞きかえさねばならなかった。彼のスペイン語は、少々さびついていたのだ。せま苦しい小部屋のデスクいっぱいに積まれた書類の山。汗がシャツをぬらす。様子を見かねた上司が、本当にこの仕事をやりたかったのかとたずねる。彼は相手を見つめたきり、答えにつまってしまう。ようやく六時になり、やれやれと外に出てみれば、姉に借りた車のフロントガラスに駐車違反の切符が貼られていた。高速道路をじりじりと進み、渋滞の中をまた二時間。周囲の通勤者を見まわしてみる。誰ひとりとして笑っていなかった。誰ひとりとして満足そうには見えなかった。

やっとの思いで家の玄関をくぐると、姉さんから「どうだった」と声がかかる。ダニエルは一気に感情をぶちまける。「こんなのキチガイざただよ。どうして皆こんな生活に耐えられるのかわからない」。彼は新しい上司に電話をかけ、留守番電話に謝罪のメッセージを残す。時間を無駄にさせてしまって申し訳ないが、もう出勤できません、と。

今度こそ、旅を完成させなければならない。世界じゅうに何百と存在する目的共同体の一覧を、彼はつぶさに検討する。だが、ほとんどの共同体には妥協があった。商売や物々交換や会費といった形で、彼がなんとしても逃れようとしているこの狂ったシステムとかかわりを持っているのだ。それでは意味がない。完全に趣旨に合ったところでなくては。

そして見つけたのが「ガンディー農場」だった。徹底してビーガン、オーガニック、金銭抜き、オフグリッド［送電線網・上下水道などの公共インフラに依存しないこと］のコミューンで、カナダはノバスコシア州のへんぴな森にある。八ヘクタールの敷地には、サトウカエデと白樺とポプラの森が広がり、クルミ、サクランボ、リンゴの果樹園もある。夏になれば、野イチゴ、ブラックベリー、ジューンベリーの熟した実を楽しめる。井戸には透明な水がわき、築八十年の農家は十八人まで収容可能。エデンの園だ。実際、とことんオフグリッドをつらぬいているので、電話番号も電子メールアドレスも載っていない。

ダニエルは地図を確認する。シアトルからノバスコシアまではずいぶん遠い。ふところに残っているのは数百ドル。二〇〇〇年九月、メイン州バーハーバー行きの長距離バスの切符を買う。

グレイハウンド社のバスで五日間の行程中、窮屈で風通しの悪い車内には、汗とタバコと吐瀉物《としゃ》のにおいが立ちこめていた。終着点からヒッチハイクでカナダに入り、フェリーの船賃を払ってファンディ湾を渡る。残金は五〇ドル。彼は札を半分に折り、それからもう一度半分に折ると、尻ポケットにしのばせる。何か〝悪いこと〟――どんなことかはともかくとして――が起きたときのための保険だ。

フェリーの乗客は誰ひとり、彼のほうを見ようとしなかった。ましてや、ほほえみかけたりハローと声をかけたりする者などいない。バス旅のせいで、ひどい体臭がするのだろうか。これほどまで歓迎されていないと感じたのははじめてだ。ノバスコシアに上陸すると、ヒッチハイク開始。誰も拾ってくれない。一日じゅう路肩に立つはめになった。変なやつに見えるのかな。それとも危険人物に見えるとか？　ようやく、クリスチャンの老夫婦の車に拾われる。探求についてうちあけると理解してもらえたようだ。わざわざ最後の支線道路までまわり道して、幸運を祈ってくれる。

あと一五キロのみ。ダニエルは未舗装道路を歩きだし、親指を立てる。たまに通過する車があっても、スピードを落とす気配すらない。森がだんだん深くなり、うっそうとしてくる。農家の庭先で遊んでいる子どもらが、彼の姿を見るとあわてて木のうしろに隠れる。彼はひたすら歩きつづけた。バックパックのひもが両肩に食いこみ、かかとに靴ずれができる。

ガンディー農場の私道に着いたときには、もう日が暮れかけていた。葉をすっかり落としたカエデの枝が、茶色い落ち葉のじゅうたんの上に低くたれている。まったくツイていない一日だったが、それでもわくわくした。ところが、最後のカーブを曲がって農家が視界に入ってきた瞬間、背すじに戦慄《せんりつ》が走る。たそがれに黒いシルエットを浮かびあがらせた巨大なビクトリア朝式農家は、あちこちの窓が割れ、リボン状に裂けたカーテンが風に踊っていた。まるで、スティーブン・キングの映画の一シーンのようだ。数歩あとずさりして気を落ちつかせると、意を決して玄関ポーチの階段を上がる。ブーツの下でガラスの破片がジャリジャリいう。板張りの床がきしむ。ちょうつがいのすりへった玄関ドアが半開きになって、風に吹かれてギーギー音をたてている。

「ごめんください、どなたかいらっしゃいますか」

聞こえるのは、ちょうつがいのきしむ音と風のピューピュー鳴る音、そしてカーテンのはためきだけ。

「誰かいませんか」と叫ぶ。首すじの毛がさかだった。

ドアを押しあけて中に入る。スイッチを入れても明かりはつかなかった。荒い息づかいでバックパックをひっかきまわし、懐中電灯を取りだす。部屋の中をひとわたり照らしてみる。特別変わった様子はない。古い宿帳が残されていた。読みづらい筆跡の中に農場創立者の名前を見つける。「十月二十一日。フィリップの両親、息子の荷物をとりに立ち寄る」。それが最後の書きこみだった。ページのうえではひと月以上、空欄が続いている。二階に上がってみると、壁にカレンダーがかかっていて、誰かの走り書きがある。「八月二十一日。水を求めて掘りすすむが、井戸は枯れたまま。八月二十二日。水を求めて掘りすすむが、井戸は枯れたまま。八月二十三日。水を求めて掘りすすむが、井戸は枯れたまま」。同じ文が何週間も続いていた。

スエロは逃げだしたかったが、寒いし暗いし、ほかに行くあてもなかったので、簡易ベッドに寝袋を広げて横になる。あまり眠れなかった。夜明けとともに荷物をまとめる。ブーツの足を持ちあげ、道に一歩を踏みだす。そしてもう一歩。またしても一日じゅう拾ってもらえず、歩きつづけた。

日暮れごろ、止まってくれた車があった。「仕事に行くときときみを見かけたよ」と言う。「今は帰りなんだけれど、たいして先に進んでいないようだね。このあたりでは拾ってくれる人もいないだろう」。この男性がわざわざ遠まわりして、近くの町まで送ってくれる。

ダニエルはポケットの五〇ドルのことを考える。今回が〝悪いこと〟じゃなかったとしても、本当に悪いことが起きたときに、このお金が役だつだろう。さあ、これからどうしようか。かすかな望みをかけて、ハリファックスの知人あてに、公共図書館から電子メールを送信する。数日もたたぬうちに再会した友は、「ローレライという子がいて、ぜひ紹介したい」と言う。「きみとよく似ているんだ」

たしかに、彼とローレライはずっと昔からの知り合いのように気が合った。この燃えるような赤い髪をした妖精は、何年も路上で暮らしていた。自分の前世について、エネルギーについて、動植物との調和について、彼女は話してきかせる。前年にはガンディー農場にしばらく滞在していたと言う。そこでダニエルも、自分の探求について心安くうちあけた。

「お金とかかわらずに暮らしたいんだ」と彼。

「私もよ！」と彼女。

こうして二人は道づれとなる。心から信じていれば、宇宙が養ってくれるはずだ。危険ではあった。そこらじゅうに「立ち入り禁止」の札が立っているような産業都市の環境は、彼お得意の広大な峡谷や山岳地帯とはだいぶ勝手がちがう。それでも、乗せてくれる車は簡単に見つかった。女の子が一緒だと、だんぜん拾ってもらいやすくなる。メイン、ニューハンプシャー、マサチューセッツ、コネチカット、ニューヨーク。ああ、すばらしい。落葉とともに南下するのだ。「魔法のような毎日だ」と書き送っている。「偶然に身をゆだねると、すてきなことが立てつづけに起きる。拾ってくれた夫婦にこう言われた。『お礼はいいから、ほかの誰かに親切にしてあげなさい』と。これを理解する人はめったにいないが、非常に大切な考え方だ、とね」

そして、ペンシルベニア州の幹線道路ぞいにあるトラックサービスエリアで、彼はとうとう最後の一線を越えることになる。ローレライと一緒に二時間ずっと、乗せてくれる車を待ちつづけていた。ときどき、突風とともに雪がちらついては、暗闇に渦をまく。着ているのはペラペラの薄いコート。大型トラックがゴトゴトと列をなして駐車場に入ってくる。ディーゼル燃料がポタポタたれて、アスファルトに虹色のしみをつける。タイヤの下敷きになったソーダ水の紙コップが、ぺしゃんこになって泥水にまみれている。またしても不安が彼を襲う。何か〝悪いこと〟が今度こそ起きるのではないだろうか。お金でしか解決できない悪いことが。

スエロはポケットから五〇ドルを引っぱりだした。サービスエリアに入っていくと、一ドルで切手と封筒を買い、二〇ドルを姉さんに郵送する。あの駐車違反の罰金を、まだ借りっぱなしだったのだ。これで最後の借金を返済できた。

駐車場に戻る。車がさかんに出入りし、ドライバーがガソリンを入れたりコーヒーを飲んだりしている。このありふれた商売風景を、スエロは落ちつかない気分でながめていた。意識を集中させて内部に深く沈潜していくうちに、ぞくぞくする感覚がだんだんと高まるのを感じる。あたかも、何かの啓示が近づいているように。

果たして、啓示は降りてきた。あの五〇ドルは心配をいやすものではなく、あれこそが心配の原因だったのだ。〝悪いこと〟はまちがいなく起きる。お金がいくらあろうと、五〇ドルだろうが百万ドルだろうが、それは防げない。なぜなら、結局のところ、一番の悪いこととは何か。死。命の有限性。時間の終焉。それが彼の恐れていることだ。けれども、それは誰にでもいつかおとずれる。そのときが来たら、お金を出したって救われようがない。

お金は、不滅の現世という夢想を、われわれ人間が将来を決定できるという幻想を、永らえさせてきた。スエロの心に、今後一切こうした幻想を拒絶する覚悟が固まった。あの五〇ドルは、一番必要なもの――信仰――から自分を遠ざけているだけだった。真の信仰を知りたければ、物質界には頼りになる物など何ひとつないのだと認めなければならない。信仰のみが〝悪いこと〟から救ってくれるのだ。ならば、救ってもらおう。「聖なる清貧を、しっかりと強く抱きしめているならば」と聖フランチェスコは言った。「世の人々もわたしどもを慕ってきて、潤沢な糧をとどけてくれましょうぞ」（前掲『聖フランチェスコの小さな花』二二二頁）。神の摂理によって安全に運ばれるとスエロが信じるなら、次に何が起きようと問題ではない。ポケットにわずかばかりの現金があろうとなかろうと、困りはしないのだ。

最後の三〇ドルを手にして電話ボックスに入ると、折りたたんで電話の上に置く。「金銭への隷属から逃れるには、誰かが最初の一歩を踏みだす必要がある」と、彼はのちに記している。「監獄の外に出るトンネルを掘って、外の生活はこんなに豊かだと仲間の囚人たちに証明してみせるのだ。囚人仲間を批判することなく――その点が難しいけれど」

スエロは電話ボックスに背を向けると、駐車場の反対側へ歩いていく。お金を置きざりにしたまま。

天国の扉が開いた。ただの雨であったが、スエロにとっては、蜜よりも温かい何かが頭上にふりそそぎ、両肩に流れ落ちてくるように感じられた。法悦にしびれ、恩寵にいだかれ、宇宙を自由自在に流れる愛につつまれて、彼はその場に立ちつくす。私たちの負債を赦し、もつれを断ち切り、輪廻から解き放ってください。そしてこの洗礼がすんだとき、震える手足のうずきがおさまったとき、自分が正しい場所にたどり着いたことがわかった。

とうとう彼は理解した。「どこにいるかは問題でない。どこにいようとも、そこが私の家だ」

13 簡素な生き方

年暮れぬ笠きて草鞋《わらじ》はきながら

——芭蕉

一九五三年、一人の女性がロサンゼルスを歩いて出発した。持ち物といえば、一本の歯ブラシと、戦争の廃絶を訴えるチラシの束だけ。胸に「平和の巡礼者《ピース・ピルグリム》」とプリントされた青いチュニックを着た彼女——本名は明かさない——は、三十年間にわたって全国を歩きつづける。総距離二万五千マイルを超えてからは数えるのをやめたという。ピース・ピルグリムはお金をかせぐことも使うこともせず、行く先々で会う人の厚意を頼りに食事と宿の提供を受ける。ときには、何日も食べる物がなかったり、道ばたで眠ったりもした。

ピース・ピルグリムの徹底したシンプルライフの系譜につらなるスエロのような人たちは、概して単身あるいはごく少人数でそうした生活を実践している。ドイツ人女性ハイデマリー・シュヴェルマーは十四年間、アイルランド人男性マーク・ボイルは二年間、お金を使わずに暮らしている。スエロが数か月間ともに旅した「ジーザス・クリスチャン」の集団は、自分たちを「信仰によって生き、お金ではなく神のために働くクリスチャンのコミュニティー」と定義する。これらの人たちのあいだに類似性はあっても、ほんのひとにぎりの金銭放棄者たちの存在をもって、ひとつの運動を成しているとみなすのは無理があろう。

とはいえ、簡素な生き方をみずから選びとる人の層は厚く、皆が一人きりで実践しているわけでもない。スエロがお金を手ばなした二〇〇〇年には、コアラと名のるパンクロックミュージシャンが、新時代の反消費主義哲学を一冊のパンフレットにまとめた。題して「なぜフリーガンになるのか」。彼は述べる「きみが資本家を敵だと思うなら、この資本主義経済に抗議する一番の方法は、そこから脱退し、お金を一切使わないことではないか」。パンフレットは、ゴミ箱あさり、万引き、無断居住《スクウォッティング》、採集に関するアドバイスを掲載し、こう結んでいる。「生存には二つの選択肢がある。一、必要ない物を買うお金をかせぐために働いて、自分の人生を無駄にし、同時に環境破壊にも加担する。二、たまにゴミをあさるか自給自足スキルを生かして食べ物や生活必需品を手に入れながら、完全に満ちたりた人生を送る。地球に深刻な影響をおよぼさず、ゴミを減らし、何もかもをボイコットして」

一九九九年のＷＴＯに抗議した市民らと同様に、フリーガンが反発したのも、際限のない消費と生態学上の無駄に対してであった。「freegan.info」のウェブサイトは、ねらいを次のように定義している。「今の経済システムでは、利潤を追求するあまり倫理的配慮が失われ、また、極度に複雑な製造体系のせいで、われわれが買うあらゆる製品が知らずしらずのうちにどこかで悪影響をおよぼしている。そんな経済システムの完全なるボイコットをめざす。よって、悪徳企業一社から製品を買うのをやめて、別の悪徳企業を支援する結果になるよりは、できるかぎり物を買わないようにする」

この精神は、ゼロ年代の終わりごろまでに、とりわけサンフランシスコ、ポートランド、ニューヨークなどの沿岸都市において支持者を増やし、ひとつの運動と呼べるほどに成長した。フリーガンを最新の形態とする徹底的簡素《ラディカル・シンプリシティ》の伝統は、一八世紀のシェーカー教徒のコロニー、一九世紀のソローや超越主義者にさかのぼることができる。その後も、さまざまな形の実践者があらわれている。一九四〇年代には、「ネイチャーボーイズ」と呼ばれる長髪の若者たちが裸で南カリフォルニアの峡谷地帯を放浪しては、日光浴したり、座禅を組んだり、生の果物や野菜をとって食べたりした。一九六〇年代、サンフランシスコの「ディガーズ」——一七世紀の急進的共同体主義者らにちなんだ名前——というアナーキストのグループが、〝無料の店〟をオープンして食料や薬を配布した。一九七二年以来毎年、何台ものバスに満載のヒッピーたちが公有地に集合し、「レインボー・ギャザリング」を開いてきた。この一週間続く精神性と芸術の祝祭では、金銭のやりとりが禁止されている。アビー・ホフマン[*18]が一九七〇年に著したマニフェスト『この本を盗め』〔小中陽太郎が日本向けに再編集した版は、都市出版社刊〕は、食料、住居、移動手段などをタダで調達することによる革命を説いた。「アメリカのような国には、とてつもなく豊富な食料がゴロゴロころがっ

＊18　青年国際党（ＹＩＰ）の共同創立者。街頭演劇の手法を取りいれた政治運動（公民権、ベトナム反戦、反搾取など）を展開し、反体制文化の旗手となった。

ていて、まさに盗まれるのを待っているのだ」。一九八一年には反核を訴えるグループが、ボストンのハーバードスクエアで行われた抗議集会で、「爆弾ではなく食料を」と要求する横断幕をかかげてベジタリアン料理を提供。以後、ゆるやかにつながったグループが世界じゅうにこのメッセージ（と食事）を広めてきた。

二〇〇七年、ブレル・エルシャーディという若者がヒッチハイクでモアブの町にやって来る。オクラホマ州生まれの彼は、以前にヒューストンの「爆弾ではなく食料を」で食事提供にたずさわっており、モアブでもそれに似たプロジェクトを立ちあげる機が熟していると感じた。コンラッド・ソレンソンの太っぱらな協同組合はすでに解散し、普通の食料品店にとって代わられていたため、町には営利目的以外の食料供給元がなかった。新しい恋人ヘイラ・ハビービーの協力を得て、エルシャーディはバイクであちこちのレストランをたずね、残り物をわけてもらえないかと頼んでまわる。

「どこの団体の人？」ひょろりと背が高く十四号〔三二センチ〕の靴をはいたひげづらの男が、おんぼろバイクで木製のカートを引いてあらわれると、どこの店でもいぶかしげにそう聞く。個人でやっているのだと答えると、ほとんどの場合、ドアをバタンと閉められた。「教会に寄付を呼びかけても、協力してくれるところはゼロでした」と彼は当時をふりかえる。「教会の調理場にぼくらを入れたがらなかったのです」

ブレルとヘイラは簡単にあきらめる人間ではなかった。「最初のフリーミールは、ゴミ箱からの直送でした」とブレル。二〇〇八年春のある日、彼とヘイラは、五人の同居人と住んでいたボロ家に食料を運びこむと、調理にとりかかる。急がねばならない。その家には冷蔵庫すらなかったし、食材はすでに熟れきっていた。鍋いっぱいのスープを作り、サラダにドレッシングをまぶす。それをバイクのカートに積みこんで、メインストリートとセンターストリートの交差点に乗りつけ、歩道を占領する。

「あのころはテーブルもイスも車も持っていなかったので、コンクリートの上に鍋を並べただけ。十二人が食べにきてくれました。本当に楽しくて印象に残る体験でしたよ」

旅行者や通りすがりの人が、このみすぼらしい連中が豆なんぞ食っているのを好奇の目でながめる。参加者はロッククライマーや放浪中の若者だった。エルシャーディは映画スター並みの美男子。ところどころに灰色のまじる頭髪と十代の少年のようにやせた体つきからは、年齢を推察しがたい。ヘイラも絶世の美女で、ブレルと同じ黒髪とオリーブ色の肌。二人とも父親がテヘラン生まれなのだ。ユタのいなか町の歩道に立っていると、いやがおうにもエキゾチックに見えた。警官が職務質問に来るが、お金をとっていないとわかると、あっさり引きさがる。「イモを一皿食べて、帰っていきましたね」とエルシャーディ。ヒューストンの「爆弾ではなく食料を」にいたときは、警官からのいやがらせをずいぶんと受けたものだったが。

「実は、衝突を求めてうずうずしていたのです」と、彼は当時の心中をうちあける。「そのころは相当な怒りをかかえていて、発散する相手がほしかった」

その機会はやがておとずれる。最初の食事会が成功したあと、定期的に開催するようになると、調理やゴミ箱あさりを担当する人間や、食べにくる常連も増えていく。そんなある日、保健所の検査官がやって来て、許可証を見せろと言う。エルシャーディは、持ちよりパーティーをしているだけだから許可証など必要ない、と応じる。検査官はゆずらなかった。

「たとえば、ピーナツバターサンドを二個持ってハイキングに行って」と食ってかかるエルシャーディ。「ガールフレンドに一個わけてあげようと思ったら、あんたのクソみたいな許可がいるのかい？」

検査官は、怒れるアナーキストらを無理に説得するのをあきらめる。「この番号に電話してこれこれの許可を申請するように、と言われました」とエルシャーディ。「実行はしなかったけれど」

ブレルとヘイラに子どもが生まれると、オーガスト・ブルックスという名の消防士がフリーミールを引きつぐ。彼には市上層部との人脈があったため、あらたに行政のおすみつきが得られた。おかげで、レストランだけでなく学校の食堂までもが食料を寄付してくれるようになる。二〇〇九年から二〇一〇年のあいだ、雨がふろうと雪がふろうと毎日欠かさず、ボランティアが集まって食事を提供しつづけた。

フリーミールは、そのシンプルさにおいて革命的であった。放っておけば埋め立て地に送られていた食べ物が、そうならずに人びとのお腹におさまる。誰ひとりとして追い払われることはない。お金のやりとりも一切なし。料理のできばえは、ぎりぎり（小学校の食堂のポークビーンズ）から、まずまず（前日のピザ）、おみごと（ローストビーフのポテト添え）まで、日によってまちまちだ。「爆弾ではなく食料を」とちがってベジタリアン料理ではなかった。捨てられて埋め立て地に運ばれる運命の食品であれば、何でも食べる。現金の寄付や買った食べ物は辞退していた。

「よく、困っている人のための炊き出しだと思われるのですが、そうではありません」とオーガスト・ブルックスは話す。「目的は、あらゆる立場や職業の人がつどうことなのです」

実際、文章にすると過激なようでも、その場に居あわせた人にとってみればピクニックみたいな雰囲気だった。さまざまな人たち――家のない流れ者から、昼休みの会社員まで――の和気あいあいとした集まり。家や職場やレストランでそれぞれバラバラに食べるのとは別の選択をすることによって、交流という意図しない結果がもたらされる。初対面の人と同じ釜の飯を食べ、新しい友だちと出会う。

「ここでは食事ももらえるけれど、みんなそれがめあてで来るわけではない」とスエロ。「人とのまじわりを切望しているんだ。われわれの社会からほとんど失われてしまったものをね。ここには本物のコミュニティーが感じられるのさ」

たしかにそのとおりだ。私自身の経験でも、名ばかりの経済的独立を手にするにつれて、お金のなかった時代に作りあげたコミュニティーが失われていくのに気づかされた。二十代のころの私がめざしていたのは、最小限の消費と最大限の自由。季節労働のアルバイトをして、一年の残りは旅行と執筆についやす。収入があまりに低いので、税金もほとんど払う必要がない。持ち物全部を合わせても、トラック一台におさまった。共同生活は、正確に言うと好んでしていたのではなく、一人で部屋を借りるお金がなかったからだ。ガイドツアーのシーズンともなれば、ティーンエイジャーを連れて何週間もぶっとおしで野外でキャンプし、たまの休日にだけ、粗末な従業員宿舎に戻ってくる。そこでも運悪くベッドにあぶれたら、床に寝袋を広げて寝ていた。

この生活が好きだった。だが、歳月をへるにしたがい、一人になれる場所を求めている自分に気づきだす。三十五歳のとき、ついに念願かなって、並木道に面した小さな家を購入。書き物をする部屋と寝る部屋が一緒の生活に、はじめて別れを告げる。担保や収入が不十分な私でも、低金利の融資を受けられた。自宅で仕事をこなし、お金をかせぐために自分の城を出る必要はなくなる。

ところが、夢の生活の代償は大きかった。住宅ローン、固定資産税、住宅保険、光熱費、健康保険、個人年金だけを言っているのではない。家賃の支払いを数か月止めてトラックに寝泊まりする自由がなくなったのだ。しかしそれ以上に、わが経済的独立がもたらしたもっとも予期せぬ副産物は、孤独、寂しさであった。私は落ちつきをなくし、不安にかられた。周囲の人間に我慢を強いられる不便さがなつかしくてしかたがない。

富と財をためこむほど幸福度は減少することが、かずかずの調査によって明らかにされている。だから、むしろ好景気の時代に、よりシンプルな暮らしにひきつけられる人——私も含めて——の層が広がったのも、驚くにはあたらない。スエロの徹底したライフスタイルのもとになったような考え方も、世の中の主流に浸透してきた。経済変動が激しかったあの年代のただなかに身を置けば、反資本主義思想の持ち主でなくとも、この経済システムの機能不全を勘ぐらずにいられなくなる。二〇〇一年、ドットコムバブルは不動産バブルへ移行し、安易な信用貸しが購買を後押しする一方で財政的危険を見えにくくした。二〇〇五年から二〇〇九年のあいだに、「アフルエンザ」――PBS〔米国の公共放送網〕テレビのドキュメンタリー番組で「伝染性の過剰消費」と定義された語――という題名の書籍が四冊も出版されている〔うち一冊は邦訳：日本教文社〕。そのほかにも、ジュリエット・B・ショア『浪費するアメリカ人――なぜ要らないものまで欲しがるか〔邦訳：岩波書店〕』（一九九九年）、『子どもを狙え！　キッズ・マーケットの危険な罠〔邦訳：アスペクト〕』（二〇〇五年）、ティム・カッサー『物質主義の高い代償（*The High Price of Materialism*）』（二〇〇二年）などの警告の書が公刊された。

同時に米国人は、自分たちが買う物について以前より批判的な視点を持ちはじめる。ウサーマ・ビン・ラーディンの攻撃を受けて無視できなくなったのは、まさに米国の石油依存が、われわれを滅ぼそうとする体制とイデオロギーの資金源となっていた現実である。人為的原因による生態系の破壊――エクソン・バルディーズ号原油流出事故、チェルノブイリ原発のメルトダウン、海洋漁業資源の枯渇、アマゾンの森林伐採――をくりかえした数十年で、食料やエネルギーの真のコストはレジで支払うバーゲン価格よりもずっと高価だということが明らかになってきた。二〇〇六年にアル・ゴア主演のドキュメンタリー映画『不都合な真実』が大ヒットし、彼がノーベル平和賞を受賞すると、われわれの化石燃料漬けの生活の破壊的影響が、一躍、国際的耳目を集めた。リッターあたり四キロの高燃費に罪悪感をいだかない人ですら、一本一〇〇ドルのガソリンタンクと、地球上の石油の枯渇予測に直面して、自分のお金のもっとマシな使い方があるのではないかと思うようになる。アニー・レナード作のドキュメンタリー映画『モノの物語（*The Story of Stuff*）』（二〇〇七年）は、反消費主義の思想を親しみやすい語りとアニメーションで表現した。数多くの学校で上映され、十五の言語に翻訳され、千二百万人が見たという〔日本語字幕版もYouTubeで視聴可〕。

いきすぎた商業主義が私たちを堕落させたとの説に、それでもまだ納得しなかった人たちは、いよいよ二〇〇八年にいきどおることになる。サブプライムローン競争の砂嵐が去ったとき、われわれは知る。金融界の大物たちが〝バブルは終わらない〟側に隣人の農場を賭けさせておきながら、自分の金を賭ける際は〝いつかはじける〟側にもリスクヘッジを忘れなかった事実を。金融業者の財産は無傷のままだったが、中産階級の投資家と労働者階級の年金生活者には、支払いのつけがたっぷり残された。二〇一〇年には収入格差が過去最悪となり、一パーセントのアメリカ人が富の二四パーセントを所有していた（一九一五年には一八パーセントであった）。「経済的に言えば、地球上でもっとも金持ちの国がバナナ共和国〔階層格差の激しい中南米の小国を指す蔑称〕のようになりつつある」と、ティモシー・ノアはオンライン誌『スレート』で述べている。「どこまでも圧制的なドル」に対する闘争をコアラが呼びかけてから十年、『ニューヨーカー』ほどのお堅い雑誌でさえ「投資銀行家の仕事のほとんどは社会的に価値がない」と認めるようになった。

しかし、事態を憂慮する一市民に、いったい何ができるだろうか。テキサス州と同面積のプラスチック漂流物が海に浮かんでいると聞いておおいに動揺した私は、マイナス思考の泥沼で身動きがとれなくなる。洞窟住まいを始めるつもりはない。だが、お金のシステムから部分的にぬけだすのも容易でない。毒を食らわば皿まで、なのだ。多くの米国人と同じく私も、収入の一部を政府にかすめとられ、自分から見れば不道徳きわまりない目的につぎ込まれることに、いたたまれない思いをかかえている。私にとってゆずれない点はイラク戦争である。人によってはそれが妊娠中絶への公費助成だったり、公立学校での進化論教育だったりするのだろう。法律で認められた民主的政治参加の手段は行使した。選挙での投票、議会への投書、デモ行進。いずれも成果はなし。連邦所得税不払いも決心する。ソローのように牢獄で一夜をすごす覚悟で。ところが、そのような市民的不服従に対する罰則は、一八四〇年代当時とくらべて破格の厳しさに引きあげられていた。村のブタ箱一泊ではなく、連邦政府から自宅没収、罰金十万ドル、懲役五年が課されるという。さすがにそれだけの犠牲を払う気にはなれなかった。誰に投票しようと、どんなスローガンのステッカーを車に貼ろうと、税金を払ったが最後、私は戦争を支援したことになる。荒野や留置場に入らずして簡素で道義に反しない生き方を実現しようと模索する中で、このような無力感をいだく人は多い。

妥協は可能だ。簡素な生き方の概念と真剣に向きあう人たちの層は、スエロとフリーガンのみにとどまらない。何もかもをボイコットしようとは思わない人、単に、ガラクタの買い物をなるべく減らし、環境への悪影響を少なくしたいと考える人のほうが断然多い。「新しいアメリカンドリームのためのセンター」が「労働時間を減らして生活のための時間を増やし、意識の高い消費者になろう」とすすめるのに呼応して、プリウスに乗るフリーガンの変種があらわれ、「ポストコンシューマー」［消費中毒を脱した新しい消費者像］、「ゆりかごからゆりかごへ」［製造・再資源化過程でゴミを出さない完全循環型の製品設計思想］などのキャッチフレーズがつぎつぎと生みだされた。これらは、アビー・ホフマンの申し子というより、ヘレン・ニアリングとスコット・ニアリング——

夫妻が一九五四年に著した『よき生活を送ること（*Living the Good Life*）』は、七〇年代の〝大地へ帰れ〟運動に影響を与えた――の流れをくんでいる。ほとんどそれ自体がお祭りと化した感謝祭翌日のショッピング狂騒に対抗して、「無買デー」を楽しむ人もあらわれた。不要になった品物をゴミにせず人にゆずる〝贈与経済〟をかかげた「フリーサイクル」のネットワークには、八百万人以上の会員がいるとのこと。「カウチサーフィン」は、登録者の自宅に無償で泊めあう、宿主と旅行者の世界的ネットワークを構築している。ビル・マッキベン『ディープ・エコノミー――生命を育む経済へ』〔邦訳：英治出版〕、デイビッド・ワン『シンプルな繁栄――持続可能なライフスタイルに真の豊かさを見いだす（*Simple Prosperity: Finding Real Wealth in a Sustainable Lifestyle*）』、ジュリエット・B・ショア『プレニテュード――新しい〈豊かさ〉の経済学』〔邦訳：岩波書店〕などの本は、われわれが多くを獲得しすぎたと声高に警告するのではなく、より少ないもので生きるための実践的ビジョンを提示してみせた。

空調の温度やタイヤの空気圧を調整し、木を植え、電球を省電力型に交換する。支援したくない産業にお金をつぎ込まないよう、私にできるかぎりの手を打つ。車のかわりに自転車に乗り、燃費のよいボイラーを設置し、大手銀行の口座を解約して地域の信用組合に預金を移しもした。太平洋をただようあのプラスチックが、私には、すべてのまちがいの象徴に思われてくる。たとえば、使い捨て製品の無駄づかい、利潤追求のために大量生産される有毒な商品、他人まかせのゴミ処理、人間の手におえない問題を創りだしてきた技術革新。私はジップロックを再利用し、買い物には布バッグを持参することにした。

だが、ここにもまた問題が出てくる。これらがいくら道理にかなった行動であっても、私の不安はやわらがず、解放感も味わえなかったのだ。いったい何度、ビニール袋を手にして台所のシンクの前に立ちつくしただろうか。たとえばサンドイッチを入れただけで汚れていない袋なら、迷わず水ですすいで再利用する。でも、こいつにはマスタードと酸化したチーズがべったりついていて、少しカビも生えている。とっさに頭に浮かぶのは、捨てておしまいにしよう、である。だけど〝おしまいに〟する場所などどこにもないことを、われわれはすでに知ってしまった。このプラスチック製の袋は、アホウドリやイルカの腸をつまらせるか、さもなければ何十年も海をただよいつづける。さらに、長い年月をへてボロボロになったあとも、決して完全には分解されない。その有毒な石油化学物質は永遠に消えてなくならないのだ。

いや、待てよ。私は考えなおす。そんなふうに考えるのは馬鹿げてる。ビニール袋たった一枚じゃないか。これを洗うなんて、時間がもったいないばかりでなく、貴重な水を使うことになるんだよ。水をお湯にするために天然ガスも燃やすし。資源の枯渇や、せっけんの害は言うまでもない。こうして迷っているうちに、すでに五分が無駄に過ぎていた。その時間を使って、河原に落ちているビニール袋でも拾ったほうがよかったのに。

それで、こいつをゴミ箱に捨てたのだが、翌日の朝食の時間にも、それはまだそこにあって、非難がましく私を見あげている。私の心の歯車はきりきり舞いする。結局、いずれはサンドイッチを入れるビニール袋が必要になって、一箱買うだろう。そうやって、ジップロック社か、同じような品の製造過程でさまざまな有害物質を排出しているにちがいない企業に、一生懸命かせいだ金をさしだすわけだ。さびれた工業地帯のどこかで、あるいは中国で、茶色い汚泥を河川に吐きだす工場が脳裏にうかぶ。そのうえ、私の買うビニール袋は、ガソリン食いのトラックが、納税者の金でできた道路をすりへらしながら、はるばる運んでいるのだ。その道路を造るために、ハイイログマやヘラジカやレイヨウの棲息地が切りひらかれ、これらの動物が絶滅に追いやられ……。

たまらなくなった私は、ついにカウンセリングを受けに行った。カウンセラーは言う。「少し外に出て、植物でも育ててみたら?」

そこで、自宅からほど近いコミュニティー菜園にボランティア登録し、週二回、草とりやマルチ張りやキュウリの収穫をして午後の時間をすごす。はじめて会う人たちと一緒に作業するうちに、友だちができる。自分の住む町の事情に通じてくる。背中が痛くなり、それがうれしかった。新鮮な野菜はすばらしい恵みだし(白梗菜《パクチョイ》の使い道はまだ思いつかないが)、化学肥料とも長距離輸送とも外国人労働者の搾取とも無縁で私の皿にたどり着いたと思うと気持ちがよい。けれども、一番気に入ったのは、屋外で人と一緒に体を動かして何かをすることだった。ビニール袋を洗う(または洗わない)ときとちがって、食べ物を育てていると気分が晴ればれした。

無意識のうちに、私は自発的簡素《ボランタリー・シンプリシティ》の最先端に足を踏みいれていたのだ。すなわち地産地消運動《ローカルフード》だ。過去十年のあいだに、家庭菜園、地域共有型農業、ボランティア菜園、農家の直売市《ファーマーズマーケット》があちこちでさかんになってきた。この傾向は八〇年代から草の根レベルに浸透しつつあったが、世の中の主流に登場するようになったのは、近年の経済的環境的危機と時期を同じくする。エリック・シュローサーの二〇〇一年の著作『ファストフードが世界を食いつくす』〔邦訳：草思社〕は、安価な食事の倫理的コストと健康被害を白日のもとにさらし、多くの人の食習慣を変えた。マイケル・ポーランは、当時はまだ眠気を誘う話題だと思われていた食品の製造と流通をとりあげ、読みだしたら止まらない二〇〇七年のベストセラー『雑食動物のジレンマ』〔邦訳：東洋経済新報社〕にまとめあげた。バーバラ・キングソルヴァーの『動物、野菜、奇跡（*Animal, Vegetable, Miracle*）』と並んで、すでに全米に波及していた地域密着型《ローカル》で持続可能《サステイナブル》な農耕畜産の潮流を高らかにうたいあげた作品だ。

スエロがボランティアとして働いていたクリス・コンラッドのソル・フード・ファームも、この動きを象徴する一例である。フリーミールと同じく、その存在理由は単なる食料供給にとどまらなかった。クリス・コンラッドの話では、〝経済《エコノミー》〟という語はギリシャ語の〝家〟と〝運営〟から来ているそうだ。つまり〝家の管理、家政術〟を意味する。彼によると、昔のギリシャはおもに農耕社会であったため、その経済は〝自分の土地を適切に世話する人びと〟と解釈してよかろう、とのこと。ソル・フードのような草の根の事業は、人間による土地管理の新しいモデルとなるかもしれない。

しかしながら、私が訪問したとき、高い理想をかかげるこの事業はまだ利益を計上するにいたっていなかった。最初の夏は、取れすぎた作物をタダで配る結果に終わった。私はクリスに、財政上の心配はないのかとたずねる。

「くだらんね」とクリス・コンラッド。「これは隠退生活なんだ。自給自足には以前から関心があったし、今後ずっと自分の食べ物に不自由しないと思えるのはいい」

これがどのように給料につながっていくのか、私がまだ理解できないでいると、彼は説明してくれる。彼の事業計画は、〝破綻後〟にあらわれる新しい経済に基づく部分が大きいのだ、と。食料をカリフォルニア州やアイオワ州からトラック輸送したりペルーから空輸したりするような現在のシステムは、いつかきっと破綻するという確信が、ピークオイルの時代になって広まった。「化石燃料の不足でトレーラートラックが公設市場にたどり着けなくなったら、と考えてみてくださいよ」とブレル・エルシャーディは地元の食料品店を指さして言う。「ほんの数日で、この町の店の棚はからっぽになるでしょう。そうしたらどうなります？」

クリス・コンラッドは、そこまで終末論的な言い方はしないが、うちの灌漑システム――一世紀以上前の入植者によって切りひらかれた、旧式の重力送りの水路――は、電気なしでもちゃんと機能するさ、と断言する。彼は、化石燃料の供給網の破綻だけでなく、貨幣制度の崩壊も予期している。「われわれ独自の通貨も発行したんだ」。彼の印刷した〝太陽ドル〟は、USドルと一対一のレートで両替可能。太陽ドルを持ってファーマーズマーケットに行けば、農作物やトルティーヤサンドなど、その日クリスが作ったものと交換できる。前払い金を集める賢い作戦だが、コンラッドはさらに深い意味を見いだしていた。「破綻後の社会では、一太陽ドルが二USドルの価値を持つかもしれない。だから、とっておいたほうが得だぞ」

「でも、もし破綻が起きなかったら？」と私。「あるいは、起きるまでに二十年かかったとしたら？」

彼はその可能性も考慮に入れていた。「金持ちのヒッピーだけが、おれの農産物を買って、おれの住宅ローンを払ってくれることになるだろう。別にそれでもかまわないさ」

さしあたり、もっとも切実な課題は、畑の作物を絶やさない一事につきる。多くのユートピアが経験から学んできたとおり、理想主義者がかならずしもよき働き手になるとはかぎらない。結局のところ、スエロのようなボランティアは、ソル・フードが野菜を出荷して利益を出せるかどうかを真剣に気にかけていなかった。夏が終わるころスエロの関心は、農場の周囲に自然に生えたライ麦などを収穫するほうに移っていた。そっちのほうが自分の狩猟採集的精神にかなっていると言って。

それに、近代的職業の多くが出勤するだけで給料をもらえるのと異なり、農業とは先の予測のつかない商売である。私が果樹園で働いた日も風が強かった。柳の木が大きくしなり、四千平米にわたってマルチがわりに広げてあったコットンウッドの葉が、空中に吹きあげられる。クリス・コンラッドが顔をしかめた。「全部飛ばされてしまう前に、すきこまないといけないな」。風はさらに激しくなる。近くの建設現場から飛んできたブリキの波板が、耕地の上をころがっていく。砂ぼこりやら落ち葉やら有刺植物が私たちの全身を打つ。「神々の怒りだ！」と叫ぶスエロの頭上で回転草が旋回している。

そのとき、貴重なフープハウス——三×九メートルの栽培用温室——が地面から持ちあがり、荒々しい後方宙返りでシカよけの柵を越えたかと思うと、クリス・コンラッドのトラックを直撃した。「こういうとき、自分がただのボランティアでよかったと思うよ」とブレル。

実際、赤字がさらに一年続いたあと、クリス・コンラッドは商業的事業に終止符をうった。自分が食べていく分の栽培は続けるつもりだが、このビジネスに戻るかどうか、戻るとしてもいつになるかはわからない、と言う。ただし、太陽ドルは今後も有効だ。「手持ちの太陽ドルを使いたい人はご連絡を」とウェブサイトにも書いてある。「近い将来、太陽ドルのような地域通貨がUSドルの価値を上回るとの考えは、今でも変わらない」

フリーミールも同じような運命をたどった。二〇一一年、オーガスト・ブルックスが調理場をかわりに提供してくれる人を見つけられず、プログラムは無期限中止に追いこまれる。ユートピアに見られがちな問題は、ほぼすべての責任が創立者の肩にかかってくること。これでは、まちがいなく燃えつきてしまう。

そうした挫折はあっても、ソル・フード・ファームやフリーミールや、全国に散らばる同様のプロジェクトは、私たちが食料を生産し供給する方法に変化をもたらしつつある。生産供給過程で使用される化学物質や化石燃料の量を減らし、廃棄の無駄を減らすという、二つの大きな成果をあげているのだ。たしかに、こういうプロジェクトが必要になった本来の——悲観したくなるような——諸条件を帳消しにはできないかもしれない。目の前に立ちはだかるのは、地球温暖化と、銀行家に好都合にできている貨幣制度である。無給で働く哲学者たちがこの現状をくつがえすには、いったい何トンのトマトを生産しなければならないだろうか。しかし、私が菜園ボランティアの経験から学んだとおり、重要なのはトマトの収穫量ではない。

おそらく、世界を変えようとする過程に、その変化を実際に達成するのと同じくらい大切な価値がある。その過程で、あらたなコミュニティー意識、地域の連帯感が生まれ、隣人を知ることになるからだ。いつかは、アメリカ人の極端な個人主義に起因する過剰消費などの問題を、コミュニティーの構築によって解決できる日がくるかもしれない。

フリーミールの最後の数か月にオーガスト・ブルックスは、無料の食べ物といういたって単純なことがいかに社会階級間の壁を打破しうるかという、かすかな手ごたえを得た。だが、すぐに運動の厳しい現実に直面する。食べ物を無料で配るよりも、人の心を変えるほうが難しいのだった。何だかんだ言ったところで、コミュニティーができてくれば、人びとは恐怖心や批判にも向きあわざるをえなくなる。そもそも、コミュニティー離れが起きたのもそれが原因だったのだから。私の友だちで気高い理想に燃える女性は、フリーミールにはじめて参加しようとしたが挫折した。まだ車から降りもしないうちに、よっぱらいがタバコをせがみに来て、電話番号を教えろとせまったのだ。私自身にも後ろめたい経験がある。常連のわめき散らす陰謀論――「金持ち連中は核戦争を望んでるのさ。だから皆、私設の地下壕を持ってるだろ」――につきあわされて六回ばかり昼食をとったあと、日ごろの進歩主義などコロッと忘れて心の中でつぶやいていた。あんたたち、仕事したらどうだい、と。

「われわれの活動を支援したいと言ってお金や食料を寄付したがる人がいます」とオーガスト・ブルックスは語る。「一番ありがたいのは、ここに来て私たちと一緒に食事をしてくれること、と伝えますが、実際に来る人はまずいませんね。施しを受けたという汚名を恐れているし、〝貧しい人たち〟と同席するのが居心地悪いのです」

ようするに、世界を変えようとするのはどえらい仕事なのだ。私たちはとかくバランスをとろうとするが、個人主義とコミュニティーの境界線の両側に足を踏んばっていては、自由は手に入らない。むしろ逆である。富を維持するための気づかい（貯蓄、住宅ローン、保険）と倫理的人間であろうとするための気づかい（地場産品を食べる、浮浪者とランチする、ビニール袋を再利用する、税金を滞納する）のバランスをとろうとすると、どちらからも自由になれない。心配が倍に増えるのがオチだ。ダイエットと同じこと。徹底的にやる――毎日一〇キロ走り、魚とブロッコリーばかり食べる――のでなければ、雑誌で見るような割れた腹筋はしょせん手に入らない。かと言って、もう今さら、砂糖衣たっぷりのチョコレートケーキを平然とバカ食いする気もしない。しかたなく半切れをチビチビかじっても、きっぱりやめられない罪悪感に、楽しむどころでなくなってしまう。

避けがたい妥協について一番思い悩まずにいられるのは、言うまでもなく、妥協しない人物――スエロだ。「以前、私を悩ませていたのは、複雑にからみあった長期的な不安だった」と彼。「人生をどう生きようか、家賃や保険料をどうやって払おうか、定年退職後の生活はどうなるのか、仕事をどうするか、こんなことをしたら人からどう思われるだろうか。私にとって、そういう心配は実に耐えがたいんだ。ほとんどの人はどうにか対処しているのだと思うけれど。今の私の悩みは、単純で目の前のことがら――衣食住だ。現在の問題だから対処しやすい」

だとすると、彼が金銭を手ばなした成果のうち一番重要なのは、二酸化炭素排出量の削減でも、貨幣制度への持続的抵抗でもなく、自由への地図を描いたことなのだ。誰の手にも届く場所にあるのに、誰も追求しようとしない自由への。周囲のわれわれとちがって、スエロは市場の混乱に左右されない。お金を手ばなしてからの十二年間、経済は大揺れに揺れたが、彼の暮らしぶりはたいして変わっていない。旅、ボランティア、友情の中でたどり着いた、一種の均衡状態を保っている。信仰から絶望へ、そしてまた信仰へと戻ってくる道のりの二十年におよぶドラマは、金銭の使用をやめたときに、ほぼ終わりを迎えた。彼はあの年月の前後関係をよく覚えていないように見える。それは中年特有の物忘れのせいかもしれないが、むしろ私はこう思いたい。直線的な時間認識から本当の意味で脱出できた証拠だ、と。

「皆が洞窟に住んでゴミ箱をあさればいいと思っているわけではない」と彼。「私が願っているのは、一人ひとりが本心から必要だと感じるだけを取り、あまった分は困っている人にあげてほしい、ということ。そうなれば、きっと私はゴミ箱をあさらなくてよくなるだろうね」

スエロは、支持していたコミュニティーグループの没落にも動じなかった。翌年、新規プログラムの立ちあげを手伝う。手入れする人がいなくなった芝地で野菜を育てて、収穫をタダで配ろうという趣旨だ。ユース・ガーデン・プロジェクトでのボランティアも続けている。景気の悪化にもかかわらず、このプロジェクトは着実に規模を広げ、毎年あらたなアメリコープス［米国内向け平和部隊］のボランティアが入ってくる。農場で食料を生産し、毎週マーケットを主催するのみならず、高校の理科の授業、児童向けの放課後プログラム、日帰りサマーキャンプを実施し、少年犯罪者に課せられる地域奉仕活動の受け皿ともなっている。ついでに言うと、全米随一のカボチャ飛ばしイベントも。

ある夕ぐれ、私もスエロや若いボランティアにまじってすごした。ニンジン一本ずつの遅々とした歩みではあっても、自分たちの手で世界を良くしていけると信じる若者たち。山々から流れ出る小川のほとり、金色にかがやくコットンウッドの陰で、一緒に草とりをする。豆にカボチャに青菜にピーマン、いずれも半径一〇〇メートル以内で収穫された素材ばかりの晩餐をかこむころには、私も若者らと同じ夢を信じていた。

「お金が過去のものとなる時代がいつか来る」とスエロは言う。「何家族もがお金を使わずに暮らせるような共同生活だよ。どこの社会にも、きわめて資本主義的なこの国にさえ、共同生活はすでに存在している。〝分かちあい〟という名でね。幼稚園で習ったことさ。それにみがきをかけて、われわれの利己的な社会体制を自然死させなくてはいけない」

14　山の中腹にて

死んでも、亡びることのない道のままに生きた者は長寿である。

——『老子』（蜂屋邦夫訳注、岩波文庫）

ある夏の日、スエロと私は車を走らせ、曲がりくねった道をのぼってエバンス山をめざす。彼が崖から飛びおりた場所を見たかったのだ。

彼の生還は、奇跡の衣をまとっている。アクセルをいっぱいに踏みこむ最後の瞬間、彼の頭にあったのは〝自分の人生に何らかの目的が与えられていたならば、こんな終わり方を神が許さなかっただろうに〟という考えだった。薄れていく意識の中で、車は道路から飛翔し、岩の上をころがり落ちたあと、急勾配の草地の上できしる音をたてて止まる。奈落の底を見下ろすような、不安定なかっこうで。意識が戻る。何もかもが赤く見えた。こなごなにくだけたガラス。両の目には血のカーテン。「くそっ、まだ生きてるのか」。痛みはまったく感じなかった。「いや、あれで助かるはずはない」と思いなおし、また意識が遠のくにまかせる。心地よい眠気だ。じきに終わってくれることだろう。

再度目が覚める。体が震えている。冷たい春の夜明けで、気温は氷点下すれすれだった。自分はまもなく死ぬのだ。生存本能が自殺願望を圧倒する。「死にたくない!」と思う。「道まで這いあがらないと」。そこでまた意識を失った。

次に目ざめたとき、彼は道路わきに倒れていた。頭上にエンジン音が聞こえる。誰かの車が山を下りてくる。男性がスエロを毛布でくるみ、猛スピードで坂道を下って電話を探しに行く。スエロが次に覚えているのは、ヘリコプターに乗せられる場面。

ダニエルの母親に、息子の生還にどう説明をつけているかたずねると、彼女はすぐさま聖書を引きあいに出した。あなたが主を避け所とするなら、主は御使《みつか》いたちに命じて、その手であなたをささえるようになさるのです。「詩篇」に約束されているとおりにね。しかし、スエロ自身は奇跡を信じる人間ではない。いったいどうやって大破した車から脱出し、道路まで上がったのか、彼にも正確にはわからないが、天使に運ばれたとは考えていない。聖人や預言者を自称するでも、神と直通電話でつながっていると主張するでもない。深夜の瞑想によって目の前が開けたタイでの経験にしても、深い真実の瞬間であって、それ以上でもそれ以下でもない、と言う。悟りを開いたと思うかという私の質問に、彼はノーと答えた。彼にとっての悟りとは、継続的なプロセスであり、日々の努力目標である。自分を、ヒンドゥー神秘主義者やインディアンのシャーマンのような先見者だとも考えていない。

「ゆっくり時間をかけて瞑想や断食をするのは好きだけど、幻覚《ビジョン》を見たりはしない」と彼。「別世界には何かすばらしいものがあるように人間は考えるが、このライフスタイルの目的は〝今ここ〟に生きること。浮世離れした幻覚は不要なんだ」

彼はただ、偉大な宗教家——イエス、ブッダ、ムハンマド、老子——の生き方にできるだけ近づこうと努力してきた。だが、自分自身が彼らのようであるとは決して言わない。

かつて、ある福音派クリスチャンがスエロをあざけって言った。「何だって？　きみはイエスのように生きられるとでも思っているのかい」

「おや、あなたは思わないんですか」というのがスエロの答え。

このやりとりには、組織宗教に対するスエロの不満があらわれている。「〝私のするとおりにせよ〟とイエスは説いたではないか。イエスがこの世に来たのは、私たちに手本を示すためだ。どの預言者も同じ。彼らは自分のように生きろと教えたではないか。今のキリスト教の誤りはそこにある。イエスやほかの預言者を地上から切りはなして天上にまつりあげ、崇拝の対象とし、近づきがたい存在に変えてしまった。実体ある存在ではなく、価値のない偶像に。クリスチャンはキリスト教以外の宗教の偶像崇拝についてとやかく言いたがる。けれども、主義に従って生きるのをやめ、教えを説いた人物をあがめるのみに堕した自分たちこそ、まさに偶像崇拝者の名にふさわしい」

しかし、ひたすらいろいろな宗教を学び原理主義を批判しながらも、スエロはいまだに、親から教えられた価値観と近いところにいて、ある意味では非常に忠実にそれを守っていると言えよう。家族も、その価値観を実践しつづけている。一九九四年に長男リックを亡くしたあと、シェラバーガー夫妻はモーテルシックスの仕事を辞めてフルータに転居した。残されたリックの妻と孫の近くにいてやるためだ。七十歳にならんとする夫妻には、たいした収入も年金もなかった。そのとき、ディックの兄でシェラバーガー・シボレーを経営するレズが手をさしのべる。新しく家を建てて弟夫婦を入居させたのだ。家賃などいらない、いつまでだって住んだらいい、と言って。シェラバーガー夫妻は今でも、この自宅で開く聖書研究会で教えている。麻薬中毒者、虐待被害者など、困っている人を家に泊めることもある。

スエロと一緒にモアブから一六〇キロ車を走らせて夫妻を訪問した日、彼はゴミ箱から拾った未開封の卵、チーズ、ベーコンを持参し、朝食のしたくをした。スエロが料理しているあいだに、ローレルは息子の描いた絵を見せてくれる。ここ何年かで完成させた作品が、一つひとつ額装されている。訪問の数日前に彼女は、心から歓迎する旨の電子メールをくれて、「ダニエルの昔の作品をぜひお目にかけたいわ。私たちがとても大事にしている物です」とつけ加えていた。シェラバーガー夫人が見せたがった物のひとつは、ダニエルが高校時代に作製した小さな本であった。旧約聖書「箴言」から集めた引用句のそれぞれに、自然の情景を描いた水彩画がそえられている。もうひとつは、池にカモが何羽か浮かんでいる暗うつな色調の絵で、先ほどの本の十年後にダニエルが両親に贈った品。「悲しげな絵だろ」とディックが言う。「兄貴が死にかけてたからな、こいつを描いてるころ」

温かく迎えてもらったとはいえ、さすがに驚かされたのは、夫妻がダニエルの暮らしを容認している――それどころか誇りにさえ思っている――点である。

「わが道を行く男だ」とディック。「あいつのやりたいようにやってることを、おれは誇りに思うよ」

私は、ダニエルと父親が似たもの親子だと思わずにはいられなかった。どちらも大家族の末っ子であり、仕事面、経済面で兄たちよりもできの悪い弟だ。二人とも、搾取されていると感じた職場での労働を拒否した。二人とも、宗教に関して極端な意見の持ち主で、普通なら比喩として受け流すようなことがらを文字どおりに受けとる。二人とも、聖書を深く読みこんでは、どう書いてあるか、どういう意味かなどと、熱心に議論したがる。一般人がまず関心をはらわないたぐいの議論だ。そしてどちらも、人の情けのおかげで家賃を払わずに暮らしている。

実際、スエロと両親のあいだで起きる言い争いのほとんどは、純粋に神学上の、聖書の解釈の相違によるものであって、クリスチャンでない人が聞いたら、重箱のすみをつつきあっているように感じるだろう。「ダニエルは聖書に霊的意味あいを与えちまった」とディック。「たとえば、神の国は今現在ここにある、キリストはすでに霊的によみがえっていて、物理的な再臨は今後もない、なんて言いやがる。おれたちはその点について一戦まじえたよ。だが結局は、親子の愛情が勝った」。ディックは、ダニエルの万人救済主義も問題視している。「カルトや偽りの宗教にせっせとかかわりあってよ。イスラーム教だの、仏教だの、ヒンドゥー教だの。そういう偽りの宗教に近づくからおかしくなっちまう。あいつのよこす電子メールにはときどき、まるでトンチンカンなことが書いてある。おれたちが狭量なせいでキリスト教は衰退しつつある、とか。そんなこと言ったって、唯一正しいのはおれたちの道だからな」

両親と同じく、ダニエルの兄姉たちも伝統的なクリスチャンでありつづけ、教えられて育った優先事項を肝に銘じて暮らしている。裕福な者は一人もいない。ペニーは八人の子どもを育てたあと離婚し、最近になって再婚した。リックに先だたれた妻エレインは、シェラバーガー夫妻の数ブロック先の質素な家に住み、女手ひとつで息子を育てている。障碍のあるロンは、近所の支援施設に暮らす。カウンセリングの修士号を持つダグは、交通事故による脊髄《せきずい》損傷で二年間働けなかったため、心理療法士の職を失い、妻に去られた。今はホーム・デポで働いている。

ダニエルの生き方に困惑を感じるか、エレインに聞いてみた。

「いいえ」と彼女。「たしかに、私たち家族が賛成できない点もいくつかあります。彼は極端すぎますからね。でも、彼が闘っているのは、貪欲、うぬぼれ、人情の欠落です。あと二歩ほど歩みよってくれたら、折りあえるのですが。貪欲と傲慢は米国がかかえる二大問題ですし、なかでも貪欲が最悪であることを今の経済が示しています」。ロンに弟の生き方をどう思うかたずねると、にかっと笑って言った。「超イカしてる」

ダニエルと十五か月しかちがわないダグは、一番仲のよい兄である。特に、ダグ自身が不幸に見舞われ、お金について、また富をもたらすと信じていた選択について、再考せずにいられなくなってから、二人の距離はいっそう縮まった。「われわれは別々の道を歩んできたようでいて、実はそうでなかった。逆説だね」と、小屋を改装した自宅のデッキでパイプをくゆらせながら、ダグが話してくれる。祖父母の観光牧場があった場所からそう遠くない、デンバー近郊の山岳地帯である。「ダンと出会った人はかならず恩恵を受ける。彼と考え方がちがっていたとしてもね。人に与え、それに対する見かえりを一切期待しないやつですよ」

けれども、まだ、ダニエルのセクシュアリティという話題が残っている。家族がそしらぬふりを決めこんでいる領域だ。ゲイの息子を持ったことは、シェラバーガー夫妻を苦しめ、一方で教化してもいる。

「あの子に性的経験があるかはわかりません」とローレルは言う。「結婚前は純潔を保たなければいけませんから。実行に移さなければ罪ではありません。あら、でもイエスは〝心の中で姦淫《かんいん》を犯せば罪だ〟とも言われたんだったわね」

そこでわれわれは、しばし考えこむ。さあ、それは罪にあたるのか。それとも、あたらないのか。最終的にディックが、この状態にけりをつける。

「ゲイは脳の欠陥だ。もう一人の息子に脳性マヒがあるのと同じでな」と説くディック。「だが、どっちの子にしろ、欠陥があるからといっておっぽり出すことなどできん。よけいに愛しく感じるよ」

「だけど、息子さんが地獄に落ちると心配になりませんか」

「あの子はキリストを救い主として受けいれましたから」とローレル。

「いつのことです?」

「七歳のときですわ」

何年ものあいだ、同性愛は異常ではないと家族の説得を試みつづけたあげく、ダニエルは一種の緊張緩和《デタント》状態を受けいれた。彼には性的関心がないのだと家族は思いこみ、彼もあえてそれに異を唱えない。それでも、家族から〝去勢された男〟のように遇されるのはつらくないのだろうか。

「その考えも、あながちまちがってはいないと思うんだ」とスエロは言う。「私の人生哲学によれば、何事も見方によっては正しいのさ。それに、自分をふりかえってみても、たいして性的に活発なたちではなかったし。すべてを聖書の文脈で説明するくせに関して言えば、うちの家族はいつもそう。誰に対してもね。そうやって物事を理解し、調和を見いだしている。その意味で、カミングアウトしたのは家族のためにも良かったと思う。どう説明できるかという公案を提供したのだから」

ディックがキリスト教系の書店で働いていたとき、一人のゲイ男性が本を探しにきた。話を交わすうちに、ディックにゲイの息子がいるとわかると、自分はゲイだからグランドジャンクションのクリスチャンたちと親交を結ぶことができない、と涙ながらにうちあける。

「それで言ってやった。神はおれと同じくあんたも愛してくださるってな」とディックはふりかえる。「えらく感謝されたよ。閉店後に何時間も話しこんだ。やっこさん、人生でこんなに楽しかったことはないと言ってた」

スエロが両親についてこう話してくれたのを思いだした。若いころは、そのかたくなな信仰がいやでたまらず、頑迷で了見のせまい人たちだと思っていた。だが、年をかさねるにつれ、その良さがわかるようになった。「信仰のおかげで、あれほどまで純粋な、まるで子どものような無邪気さを保っていられるのだ」と彼。「そういう世界の見方も美しくていい」

自分を否定するキリスト教から与えられたものも多い、と彼は学んだのだった。「誰でも根《ルーツ》を持っていて、それを断ち切れば死んでしまう」と彼は言う。「子どものころ受けた教育と折り合いをつけるのに苦労したけれど、そこには貴重な宝物が含まれていた。無償で与えられた心の宝のかずかずに気づかなかった私は恩知らずだ。昔の友人たちと再会すると、温かみにあふれた家庭で遊びに行くのが楽しみだったと言われる。それにくらべて自分の家族は、しょっちゅうけんかばかりしていて大酒飲みで、と。地球上のどんな家庭も、何かしらの問題をかかえているとわかってきた。わが家の悪い部分ばかりを見て、良い部分を見ようとしていなかったんだ。うちの両親はいつも互いへの愛を忘れなかったし、けんかとも虐待とも無縁だった」

自分のセクシュアリティを否定されても両親を尊敬できるスエロだからこそ、同様に、両親のキリスト教信仰の偏狭さを拒絶する一方で、それが人間や社会に変容をもたらす可能性に期待をかけることもできる。「だから、是是非非の姿勢をなんとか身につけなくちゃね。育てられた価値観の美点は認めながら、狭量で偽善的な側面をなくしていくように」

コロラド大学時代の恩師ブライアン・マハンはダニエルの精神修養を、単なる個人的聖性の追及ではなく、深い倫理感に根ざした行為と見る。現在、ニューヨークのユニオン神学校〔リベラルな神学を代表する全米屈指の神学大学院〕の客員研究員であるマハンは、ウィリアム・ジェームズの研究者として知られ、著書『忘我の目的——天命と野心の倫理（*Forgetting Ourselves on Purpose: Vocation and the Ethics of Ambition*）』では、世俗的な成功と有意義な精神生活のはざまでとりうる選択肢について論じている。彼が語ってくれたところによると、ダニエルが選びとったのは、まさに自分が学生たちにすすめてきた徳の道——ただし、はるかに思いきった形の——だった。このテーマはいまだにマハン博士をとらえて離さない。著書にこうある。「ジェームズいわく、『貧乏はまさしく奮闘努力の生活である。吹奏楽隊の演奏もヒステリックな民衆の喝采もともなわず、うそも曲言もない。金もうけという理想が現代人の骨の髄までしみこんでいくさまを見るにつけ、貧乏こそ価値ある宗教的使命だという信念の復興が、軍事的な武勇の代わりになれるのではないか、また、今の時代にもっとも必要とされる霊的改革ではないか、とさえ思われてくる』」

ダニエルの生き方に責任を感じるかどうか、マハンにたずねてみた。そこまで文字どおりに受けとられるとは思わず、野心や金銭の放棄に関する高邁な思想を年端もゆかぬ学生に吹きこんだのではありませんか、と。

「いやあ、恥ずかしながら、その点ではダニエルのほうが私などよりずっと目的意識が強くてね」と笑う。「あそこまで徹底的になれる人間がいるとは思いもしなかった」。そして真顔に戻って考えこむ。「われわれ一人ひとりに突きつけられている問いですよ。ダニエルのような人たちの存在を、なぜ疑問視してしまうのか」

ダニエルと私がエバンス山を車でのぼっていく途中、頂上をめざす自転車競走に遭遇した。自転車の一群のうしろを、自動車が数珠《じゅず》つなぎに徐行している。私たちは渋滞をやりすごすため、路肩に車を止めた。十五分後に再度出発。じきに先ほどの車列に追いつくだろうと思ったが、八キロ進んでも一台の車も見かけない。

「みんな絶壁から飛びおりたのかもね」とスエロ。

両親にしこまれた伝道熱心さから完全に脱しきれていない点は、スエロ自身も否定しないだろう。みずからの学びがほかの人にも役だつと思っているから、躊躇《ちゅうちょ》せず語る。「人の考えを変えたいと思うのは悪いことかい？　誰かに話をするだけで感化したことになるのか？　口にチャックをしてしゃべらないほうがいいのか？」

彼はさらに、信仰が変化をもたらす力を認めるようになった。どれかひとつの宗教のみが真理を独占するわけではないが、信仰にはたしかにそうした力がある。ガンディーやマーチン・ルーサー・キングについて学んだ経験から、精神的支柱が存在する社会運動は大きな影響力を持つと確信した。「宗教に対して自分がいだいていた反感を乗りこえるには何年もかかった。宗教は建設的である以上に破壊的だと感じられたから。だけどとうとうその核に、パラドックス――変化させる力――を見いだしたんだ。商業文明の城壁の中に立つトロイの木馬にも似た、変革の力を」

スエロは、立場や信条のちがいにかかわらず、自分のメッセージを本当に必要としていると思われる人たちに届けるよう努める。そのさじ加減がなかなか難しい。宗教色を持たない左翼たちは、彼の金銭放棄のメッセージに引きよせられてくる。もともと銀行や企業を忌み嫌っており、ほとんどの世界の問題の根本原因は貪欲であると考えている人びとだ。だがこの人たちは概して、宗教的な提言には耳を貸そうとしない。ポートランドの路上で出会うフリーガンのアナーキストたちと、最初のうちはうまくつきあえていても、スエロがイエスの名前を口に出したとたんに気まずくなってしまう。大ざっぱに言ってパンクロッカーたちは、キリスト教を解決策というよりむしろ問題だととらえているのだ。

「ポートランドのような都市では、米国の田舎がいかに原理主義的かが理解されていない」と彼は言う。「相手のことばで語りかけないかぎり一歩たりとも動こうとしない人が、この国にはごまんといる。だから私は宗教的言語に徹することにしたのさ」

スエロのブログに寄せられるコメントを見れば、どういう意味かがわかるだろう。彼を猛烈に批判してくるのは、たいてい原理主義クリスチャンだ。聖書を引用しながら彼を折伏《しゃくぶく》しようとする。悔い改めて教会に戻れ、と。もちろんスエロも、即座に聖書を引用して反撃できるが。

「子どものころは、将来宣教師になって異教徒に伝道したいと思っていた。でも今は少しちがう。宣教師になってもいいけれど、伝道する相手はクリスチャンだ。布教が必要なのは、自分自身の宗教を信じていないあの人たちなのだから」

つまり、彼の言いたいのはこういうことだ。信心ぶかいクリスチャンのほとんどは、神学、イエスの再臨、死後への魂のそなえ――に気をとられるあまり、イエスの基本的な教え――汝の敵を愛せ、もう一方の頬をも向けよ、柔和な者は幸いである——に従うのをやめてしまった。彼は自分のたどった歩みが、満たされない思いをかかえたクリスチャンのための道しるべになるかもしれないと考えているのだ。

「永遠の地獄という脅しが頭上にのしかかろうと、私は原理主義とたもとを分かつ決心をした」と、二〇一〇年にブログのコメント欄で読者と論争になった際に書いている。「原理主義の万力でつかまれた状態からぬけだすのは容易でない。だから、原理主義者でない人たちはどうか思いやりをもって原理主義者に接してほしい。私も何年ものあいだ強烈なうつをわずらったものだ。

だがその後、私なりの解放を見いだした。地獄に身をまかせたのだ。そう。私は決めた。ガンディー、マーチン・ルーサー・キング、ヴィヴェーカーナンダ、ラーマクリシュナ、マザーテレサ、ブッダ、カビール、ルーミー、ピースピルグリム、そしてもちろんイエスその人――これらの人とともに地獄へ入ってやろうじゃないか。自分たちだけが正しくてその他は皆まちがっていると考える、原理主義のゆがんだ心性とともに天国へ入るくらいならば。偏狭な信仰にとらわれて天国へ行くよりは、愛のために地獄へ行く道を選ぼう、と」

スエロの究極の目的は、政策を変えたり法律を廃止したりすることではなく、自分の信念に従って生きること。物質主義のこの世界を生き地獄と思いつめ、みずから命を絶とうとしたそのとき、もう一度人生をやり直し、霊的に生き直す機会を与えられたのである。

エバンス山頂にいたる道路をかなり上がった地点で、私たちは小さな待避スペースを見つけ、駐車した。勾配のきつい斜面を下っていき、ダニエルの車の落下地点に向かう。あれから二十年たっており、事故の数年後に一度現場をおとずれている彼でも、今となっては正確な場所の特定に難儀するようだ。真夏だというのに山の側面は冷たい雲でおおわれている。白い花崗岩《かこうがん》のかたまりのすきまに分け入り、大岩に手をついてよじのぼる。そのあいだじゅう、はるか下方に見えているのは緑色の湖。灰色にとけ残った雪が、谷あいで震えている。斜面のあちこちに黄色や白の野の花が咲き、雑草が紫色の新芽を出している。ところどころに、葉にトゲのある草も茂る。

「イラクサだ」とダニエル。「食べられるよ」

斜面の途中の草の生えたせまい岩棚を調べて歩く。空気が薄く、ひんやりと冷たい。二人とも呼吸が速くなる。五十歳になったスエロは、こんな吹きさらしの高所にいると落ちつかないと言う。崖ぞいに歩くだけでも怖がる今の彼にとって、車で飛びおりようとするなど論外である。「まったくあのときは何を考えていたんだろう」と彼。

自分の奇跡的生還をどう解釈したか、彼にたずねてみた。

「ついに神の手を感じたよ」と笑って答える。「よけいな手出しだと思った」

本当に神が介入した――スエロがゆえあって事故から生還した――のだとしても、それは悲しみや苦しみを防ごうとする感傷的な神のわざではない。スエロの信じる神が断崖絶壁から彼を運びあげたのは、彼を働かせるため、信念を思いきって行動に移させるため、地獄にしか見えない場所に天国を建設させるためであった。

問題の岩棚を探しあてたのかどうか、二人とも確信を持てなかった。ガラスの破片だとか、タイヤのセンターキャップだとか、ここがその場所だという物的証拠が見つかるのを期待していた。だが、二つの段丘まで候補がしぼられたあと、私たちはそれでよしとして、道路に向かって斜面をのぼる。冷蔵庫ほどもある岩に乗っかって、靴の下に何度もぐらつきを感じながら。

「人間には自由意志があるように見えるけれど、実際のところ、そんなものはない」とスエロが言う。「生きるか死ぬかは自分で選べないんだよ」

私はスエロを山の中腹に残そう。自由意志にせよ、そうでないにせよ、あの崖っぷちをのぼっていき、生きるに値する人生を求めて奮闘努力するスエロ。ギリシア神話の英雄シーシュポスと彼に課せられた〝大岩を山頂に押しあげる〟という永遠に続く仕事について、ある哲学者が言ったとおり、「頂上を目がける闘争ただそれだけで、人間の心をみたすのに充分たりるのだ」（カミュ『シーシュポスの神話』清水徹訳、新潮文庫、二二七頁）。もし神がスエロの人生に目的を与えたのであれば、スエロ自身ですら、それにあらがうことはできない。近代的人間としてのダニエル・シェラバーガーは車で崖から飛びおりて死に、永遠の人間として生まれ変わった。金銭を持たず、一物をも所有せず、二本の足と二本の手だけで、ふたたび頂上までのぼろうとしている。「そうすれば、忌まわしい怪物に会うと思っていた場所で、神に出会うだろう」とジョーゼフ・キャンベルは述べる。「他人を殺そうと思っていた場所で、自我を殺すだろう。外界へ旅すると思っていた場所で、自分自身の存在の中心にたどり着くだろう。一人ぼっちだと思っていた場所で、全世界とともにいるだろう」

永遠の現在をめがける奮闘ただそれだけで、人間の心は十分に満たされる。いまや、スエロは幸福なのだと思わねばならぬ。

謝辞

まずはじめに、あらゆる意味においてフリーに話を聞かせてくれたダニエル・スエロに感謝を捧げる。最初、リバーヘッド・ブックス社のベッキー・サレタンから出版を打診された彼の答えは、「当然ながら、一ペニーのお金も、それ以外の何かも、受けとるわけにはいきません。すべてが台なしになりますから」だった。私が取材を開始した当初からダニエルは全面的な協力を惜しまないと言ってくれ、事実、その約束をやぶらなかった。隠しだてすることなく語り、家族や友人にもそうするように勧めた。ご家族、友人がたには、質問の答えだけでなく、しばしば食事や寝場所を提供いただいた。特にシェラバーガー家の皆さん——リチャード、ローレル、ダグ、ロン、エレイン——と近づきになれたことに感謝申しあげる。ティム・フレデリック、ティモシー・ヴォイタシク、ダミアン・ナッシュからは、ダニエルの私信も（本人の了承を得て）お借りした。この貴重なコレクションのおかげで、失われた過去をずいぶん取りもどすことができた。アーヴ・トーマスは昔の電子メールのアーカイブをお送りくださった。コンラッド・ソレンソンには詳細な個人史を本文中で使用させていただいた。

　モアブに住む私の友人や隣人は、この町の個性を描くうえで、またモアブにおけるスエロの足どりをたどるうえで、非常に重要な存在であった。以下、名前をあげると、クリス・コンラッド、オーガスト・ブルックス、アンドリュー・ライリー、ドリーナ・クルーゼマー、リンダ・ウィッタム、ビル・ヘデン、フランクリン・シール、ブレル・エルシャーディ、レイバーン・プライド、ロベルタ・オサナ、ホイットニー・リリック、ピート・グロス。また、ユース・ガーデン・プロジェクトの女性たち、ジェン・サドフ、ロンダ・ゴトウェイ、デライト・プリマスにも感謝を。波乱に満ちたスエロの人生の断片をつなぎ合わせるにあたっては、ドーン・ラーソン、レベッカ・マレン、コリーヌ・ポチタロフ、ブライアン・マハン、マイケル・フリードマン、ランディ・キンケル、キャサリン・チンダポーン、サティヤ・ヴァトゥ、メル・スカリー、アンデル・オライゾラ、トレ・アロー、ジェームズ・ワード、サム・ハーモン、ローガン・ホワイト、ロイ・ラミレス、フィリップ・モーマーの協力が欠かせなかった。

著者の努力だけで一冊の書物が世に出るのでないことは、あえて言うまでもないが、今読者が手にしているこの本も、直接間接を問わず、無数の人の尽力のたまものである。スエロに関する雑誌記事を書いたクリストファー・ケッチャムに感謝する。あのすばらしい記事がなかったら本書は生まれていなかったかもしれない。ブレイン・ホネアが送ってくれた子ども向けの聖書を、私はついに読破した。イサン・ブラントには、著者近影に使う写真の寄贈を受けた。家族ぐるみで迎えてくれたバーブとスコットのブラント夫妻から信仰について教わったことを、私は本書を書き終えたあとも忘れないだろう。

執筆の計画を早くから知っていたのは、西コネチカット州立大学で私が教えた芸術学修士課程文芸コースの学生と同僚である。ダンベリーのホテルのバーで、マイクを持った私がごく初期段階の草稿を朗読するのに、耳をかたむけてもらった。このときに受けた矢つぎばやの質問と声高な反対のおかげで、自分の方向性がまちがってはいないと確信した。六年間もモンタナから空路コネチカットまで教えに行かせてくれたブライアン・クレメンツと、同僚のパオラ・コルソ、エリザベス・コーエン、ダン・ポープ、ダニエル・エイサ・ローズ、ドン・スナイダーにお礼を申しあげたい。タオス夏季作家会議に何度も招聘《しょうへい》してくださったニューメキシコ大学のシャロン・オード・ワーナーとグレッグ・マーティンにも感謝する。

リバーヘッド／ペンギン社の方々の尽力がなければ、これほどの本はできあがらなかったであろう。スタッフの並々ならぬ熱意には、私まで、これはすばらしい企画なのだと納得させられてしまった。エレイン・トレボロウ、マーティン・カーロウ、パメラ・バリックロウ、タマラ・アレリャーノ、アシュリー・フィッシャー＝トラネーゼ、リック・パスコチェッロ、リズ・サルティス、アレックス・メルト、ティファニー・エストライヒャー、ヘレン・イェンタス、ケイトリン・マルーニー・リスキ、クレイグ・バークにお礼申しあげる。スリー・アーツ・エンタテインメント社のメリッサ・カーンは、一同が脱線しないよう目配りしてくれた。

過去の作品にひきつづき、本書の執筆にあたっても、親友のメロニー・ジャイルズとマシュー・グロスの二人に、知的、審美的、そして情緒的な意味で教えられることが多かった。哲学の議論にも、水辺のビールにも、うってつけの仲間だ。

最初の読者となったリチャード・サンディーンとローズマリー・サンディーン。神学校出身で宗教的学問的に幅ひろい知識を持つ二人は、理想の相談相手であった（もちろん、よき両親でもある)。エレン・フィネガン(かわいそうなマーク!)、エリザベス・ハイタワー・アレン(わかってるって)、エリック・ブルーム(いとしのパット君!)は原稿を緻密に校正してくれた。下書きに目を通してくれたリッチ・サンディーン、スタンとシャロンのブルーム夫妻、ティム・ブルーム、エリック・プフナー、アントニア・ネルソン、レズリー・ハウズ、アシュリー・ギャラガー、アリサ・ジョンソンにも感謝する。

代理人リチャード・アバーテとのつきあいは十年以上になるが、われわれ田舎者がニューヨークの著作権エージェントに対していだくイメージをくつがえす、知性と義理人情の持ち主である。名声をそこなう危険をおかして私の本を出版してくれたジェフリー・クロスクには、いくら感謝してもしきれない。書籍編集者が売り上げランキングだのタイアップ企画だのマーケティング戦略だのの話ばかりしていると言われるご時世に、ベッキー・サレタンは、編集者が著者におとらぬ情熱と好奇心と創造力をかたむけた古きよき時代をほうふつとさせる存在だった。試練多きこの一年、彼女は炯眼《けいがん》と配慮をもってくり返し原稿を読んでくれた。ありがとう。

シーダー・ブラントが持つ詩人の耳と旅人の知恵にも助けられた。この本を執筆しているさいちゅうに、わが愛犬セイディの埋葬に手を貸し、私の四十歳の誕生パーティを開き、結婚を承諾してくれたのも彼女である。心からの愛をこめて。

訳者あとがき

本書は、二〇一二年三月に米国で出版された Mark Sundeen 著 *The Man Who Quit Money*（お金を捨てた男）の全訳である。

米国西部ユタ州に住むダニエル・スエロは、三十九歳のときに全財産三〇ドルを電話ボックスに置きざりにして以来、現在にいたるまでの十数年間、一切お金を使わずに暮らしている。洞窟を住みかとし、無償で与えられるもの、捨てられたもの、〝そこにある〟ものだけを使う生活だ。

旧友マーク・サンディーンの手になる本書では、保守的なキリスト教原理主義の家庭に育ったスエロが、大学で進歩的な思想に目ざめ、海外援助や社会福祉の現場で世の中の矛盾と直面し、同性愛者としての自覚、自殺未遂、流れ者の楽園モアブへの移住、うつ病の克服、国内外の旅をへて、ついにお金と不安を同時に手ばなすにいたった道のりが語られる。アメリカンドリームの対極に位置する選択——貨幣制度からの完全脱却——をとおして、彼は、それまで得られなかった自由と安心感を手に入れたという。

なぜ、わざわざお金を手ばなす必要があったのか？

彼にとってお金は、不安を解消してくれるものではなく、不安を生みだす源であった。過去や未来に執着させ、〝今ここ〟への専心をはばむ存在であった。銀行が誰かに貸しつけることによって無から創造している、実体のないお金――。幻想にすぎないお金を本物扱いしてニセモノの人生を送るのは、もうたくさんだ。そう結論したのである。

タイやインドで仏教を学び、北米のコミューンに居場所を探しもとめたスエロは、最終的に「どこにいようとも、そこが私の家」との認識に達する。彼はとうとう家に帰りついた。どこへ行こうと、いつも家の中だから安心していられるのだ。

そうは言っても、いったい何を食べて生きているのか？　病気になったらどうするつもりか？　単なる〝社会の寄生虫〟ではないのか？　などなどの疑問は、本書を読めば解消されることと思う。ここでは、彼は〝贈与経済〟――無償で受けとり無償で与える――にもとづくシンプルライフを実践している、とだけ記しておこう。

著者のサンディーンは、スタンフォード大学文学部を卒業後、一年間の西部放浪のすえ一九九三年にモアブにたどり着き、まだお金を手ばなす前のスエロとレストランの厨房で知りあった。二十代から三十代にかけて、川下りのツアーガイドやアウトワード・バウンド協会の野外冒険インストラクターをつとめながら、オフシーズンは旅と執筆についやす生活を送る。スエロと同じく、トラックの荷台やテントで寝起きすることも多かったという。その後、南カリフォルニア大学で修士号を取得し、現在はモンタナ州とユタ州を拠点にノンフィクション作家・大学講師として活躍している。

若き日に同じ場所の空気を吸い、似かよったライフスタイルを共有していた著者とスエロも、やがて別の道を行くようになり、すっかり疎遠になっていた。スエロがお金を手ばなしたうわさを聞いて、頭がおかしくなったのだろうとしか思わなかったこと、偶然姿を見かけたとき、自分の安楽な生活を非難されているように感じたことを、著者は正直に認めている。

そんな彼が旧友の選択をあらためて見なおす契機となったのは、二〇〇八年の金融危機だった。十年ぶりの再会から丸二年の歳月をかけて書きあげた本書は、彼の四冊目の著書にあたる。

終盤の第十三章では、所得税をおさめるだけで戦争に加担させられてしまう現実に苦悩し、手にしたビニール袋の来し方行く末を案じて台所に立ちつくす、著者の心の葛藤が率直に吐露されており、本書に奥行きを与えている。サンディーンの声が代弁するのは、現代に生きる多くの人がかかえるいたたまれなさであり、スエロのように思いきった行動には踏みきれない私たちの無力感である。訳者自身、お金への依存度をなるべく小さくしようと、生活の簡素化を模索し、約十年かけて野菜と米を自給できる態勢をととのえてきた。だからといって、たとえば納税額がゼロになるわけではない。チリも積もれば、原発推進をはじめとする人間破壊的な政策を支える結果になるのだ。

さらには、スエロ一人がこのような暮らしをしても、お金の存在しない相互扶助の社会が、そう簡単に実現するとは思えない。それよりは、お金の存在を逆手にとって、有意義な事業に投資したほうが効果的かもしれない（日本にもＮＰＯバンクなどの注目すべき取りくみが見られる）。だが、著者も指摘するとおり、世界を変えようとする過程自体にも、その変化を実際に達成するのと同じくらい大切な価値がある。「自分の至福を追求せよ」とジョーゼフ・キャンベルは言った。みずからの信じる道を行くことがいきいきとした人間をつくり、この世を希望に満ちた場所にする。スエロはまさに、至福の追求者である。

訳者がスエロの存在を知ったのは、二〇一一年に翻訳出版したマーク・ボイル『ぼくはお金を使わずに生きることにした』（英国で一年間お金を使わずに生活する実験をした二十九歳のアイルランド人男性による体験記）で〝米国に住むカネなしの同志〟として紹介されていたからである。スエロとボイルがそれぞれに持つ背景や金銭放棄の動機はもちろん異なるが、見かえりを求めず与え、人とのつながりによって生きようとする姿勢など、共通項も少なくない。読みくらべて気づかされる点も多かった（ボイルはその後もお金を使わない生き方を追求しつづけ、二〇一二年に二冊目の著書 *The Moneyless Manifesto*（カネなし宣言）を刊行した。日本語訳は紀伊國屋書店から刊行される予定）。

なお、本書冒頭の「二一世紀の最初の年」は西暦二〇〇〇年を指している。二〇〇一年を新世紀のはじまりとする見方のほうが一般的であるが、ここでは原著者の表現を尊重した。

本文中の聖書の引用にあたっては、原理主義的文脈で言及されている場合は、聖書信仰の立場にもとづく「新改訳」を、それ以外の場合は、もっとも一般的な「新共同訳」を使用した。

紀伊國屋書店出版部の有馬由起子さんには、『ぼくはお金を使わずに生きることにした』にひきつづき、きめ細かくサポートしていただいた。あつくお礼申しあげたい。

二〇一四年二月

吉田奈緒子

＊スエロのウェブサイト・ブログ

https://sites.google.com/site/livingwithoutmoney/

http://www.zerocurrency.blogspot.com/

＊原書 The Man Who Quit Money のフェイスブックページ

https://www.facebook.com/themanwhoquitmoney/

著者紹介

マーク・サンディーン　Mark Sundeen

一九七〇年カリフォルニア生まれのノンフィクション・ライター。

『ニューヨーク・タイムズ・マガジン』『ナショナルジオグラフィック・アドヴェンチャー』などに寄稿。

著書に、『*Car Camping*』『*The Making of Toro*』など。共著の『*North by Northwestern*』は、

『ニューヨーク・タイムズ』と『ウォールストリート・ジャーナル』のベストセラーとなった。

訳者紹介

吉田奈緒子　よしだ・なおこ

一九六八年神奈川県生まれの半農半翻訳者。東京外国語大学インド・パーキスターン語学科卒。

英国エセックス大学修士課程（社会言語学専攻）修了。

訳書に、マーク・ボイル『ぼくはお金を使わずに生きることにした』（紀伊國屋書店）。

スエロは洞窟で暮らすことにした

二〇一四年三月二八日　第一刷発行

著者　マーク・サンディーン

訳者　吉田奈緒子

発行所　株式会社紀伊國屋書店
東京都新宿区新宿三－一七－七
出版部（編集）電話〇三－六九一〇－〇五〇八
ホールセール部（営業）電話〇三－六九一〇－〇五一九
〒一五三－八五〇四　東京都目黒区下目黒三－七－一〇

印刷・製本　図書印刷株式会社

ISBN 978-4-314-01113-6 C0098 Printed in Japan
定価は外装に表示してあります

紀伊國屋書店

ぼくはお金を使わずに生きることにした
マーク・ボイル
吉田奈緒子訳
1年間お金を一切使わずに生活する実験をした29歳の若者が新聞で紹介されるや、世界中から取材が殺到した。貨幣経済を根源から問い直す。
四六判／288頁・本体価格1700円

消費社会の神話と構造〈普及版〉
J・ボードリヤール
今村仁司、塚原史訳
現代においては、あらゆる商品は「記号」として消費される——「消費社会」という画期的な概念を提示した、現代社会論の最高峰。
四六判／328頁・本体価格1942円

ナチュラル・ナビゲーション
道具を使わずに旅をする方法
トリスタン・グーリー
屋代通子訳
大西洋を単独横断した探検家が、自然を読んで道を見つけだす技法をガイドする。英国ナショナルトラストの最優秀アウトドアブック賞受賞作。
四六判／320頁・本体価格2000円

自分の体で実験したい
命がけの科学者列伝
レスリー・デンディ、メル・ボーリング
C・B・モーダン＝イラスト
梶山あゆみ訳
勇気か？　はたまた……。危険も顧みず、自分の体で試すことを決意した科学者や医学者たちの涙ぐましい物語。
A5変型判／224頁・本体価格1900円

愛するということ〈新訳版〉
エーリッヒ・フロム
鈴木　晶訳
「愛」とは、孤独な人間が孤独を癒そうとする営みであり、幸福に生きるための最高の技術である。半世紀以上読み継がれる世界的ベストセラー。
四六判／216頁・本体価格1262円

生きるということ
エーリッヒ・フロム
佐野哲郎訳
人が生きてゆくうえでの二つの基本的な存在の仕方〈持つ様式〉と〈在る様式〉との相違・葛藤・選択を先人の思想・宗教から探る。
四六判／288頁・本体価格1359円

表示価は税別です